動画で学ぶ二級建築士 学科編

神無修二＋最端製図.com 著

学芸出版社

はじめに

試験対策の「効率」というものを突き詰めて考えてみる

建築士の受験指導、この仕事に従事させていただいてから 20 年以上が経ちました。その間、何百人何千人という受験生に接してきましたが、受験生の方達が試験対策をする際に最初に強く思うこと、もしくは考えることは何でしょうか。

それは、どうやって学ぶか、もしくは、どこで学ぶか、ということだと思います。

多くの方はこう考えます。できるだけお金をかけずに、時間をかけずに、そして何より、絶対に合格したい、できれば少しでも楽に。

これは、どんな資格試験に対しても言えることかもしれませんが、誰だって、少しでも楽に、そしてお金をかけずに合格したい、資格を取りたいと思います。ですが、現実はそう甘くはありません。中には、テキストを 1 冊読めば合格できる資格試験もあるかもしれませんが、何冊もテキストを購入したり、資格学校に通ってもなかなか合格できない資格試験もあります。

では、この二級建築士試験にはどの程度の時間と費用をかければいいのでしょうか。

この問いに私が答えるとすれば、時間はそれなりにかかるとお答えします。建築士試験の範囲はそれなりに広く覚えることは多いですし、理解しなければいけない内容もたくさんあります。数日で攻略できるボリュームではありません。建築系の学校を出た人でも、試験対策に費やす時間はそれなりに必要かと思われます。

では費用はどうでしょうか。

現実として私が知る範囲では、市販本を数冊購入する程度の費用しかかけない人がいる一方で、資格学校に数十万円の費用をかけている人がおられます。

- 自分は半強制的に勉強する環境に身を置かないと勉強をしない。(独学では無理)
- 直接誰かに教わらないと身に付かない。(と思っている)
- 独学では絶対に無理だと思っている。(知人がそう言っていたから)

このように考えたり思う人はいると思います。もちろん、否定はしません。ですが、現実として、学校に通わず独学で学科試験に合格される人はいるわけです。そんな方達はいったいどのようにして勉強してきたのでしょうか。

「そりゃ、世の中にはそんな頭のいい人もいるでしょ。」

確かに、そんな頭のいい人がいるのも事実です。でも、建築の学校を出ていない、ごく普通の方でも、資格学校に通わずに合格されている人は、実はたくさんいるのです。

例えば、テキストや問題集を見て、そこそこ理解できる人であれば、合格はできると言えます。なぜなら、この試験は、６割以上正解すれば合格できるのですから。

とは言え、この６割という正解率がそこそこ大きな難関であり、独学で勉強する人の大きな壁となっているのも事実です。現に、この壁を越えることができなくて苦しんでいる独学者はたくさんいます。また、この壁を越えるためには、学校に通う必要があると思っている人も。

ここで、この試験において学ぶことを大きくカテゴライズしてみましょう。

1．暗記もの（覚えれば正解できる問題）
2．理解もの（理解しないと解けない問題）
3．攻略もの（解くためのコツが必要なもの）

このように３つに分かれます。

試験問題の大半を占める１の「暗記もの」は、独学でおぎなえる範囲と言えます。本書では、１の「暗記もの」ではなく、独学では学ぶことが難しい２の「理解もの」そして、誰かに学ばないと知りえない、もしくは、教えてもらった方が圧倒的に身に付くのが早い３の「攻略もの」、この２つの内容に特化し、解説だけではなく、動画によって、その解き方や攻略法をお伝えしていきます。

このテキストの特徴を一文で言いますと、**「基本的に試験対策は独学でしたいけど、部分的に誰かに習いたい、そんなところを補うテキスト」**となります。

学校に通いたいけど、ちょっとハードルが高い、わかりにくいところだけ教えてほしい、そんな方にお勧めのテキストです。もちろん、これから勉強を始める人にもおすすめです。なお、試験の範囲全般を勉強されたいときは、拙著『二級建築士　はじめの一歩』をおすすめします。

このテキストを活用していただき、少しでも効率よく試験対策を進めていただければ幸いに思います。

最端製図 .com　**神無　修二**

全部ではないんだけど
ピンポイントで教えてほしい。
そんなところがあるんですよね。

本書の特徴と動画へのアクセス方法

本書は、各項目ごとに前半が基本事項、後半がその練習問題という順番で構成されています。まずは基本的なことを確認してから、問題でどのような形式で出題されるのかを知っていただき、また、内容の理解を深めていただければと思います。

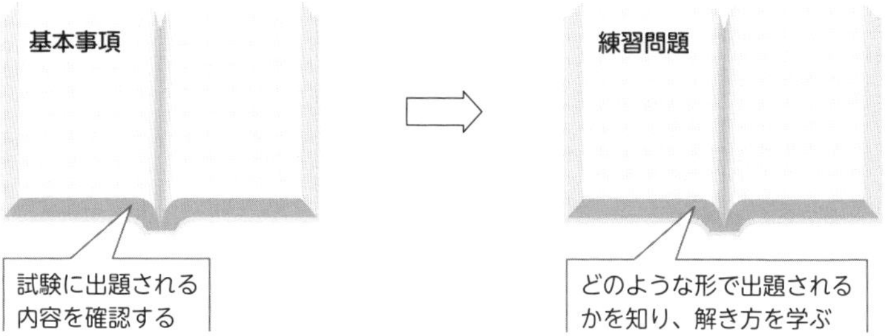

項目については、二級建築士学科試験の全ての範囲ではなく、独学では学びにくい部分を特に選別しています。

試験の範囲から特にここを選別

- 覚える内容ではなく、理解が必要な部分
- 知らないと無駄な学習をしてしまう部分
- コツを知ると短時間で解ける問題
- テクニックを知ると効率よく解くことができる問題

特に法規については、法令集を使って何をどう調べればいいのか、どの部分をおさえておけば効率よく問題を解くことができるのかを学んでください。また、構造については、最低限覚えておきたい公式、どこまで理解をすればいいのか、最短で答えを導き出すにはどうすればいいのか、このあたりを学んでいただければと思います。

※本書（法規）の解説は、令和３年１月１日において施行されている法令に基づいています。

解き方のコツなどは、たくさん問題を解くと自分でもわかってきますが、はじめに知っておくと余計な時間を使わなくて済みますし、自分では知り得ないコツも学ぶことができると思います。

そして、このテキストではQRコードからサイトにアクセスすることによって、解説動画を見ることができます。QRコードが掲載されている問題は、スマホなどで読み取って解説動画のサイトへアクセスしてください。

※QRコードの読み取りには、専用のアプリが必要です。

※動画はインターネットに接続できる環境でご覧いただけます。

》解説動画を見る前に、学芸出版社へ登録をお願いします。《

1. 次のURLへアクセスしてください（下のQRコードからでも可能）。
   https://bit.ly/32bKprh
2. 必要事項を入力してください。
3. 動画ページのURLとパスワードをメールでお知らせします。
4. 解説動画を見ることが可能になります。

※パスワードは最初に入力するだけで、複数の動画を閲覧できますが、ブラウザがシークレットモード（プライベートモード）になっている場合、その都度パスワードの入力が必要になりますので、ご注意ください。

二級建築士試験について

二級建築士とは、建築物の質の向上に寄与するため、建築士法によって定められた国家資格です。取得することによって、一定規模の建築物の設計や工事監理をすることができます。

試験は、一次試験の学科と二次試験の実技（設計製図）があり、一次試験に合格すれば、二次試験を受験することができます。したがって、まずは一次試験の学科を突破する必要があります。

◆ 試験の日程

3月～4月　受験申込み
↓
7月　一次試験（学科）
↓
8月　一次試験の合格発表
↓
9月　二次試験（設計製図）
↓
12月　二次試験の合格発表

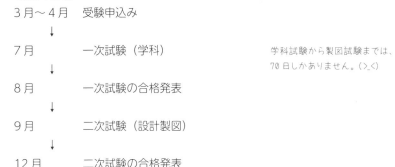

学科試験から製図試験までは、70日しかありません。(>_<)

◆ 試験科目と試験時間

一次試験の学科には、Ⅰ計画　Ⅱ法規　Ⅲ構造　Ⅳ施工の4科目があり、それぞれ25問で合計100問あります（1問1点で100点満点です）。試験時間は、午前中3時間でⅠ計画とⅡ法規、昼休憩をはさんで、午後3時間でⅢ構造とⅣ施工の試験が行なわれます。なお、学科Ⅱの法規の問題を解く時に限り、法令集の使用が認められています。

法令集は1冊のみ。また使用が認められないものもありますので注意が必要です。

午前（3時間）　計画　と　法規
休憩
午後（3時間）　構造　と　施工

それぞれ、2科目を3時間で行なうことになります。

◆ 受験資格

建築士試験を受けるには、建築に関する学歴や建築の実務経験などの受験資格が必要です。

◆ 合格ラインと合格率

学科試験の合格点は、各科目13点、合計60点とされていますが、年度によって試験後に多少変更になる場合があります。各科目に点数（足切り点と言います）が定められていますので、万遍なく学習を行なう必要があると言えます。
合格率は、概ね 30 %前後から 35 %くらいとなっています。
ちなみに、二次（設計製図）試験の合格率は、50 %から 55 %くらいです。

◆ **二次（設計製図）試験**

一次試験に合格すると次は二次（設計製図）試験です。9 月に行なわれますが、6 月にその年の設計課題（建物用途や構造、階数など）が事前に発表されます。試験時間は 5 時間です。5 時間の間に設計（エスキース）と製図を行ないます。

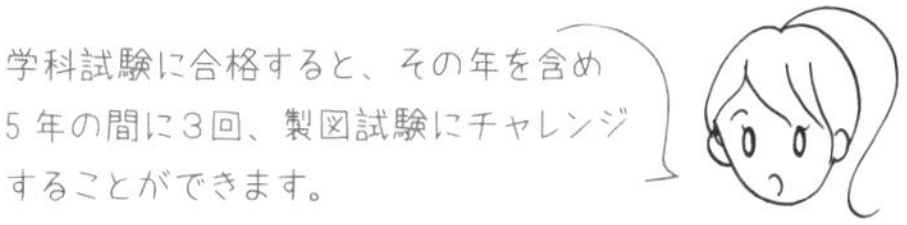
学科試験に合格すると、その年を含め
5 年の間に3回、製図試験にチャレンジ
することができます。

◆ **二級建築士の業務範囲**（建築士法第 3 条の 2）

二級建築士が設計・工事監理できる範囲は、概ね以下の通りです。

- 学校、病院、映画館、百貨店などの特殊建築物で、延べ面積が 500 m^2 以下のもの
- 木造の建築物又は建築物の部分で、高さが 13m 又は軒の高さが 9 m 以下のもの
- 木造の建築物で延べ面積が 1,000 m^2 以下のもの（階数が 1 の場合は面積の制限なし）
- 木造以外の建築物で延べ面積が 300 m^2、高さが 13 m 又は軒の高さが 9 m 以下のもの

◆ **建築技術教育普及センター**（https://www.jaeic.or.jp/）

試験を行なっているところ。ホームページでは試験に関する詳細を調べることができます。

- 試験日程
- 受験資格要件
- 出題科目
- 学科試験で使用できる法令集
- 製図試験で使用できる製図道具
- 過去の試験のデータなど

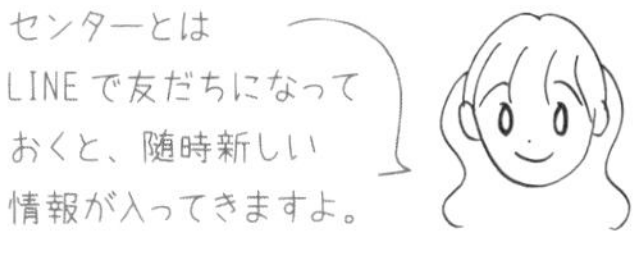
センターとは
LINE で友だちになって
おくと、随時新しい
情報が入ってきますよ。

詳しいことは、ホームページで調べてみて下さい。

目　次

第一章

学科Ⅰ（計画）のつまずきポイント

「計画の問題は、覚えてしまえば解ける」。確かにそう言えるかもしれませんが、内容の理解をきちんとしていれば、問題文の意味を考えることによって答えが判断できることがあります。例えば、中廊下型の集合住宅は、通風の面において不利である。○か×か。
中廊下型とは、間に廊下を挟んでその両側に住戸が並んでいる形式の集合住宅ですが、廊下が外気に面していないため、通風を確保することはできません。したがって、答えは○になりますが、このように、中廊下型の特徴をきちんと理解していれば、通風の面において有利か不利かは覚えていなくても判断することができます。
計画の問題に限りませんが、理解をすることは、学習のレベルをアップさせるためにとても有効な手段と言えます。試験対策としては、時間に余裕がある場合はできるだけ理解に努める、時間がない場合は丸暗記する。そんな感じで進めてみてください。

通風・換気 ……… 必要な換気回数の求め方

換気の方法を大きく分類すると、自然換気と機械換気があります。部屋の空気がどの程度汚れると換気が必要なのでしょうか。目安となる基準があるみたいですよ。

学習のポイント！

- ☑ 換気には自然換気と機械換気がある
- ☑ 空気を汚染する物質と許容濃度を知る
- ☑ 許容濃度を超えないための必要換気回数を知る

＊ 自然換気

自然換気には、風が吹くことによる風力換気と、温度差による重力換気があります。

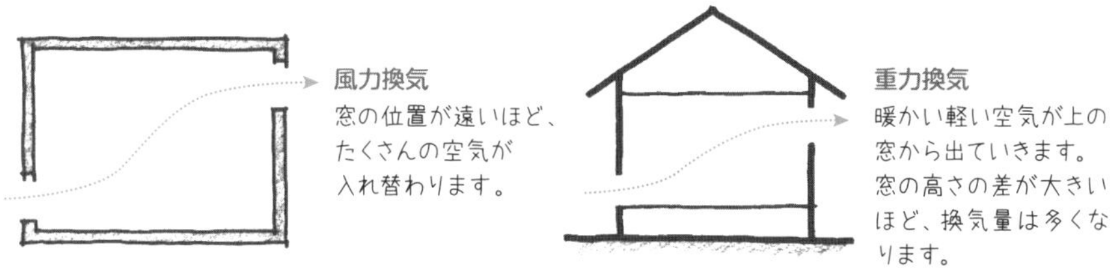

風力換気
窓の位置が遠いほど、たくさんの空気が入れ替わります。
重力換気
暖かい軽い空気が上の窓から出ていきます。窓の高さの差が大きいほど、換気量は多くなります。

平面図　　断面図

＊ 機械換気

機械換気は、強制的に、室内を正圧にしたり負圧にしたりすることができます。

種別	給気・排気	室内圧力	部屋用途例
第１種機械換気	ともに機械	正圧・負圧	映画館、地下建築物
第２種機械換気	機械給気　自然排気	正圧	手術室、クリーンルーム
第３種機械換気	自然給気　機械排気	負圧	台所、浴室、便所

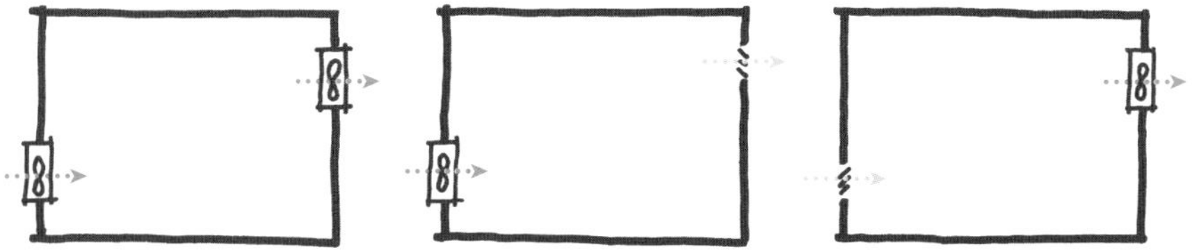

第1種機械換気

屋内の圧力を任意に設定できます。

第2種機械換気

キレイな空気を入れることによって、他の室から、汚れた空気が入ってきません。

第3種機械換気

強制的に屋外に出すことで、汚れた空気が他の室にいきません。

✻ 空気汚染

空気汚染には、主に燃焼器具から発生する一酸化炭素 CO（許容濃度は 10 ppm（0.001 %））、人体から発生する二酸化炭素 CO_2（許容濃度は 1,000 ppm（0.1％））、体臭などがあります。また、建材などから発生するものとして、ホルムアルデヒド、VOC（揮発性有機化合物）、オゾン、塵埃、カビなどがあります。

窒素、ヘリウム、アルゴンは、
空気汚染の原因にはなりません。

✻ 必要換気量と換気回数

1 人当たりに必要な換気量は、1 時間におよそ 30m³ です（30m³/h・人）。

換気回数

換気回数とは、部屋の空気が 1 時間で入れ替わる回数です。
計算式は、換気量 / 室容積 ［単位：回 /h］
例えば、部屋の容積が 100 m³ で、換気量が 200 m³ の場合、換気回数は、2 回 /h です（200 m³ ÷ 100 m³）。1 時間で 2 回、部屋の空気が換気できるということです。

必要換気量

換気に必要な新鮮な空気量を言います。一般に、二酸化炭素の濃度が許容値（0.1％）を超えないようにします。

計算式は、$\frac{K}{(Pa-Po)}$ ［単位：m³/h］

K：在室者による CO_2 の発生量　Pa：CO_2 の許容濃度　Po：外気の CO_2 濃度

外気の濃度が濃いほど、
必要な換気量は多くなる。

外の空気が新鮮なほど、
換気量は少なくて
済むんですね。

✻ シックハウス症候群

シックハウス症候群とは、ホルムアルデヒドや VOC などの化学物質を発生する建材、また接着剤や塗料、防腐剤、防虫剤などによる空気汚染によって体調が悪くなることを言います。症状は、倦怠感・めまい・呼吸器疾患など
建築建材は、ホルムアルデヒドの放散量を示す記号として「F ☆☆」から「F ☆☆☆☆」が付けられています。☆の数が少ないものほど、放散量が多く、使用には制限があります。

問題 1［2021－Ⅰ－問 4］

イ～ホの条件の室において、最低限必要な換気回数を計算した値として、**最も適当な**ものは、次のうちどれか。

条件

　イ．室容積：50 m^3

　ロ．在室者数：3 人

　ハ．在室者 1 人当たりの呼吸による二酸化炭素の発生量：0.02 m^3/h

　ニ．室内の二酸化炭素の許容濃度：0.10 %

　ホ．外気の二酸化炭素の濃度：0.04 %

1. 1.0 回 /h
2. 1.5 回 /h
3. 2.0 回 /h
4. 2.5 回 /h
5. 3.0 回 /h

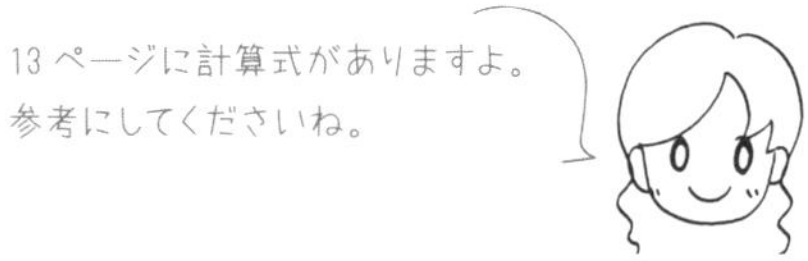

13 ページに計算式がありますよ。
参考にしてくださいね。

解説
動画

問題 2［2019－Ⅰ－問 4］

換気に関する次の記述のうち、**最も不適当な**ものはどれか。

1. 居室の必要換気量は、一般に、居室内の二酸化炭素濃度の許容値を基準にして算出する。
2. 開放型燃焼器具に対する必要換気量は、一般に、燃料消費量に対する理論廃ガス量の 40 倍である。
3. 2 階建ての住宅において、屋内の温度よりも外気温が低い場合、下階には外気が入ってくる力が生じ、上階には屋内の空気が出ていく力が生じる。
4. 第 2 種機械換気方式は、室内を負圧に維持することにより、周辺諸室への汚染空気の流出を防ぐものである。
5. 居室内の一酸化炭素濃度の許容値は、一般に、0.001%（10 ppm）である。

問題 3［2011－Ⅰ－問 3］

イ～ホの条件の室において、最低限必要な換気回数を計算した値として、**最も適当な**ものは、次のうちどれか。

条件

イ．室容積	：80 m^3
ロ．在室者数	：6 人
ハ．在室者 1 人当たりの呼吸による二酸化炭素の発生量	：0.02 m^3/h
ニ．室内の二酸化炭素の許容濃度	：0.10 %
ホ．外気の二酸化炭素の濃度	：0.04 %

1．1.0 回 /h
2．1.5 回 /h
3．2.0 回 /h
4．2.5 回 /h
5．3.0 回 /h

解説 問題1 [2021 - I - 問4] 《正解 3》

この問題は、必要換気量を求めてから、換気回数を求めます。

必要換気量の求め方は、$\frac{K}{(Pa - Po)}$ です。

K：在室者による CO_2 の発生量（m^3/h）　Pa：CO_2 の許容濃度　Po：外気の CO_2 濃度

この公式に当てはめてみると

(0.02 × 3 人分) / (0.001 − 0.0004) ＝ 100（m^3/h）

%は小数にします。例えば、1%は 1/100 なので 0.01 です。

換気回数の求め方は、換気回数（回 /h）＝換気量 / 室容積

100/50 ＝ 2.0（回 /h）

別解

許容濃度である 0.1 %の時、50 m^3 の部屋には、0.05 m^3 の CO_2 があります。

50 × 0.001 ＝ 0.05

外気の場合、0.04 %だと、同じ 50 m^3 で、50 × 0.004 ＝ 0.02 m^3 の CO_2 です。

その差は、0.05 − 0.02 ＝ 0.03 m^3　これは 1 回の換気で減る CO_2 の量になります。

3 人の CO_2 の発生量は、0.02 × 3 ＝ 0.06 m^3　3 人でこれだけ増えます。

必要な換気回数は、発生する量÷換気によって減る量で求めることができますので

⇒　0.06 ÷ 0.03 ＝ 2 回

つまり、1 時間に 2 回以上の換気をすれば、許容濃度を超えないことになります。

解説 問題2 [2019 - I - 問4] 《正解 4》

1. 居室の必要換気量は、一般に、居室内の二酸化炭素（CO_2）濃度を基準として算出します。濃度の許容値は、0.1% (1,000 ppm) です。
2. 正しい記述です。
   理論排ガス量とは、燃料が完全燃焼したときに発生する燃焼ガスの量で、算定方法は、建築基準法施行令および告示に定められています。
3. 暖かい空気は軽く、冷たい空気は重たいので、上階には屋内の空気が出ていく力が生じ、下階には外気が入ってくる力が生じます。正しい。
4. 設問は、第 3 種機械換気方式の説明です。第 2 種換気方式は、給気にファンを用い、排気は自然排気とする方式です。室内は正圧に保たれるので、室外の汚染空気の流入を防ぐことができます。
5. 一酸化炭素（CO）は、無色無臭ですが、人体に大きな害を及ぼす有害ガスです。濃度の許容値は、0.001 % (10 ppm) です。

解説 **問題 3** [2011 - I - 問 3]　　《正解 4》

必要換気回数 N [回 /h] は、次式で求められます。

換気回数（回 /h）＝換気量（m^3/h）/ 室容積（m^3）

また、必要換気量 Q [m^3/h] は、次式で求められます。

$$Q=\frac{K}{(Pa-Po)}$$

K：在室者による CO_2 の発生量（m^3/h）　Pa：CO_2 の許容濃度　Po：外気の CO_2 濃度

設問の数値を代入すると、

$$\text{必要換気量}（Q）=\frac{(0.02 \times 6\text{人})}{(0.001 - 0.0004)} = 200（m^3/h）$$

$$\text{換気回数}（N）= 200/80 = 2.5（\text{回}/h）$$

別解

設問で与えられている条件、室容積、在室人数、二酸化炭素の発生量、許容濃度と外気の差、これらが換気回数にどのように影響するかを考えます。

換気回数の式を立てる場合、換気の必要性が高くなる場合は分子（比例）、そうでない場合は分母（反比例）に配置して、計算をします。

- 室容積は、大きいほど換気は少なくて済みます。つまり反比例 ⇒（分母）
- 人数は、多いほど換気は必要です。従って比例 ⇒（分子）
- 二酸化炭素の発生量はもちろん比例です。⇒（分子）
- 許容濃度と外気の差は、大きいほど、換気の必要性は少ない。反比例 ⇒（分母）

従って $\dfrac{6\text{人} \times 0.02}{80 \times (0.001 - 0.0004)} = 2.5$（回 /h）　となります。

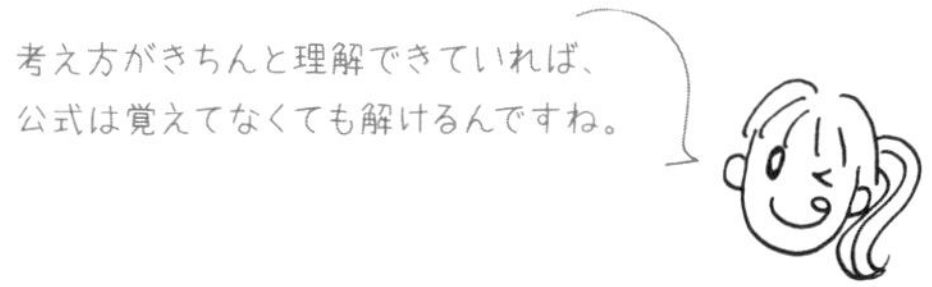

考え方がきちんと理解できていれば、
公式は覚えてなくても解けるんですね。

温度・湿度 ・・・・・・ 空気線図の読み方

冬のお風呂上り、脱衣室の鏡が浴室の湯気で曇ってしまって困ることがありますよね。でもこの鏡が曇る現象、夏だと起こりませんよね。一体どうしてでしょう。このからくりが理解できると、この「温度・湿度」の問題はクリアできそうです。

学習のポイント！

- ☑ 寒い冬の時期の鏡やガラスは曇りやすい　結露は気温に関係している
- ☑ 気温が低い空気は、たくさんの水蒸気を含むことができない
- ☑ 反対に、気温が高い空気は、たくさんの水蒸気を含むことができる
- ☑ 相対湿度とは、その温度の時の空気が含むことができる最大の水蒸気に対する割合
- ☑ よって、同じ水蒸気量（絶対湿度）でも、気温によって相対湿度（%）は変わる
- ☑ 含むことができない水蒸気は、そのまま結露となる

＊ 湿度について

天気予報でよく耳にしますよね。例えば「湿度 50 %」。この湿度ですが、単位は%になっています。割合を意味していますが、これは、その温度の時の空気が含むことができる最大の水蒸気を 100 %としたとき、実際に含まれている水蒸気の量の割合です。これを相対湿度と言いますが、式にすると次のようになります。

相対湿度（%）＝実際の水蒸気の量／その温度において含むことができる水蒸気の最大量

実際の水蒸気の量が同じでも、温度が変わると分母が変わりますので、相対湿度（%）は違ってくることになります。

湿度にはもう一つあります。温度に関係なく、その時に含まれる水蒸気の量を絶対的に計ったもので、これを絶対湿度と言います。単位は（g/kg）です。

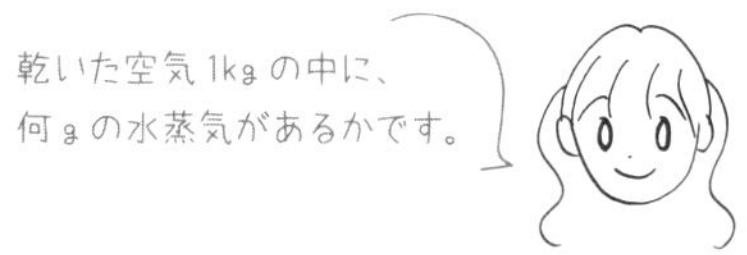

乾いた空気 1kg の中に、
何 g の水蒸気があるかです。

＊ その他の用語

乾球温度：普通の温度計が示す温度、いわゆる気温のことです。

湿球温度：温度計の感熱部に、水で湿らせた布を包んで測定した温度。
湿球温度が乾球温度と等しくなるということは、相対湿度が 100%ということです。

露点温度：空気の温度を下げていった場合、結露が発生する時の温度。また、その時の水蒸気量を**飽和水蒸気量**と言います。
温度を下げていくと、相対湿度は 100%になり、さらに温度を下げると、それ以上水蒸気を含むことができなくなり、その分が結露（水滴）となります。

✱ 空気線図

乾球温度や湿球温度、相対湿度や絶対湿度などの関係を表した図

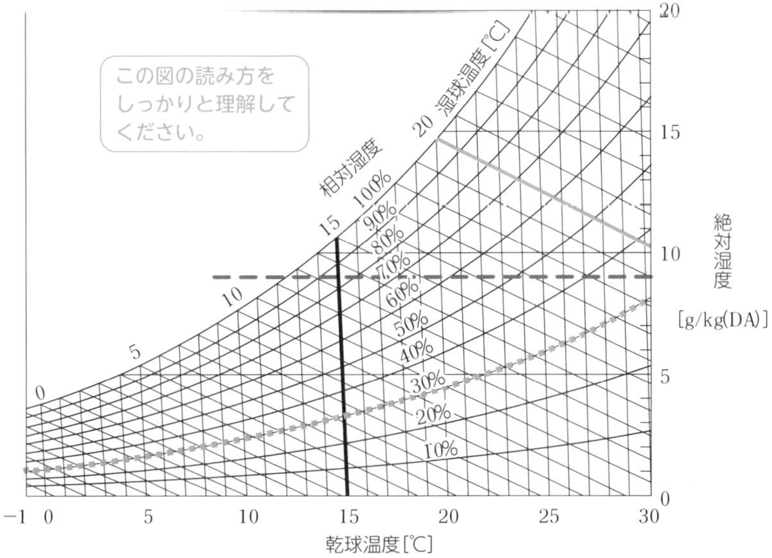

乾球温度 ―― 乾球温度が 15 ℃のラインです。縦に読みます。

湿球温度 ―― 湿球温度が 20 ℃のラインです。斜めに読みます。

相対湿度 ‥‥ 相対湿度が 30 %のラインです。曲線になっています。

相対湿度が 100%の時、乾球温度と湿球温度は同じになっています。

絶対湿度 ‐ ‐ ‐ ‐ 絶対湿度が 9 g のラインです。水平に読みます。

同じ絶対湿度でも、乾球温度が変わると相対湿度が違いますよね。

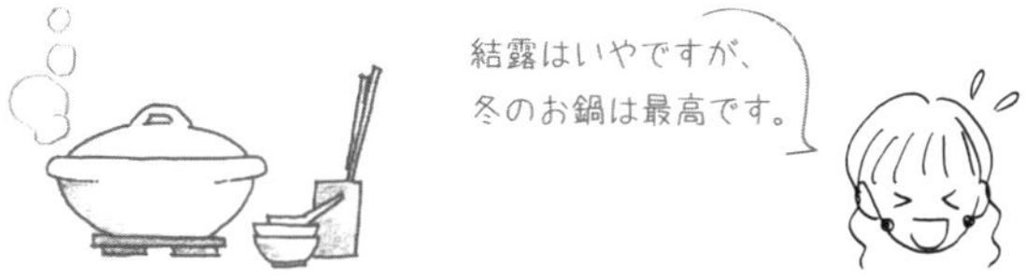

結露はいやですが、
冬のお鍋は最高です。

問題 1［2020 - I - 問 6］

図に示す湿り空気線図中の A 点の湿り空気（乾球温度 20 ℃、相対湿度 30 %）及び B 点の湿り空気（乾球温度 30 ℃、相対湿度 60 %）に関する次の記述のうち、**最も不適当な**ものはどれか。

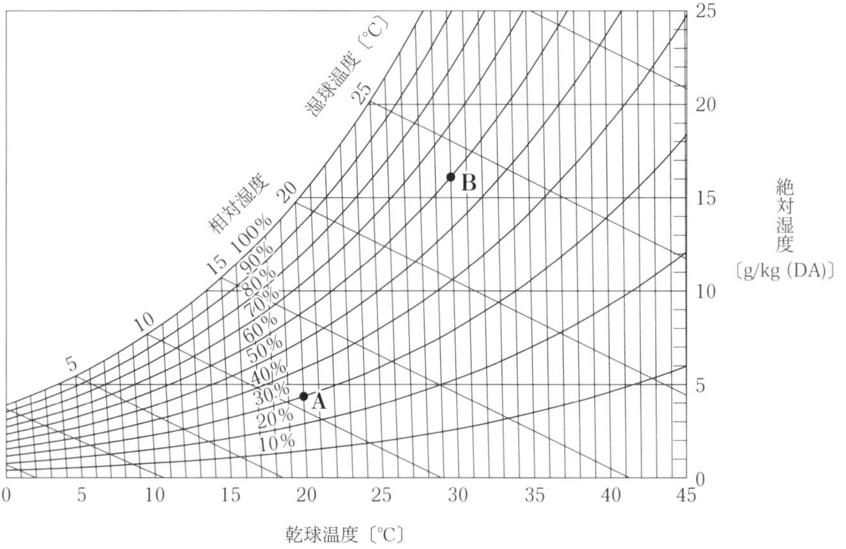

1. A 点の空気を乾球温度 30 ℃まで加熱すると、相対湿度は約 17 %まで低下する。
2. B 点の空気が 15 ℃の壁面に触れると、壁の表面に結露が発生する。
3. A 点の空気に含まれる水蒸気量は、B 点の空気に含まれる水蒸気量の約 50 %である。
4. A 点の空気を B 点の空気と同様な状態にするには、加熱と同時に乾燥空気 1 kg 当たり約 12 g の加湿が必要となる。
5. A 点の空気と B 点の空気とを同じ量だけ混合すると、「乾球温度約 25 ℃、相対湿度約 50 %」の空気となる。

解説
動画

問題 2［2013 - I - 問 8］

図に示す湿り空気線図中のA点（乾球温度 15 ℃、相対湿度 40 %）の状態にある湿り空気及びB点（乾球温度 25 ℃、相対湿度 70 %）の状態にある湿り空気に関する次の記述のうち、**最も不適当な**ものはどれか。

1. B点の空気を、乾球温度 14 ℃まで冷却した後、乾球温度 22 ℃まで加熱すると、相対湿度は約 60 %になる。
2. A点の空気に含まれる水蒸気量は、同じ量の「乾球温度 20 ℃、湿球温度 15℃」の空気に含まれる水蒸気量より少ない。
3. B点の空気を、A点の空気の状態にするには、冷却と同時に乾燥空気 1 kg 当たり約 10 g の減湿が必要である。
4. B点の空気が表面温度 16 ℃の窓ガラスに触れると、窓ガラスの表面で結露する。
5. A点の空気とB点の空気を同じ量だけ混合すると、「乾球温度 20 ℃、相対湿度 55 %」の空気となる。

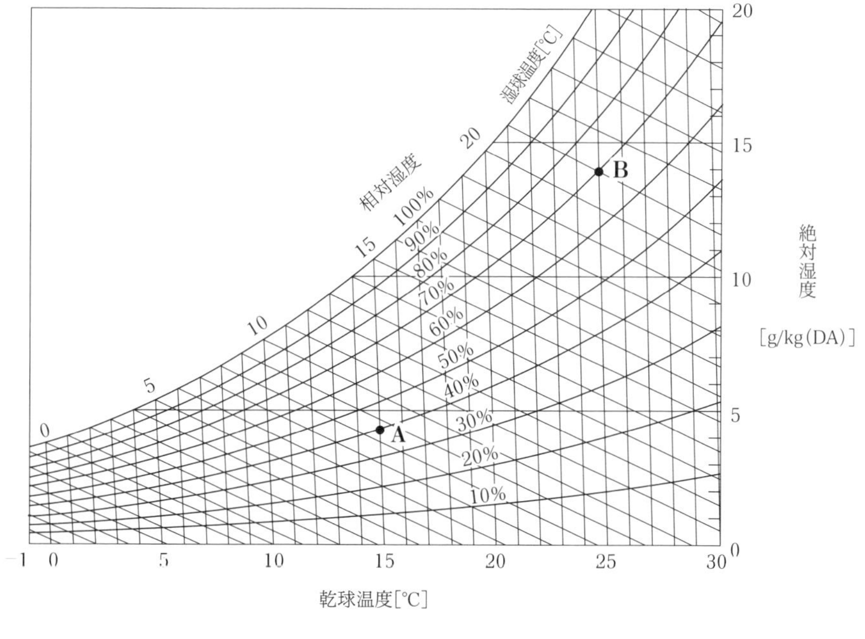

問題 3 [2019 - I - 問 6]

湿り空気に関する次の記述のうち、**最も不適当な**ものはどれか。

1. 絶対湿度が同じであれば、空気を加熱しても、露点温度は変化しない。
2. 絶対湿度が同じであれば、空気を冷却すると、相対湿度は高くなる。
3. 乾球温度が同じであれば、乾球温度と湿球温度との差が小さいほど、相対湿度は低くなる。
4. 乾球温度が同じであれば、相対湿度が高くなると、絶対湿度も高くなる。
5. ある空気を露点温度以下に冷却した後、元の温度に加熱すると、相対湿度は低くなる。

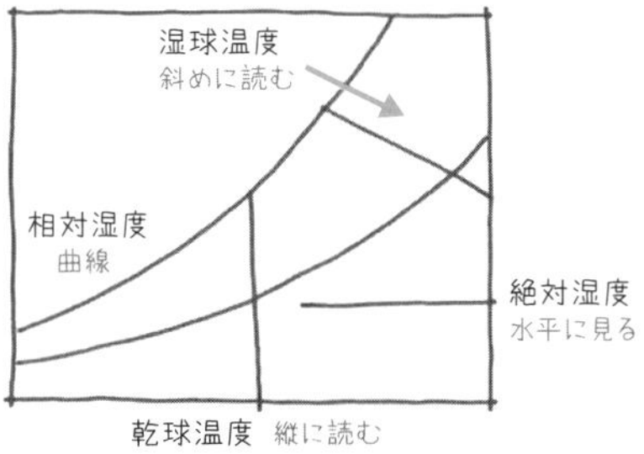

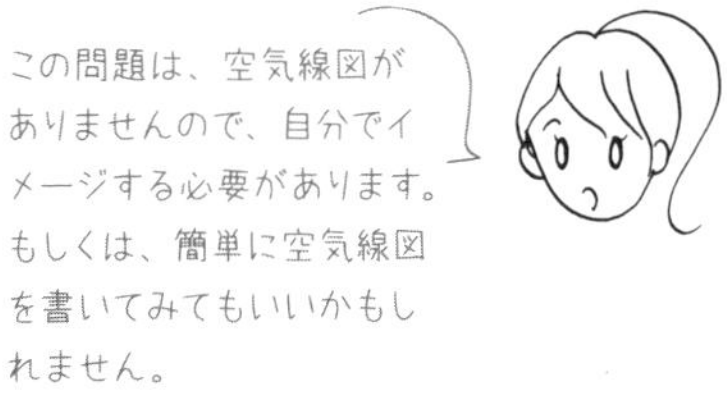
この問題は、空気線図がありませんので、自分でイメージする必要があります。もしくは、簡単に空気線図を書いてみてもいいかもしれません。

MEMO

解説 問題 1 ［2020 - Ⅰ - 問 6］ **《正解 3》**

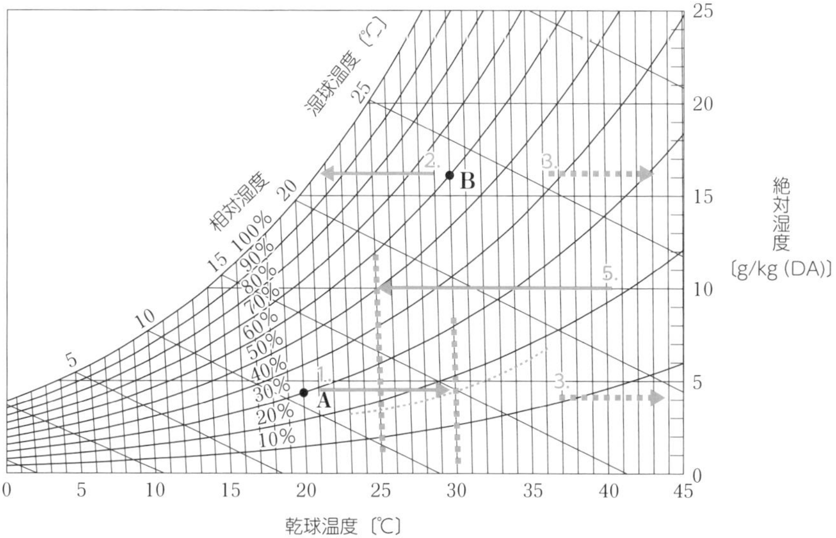

1. A 点から真横に進んで 30 ℃の位置の相対湿度を読みます。
   相対湿度は約 17 %まで低下します。
   相対湿度のラインは曲線なので注意してください。

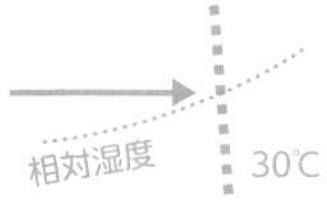

2. B 点から左に進むと、約 21 ℃になった時に**露点温度**（相対湿度が 100 %になったときの乾球温度）になることがわかります。そこからさらに温度を下げると、空気中に水蒸気を含み切れなくなります。つまり、結露が生じます。
3. 水蒸気量は、絶対湿度を読みます。A 点の空気に含まれる水蒸気量は約 4 g/kg(DA)で、B 点の空気に含まれる水蒸気量は約 16 g/kg（DA）なので、A 点の水蒸気量は、B 点の水蒸気量の約 25 %となります。50 %ではありません。
4. A 点の空気を B 点の空気と同様な状態にするには、10 ℃加熱して 30 ℃とする他に、約 12 g/kg（DA）を加湿して約 16 g/kg（DA）にする必要があります。加熱と同時に約 12 g の加湿が必要です。
5. 2 つの空気を同じ量混合すると、乾球温度は平均値となります。25 ℃です。
   絶対湿度も平均値を求めます。約 10 g/kg（DA）です。
   このラインと乾球温度が 25 ℃のラインが交わるところの
   相対湿度を読んでください。50 %です。

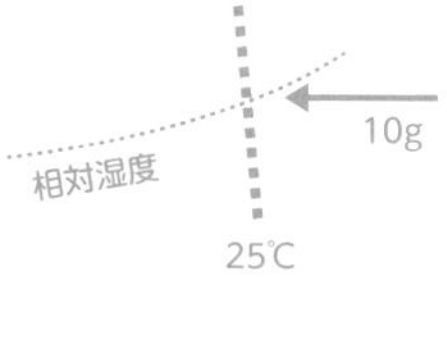

解説 **問題 2** [2013 - I - 問 8] 《正解 5》

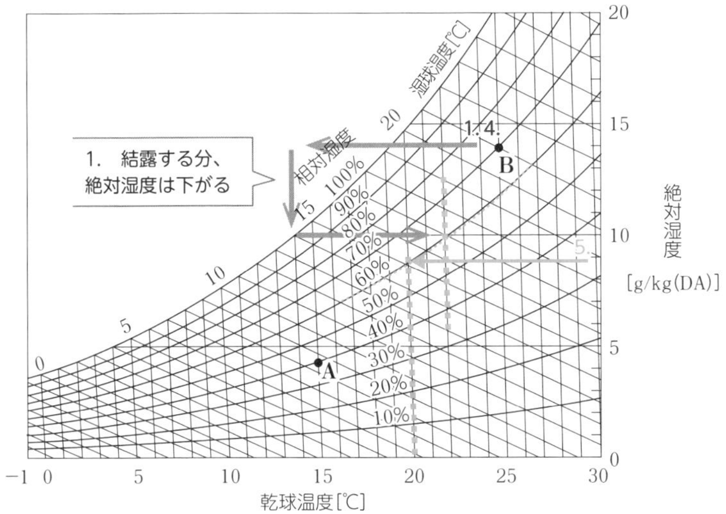

1. B 点の空気を 14 ℃まで冷やすと、相対湿度は 100 %を超え、結露が発生し、結露した分だけ絶対湿度は下がります。そこから下がった点（乾球温度 14 ℃において相対湿度が 100 %のところ）から、乾球温度が 22 ℃になるところまで、水平移動（加熱）し、その点での相対湿度を読みます。約 60 %です。
2. 乾球温度 20 ℃、湿球温度 15 ℃の空気の絶対湿度は約 9 g です。A の空気は約 4 g なので、A の方が水蒸気量は少ないです。単純に高さを比較すれば OK です。
3. 絶対湿度（右側の目盛り）を水平に読みます。B 点の絶対湿度 14 g から、A 点の絶対湿度 4 g にしますので、約 10 g の減湿が必要です。
4. B 点の空気は、乾球温度を下げると、約 19 ℃で露点温度となります。つまり、結露します（左へ行くと 19 ℃のラインで 100 %と交わる)。従って、19 ℃より低い 16 ℃のガラスに触れると結露することになります。
5. 乾球温度は平均となります。A 点の空気（15 ℃）と B 点の空気（25 ℃）を混合すると、20 ℃の空気となります。これは正しいです。 $\frac{15+25}{2}=20$

   A 点の空気（絶対湿度約 4 g）と B 点の空気（絶対湿度約 14 g）を混合すると、絶対湿度はその平均の約 9 g/kg (DA) の空気となります。 $\frac{4+14}{2}=9$

   乾球温度が 20 ℃で絶対湿度が約 9 g/kg（DA）のラインを見てみると、相対湿度は 60 %強になります。55 %ではありませんので、誤りです。

解説 **問題 3** [2019 - I - 問 6] **《正解 3》**

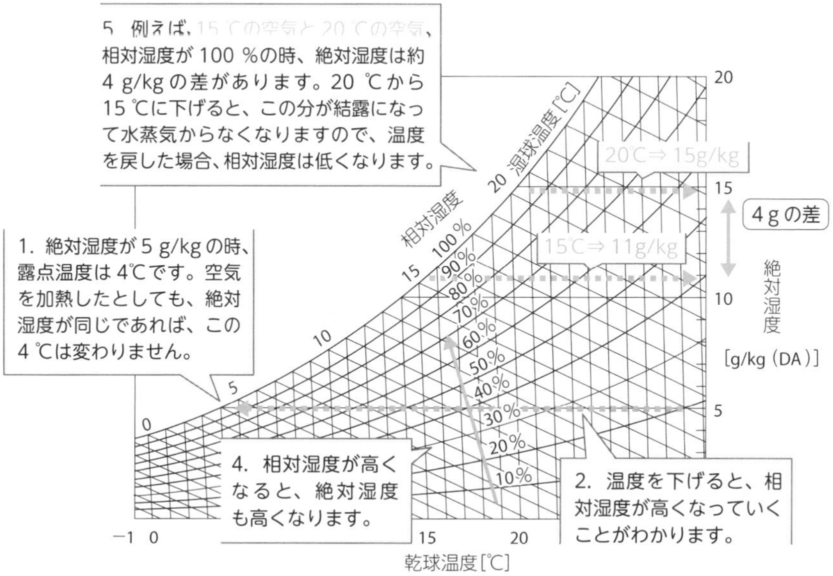

1. 露点温度とは、空気の温度を下げていくとき、空気中の水蒸気が飽和点に達し、相対湿度が 100 %になる時の温度（結露が始まるときの温度）を言います。絶対湿度により決まりますので、絶対湿度が同じであれば、空気を加熱（又は冷却）しても露点温度は変化しません。
2. 相対湿度は、飽和水蒸気量に対する水蒸気量の割合です。絶対湿度が同じ場合は、乾球温度が低くなって飽和水蒸気量が小さくなると、相対湿度は高くなります。
乾球温度が低くなると、飽和水蒸気量が少なくなるためです。
3. 湿球温度は、水を含んだガーゼで温度計の下部を包んで温度を測ります。湿度が低いほどより多くの水が蒸発し、熱を奪われ湿球温度は下がります。したがって、差が大きいほど相対湿度は低く、差が小さいほど高くなります。誤り。
相対湿度が 100 %の場合、湿球温度は乾球温度と差がなくなり、同じ温度となります。
4. 正しい記述です。相対湿度が高くなるということは、空気中に含まれている水蒸気量が多くなるということなので、絶対湿度も高くなります。
5. ある温度の空気を露点温度以下に冷却すると、結露が発生しますので、元の温度まで加熱すると、結露した（水になってしまった）水蒸気量の分だけ相対湿度は低くなります。

伝熱 ・・・・・・ 外皮熱損失計算をおさえておこう！

エアコン１台で１つの住宅を丸ごと冷暖房できる、最近ではこんな住宅が出てきています。これはつまり、外の熱を中に入れない、もしくは、室内の熱を外に逃さない、ということになりますね。
住宅性能評価という言葉をご存じでしょうか。文字通り、住宅の性能を評価することですが、耐震性能と並んで、断熱性能というのは、重要な項目の１つとなっています。

学習のポイント！

☑ 熱の伝わり方には、伝導、対流、放射（輻射）がある
☑ 熱伝達率や熱貫流率は、高いほど熱が伝わる　率が高いほど断熱性が悪い

＊ 熱の伝わり方　伝導・対流・放射

熱の伝わり方には、伝導、対流、放射があります。伝導はものを通じて熱が伝わること。対流は、水や空気の流れによって熱が伝わることです。放射とは、物体が熱を電磁波として運ぶ現象で、間に物や空気がなくても熱が伝わります。輻射とも言います。

＊ 壁体の熱の伝わり方

熱伝達　空気から壁の表面、又は、壁の表面から空気へ熱が伝わること。
　熱伝達率（α）は、熱の伝達のしやすさ。熱伝達抵抗はその逆数で、$\left(\frac{1}{\alpha}\right)$

熱伝導　壁体の内部を熱が移動すること。
　熱伝導率（λ）は、その材料の熱の伝わりやすさ。熱伝導抵抗は、$\left(\frac{d}{\lambda}\right)$

熱貫流　壁の一方から反対側へ熱が伝わること。
　熱貫流率（K）は、その壁の熱の伝わりやすさ。熱貫流抵抗は、$\left(\frac{1}{K}\right)$

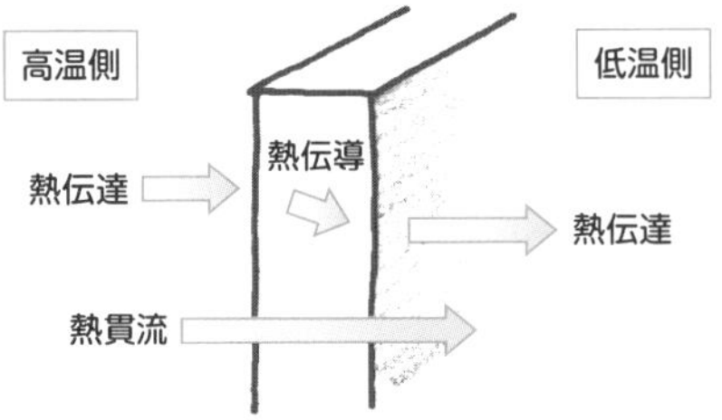

$\left(\frac{1}{\lambda}\right)$ に材料の厚み (d) を掛けています。
抵抗は厚みに比例します。

３つを合わせています

熱貫流は、外側の**熱伝達**＋壁の**熱伝導**＋内側の**熱伝達**　です。そして、

熱貫流抵抗 $\frac{1}{K}$ は、**熱伝達抵抗** $\frac{1}{\alpha}$ ＋**熱伝導抵抗** $\frac{d}{\lambda}$ ＋**熱伝達抵抗** $\frac{1}{\alpha}$ となります。

＊ 熱貫流量（Q）

熱貫流によってどれだけ熱が移動したか、その量を表したのが熱貫流量です。

求め方 $Q\,[W] = K \times (t_1 - t_2) \times S$

熱貫流率、内外の気温差、面積、全てに比例します。

K：熱貫流率（熱の伝わりやすさ）

$(t_1 - t_2)$：内外の気温差

S：屋根や壁などの外皮の面積

室内と室外が同じ温度の場合は、気温差が0℃になりますので、熱貫流量は0（W）ですね。熱は伝わらないです。

建物の外気に面する部分を外皮と言いますが、次のような箇所が外皮となり、熱貫流が発生しています。中でも一番大きいのが窓です。

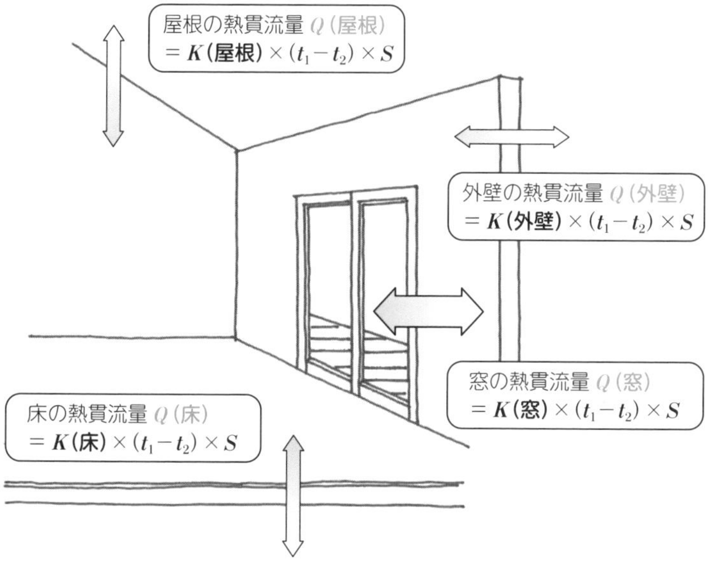
屋根の熱貫流量 Q（屋根）
$= K$（屋根）$\times (t_1 - t_2) \times S$
外壁の熱貫流量 Q（外壁）
$= K$（外壁）$\times (t_1 - t_2) \times S$
窓の熱貫流量 Q（窓）
$= K$（窓）$\times (t_1 - t_2) \times S$
床の熱貫流量 Q（床）
$= K$（床）$\times (t_1 - t_2) \times S$

部屋全体の熱貫流量（熱損失量）は、**Q（屋根）＋ Q（外壁）＋ Q（窓）＋ Q（床）** となります。

また、部屋全体の熱損失量を外皮面積で割ったものを外皮平均熱貫流率と言います。

問題１［2008－Ⅰ－問5］

イ～ヘの条件により計算した窓のある外壁の熱損失の値として、**正しい**ものは、次のうちどれか。ただし、定常状態とする。

条件

イ．外壁（窓を含む）の面積：25 m^2

ロ．窓の面積：5 m^2

ハ．居室の温度：25 ℃

ニ．外気の温度：5 ℃

ホ．外壁（窓を除く）の熱貫流率：0.5 W/（m^2・K）

ヘ．窓の熱貫流率：2.0 W（m^2・K）

1．400 W
2．450 W
3．500 W
4．600 W
5．750 W

解説
動画

問題２［2011－Ⅰ－問5］

イ～チの条件により計算した外壁、窓及び天井の熱損失の合計値として、**正しい**ものは、次のうちどれか。ただし、定常状態とする。

条件

イ．外壁（窓を除く）の面積：180 m^2

ロ．窓の面積：15 m^2

ハ．天井の面積：70 m^2

ニ．外気温：0 ℃

ホ．室温：20 ℃

ヘ．外壁の熱貫流率：0.3 W／（m^2・K）

ト．窓の熱貫流率：2.0 W／（m^2・K）

チ．天井の熱貫流率：0.2 W／（m^2・K）

1．1,840 W
2．1,880 W
3．1,920 W
4．1,960 W
5．2,000 W

問題 3 [2015 - I - 問 5]

熱貫流率が 1.0 W／（m^2・K）の壁体に、熱伝導率が 0.04 W／（m・K）の断熱材を 40 mm の厚さで設けたときの壁体の熱貫流率の値として、**正しい**ものは、次のうちどれか。

1. 0.5 W／（m^2・K）
2. 0.6 W／（m^2・K）
3. 0.7 W／（m^2・K）
4. 0.8 W／（m^2・K）
5. 0.9 W／（m^2・K）

解説動画

元々、熱貫流率が 1.0W/(m^2・K) の壁に
断熱材を加えると、熱貫流率はどうなりますか?
という問題です。
26 ページの式が関係していますよ。

問題 4 [2018 - I - 問 6]

熱貫流率が 1.0 W／（m^2・K）の壁体について、熱伝導率 0.03 W /（m・K）の断熱材を用いて熱貫流率を 0.4 W /（m^2・K）とするために、**必要となる断熱材の厚さ**は、次のうちどれか。

1. 30 mm
2. 35 mm
3. 40 mm
4. 45 mm
5. 50 mm

今度は、熱貫流率を 0.4W/(m^2・K) にするためには
何 mm の断熱材を使えばいいですか?
という問題ですね。
これも 26 ページの式を使ってください。

解説 問題 1 ［2008 - I - 問 5］ 《正解 1 》

熱損失（＝熱貫流量）の求め方は、$Q\,[W] = K \times (t_1 - t_2) \times S$ です。

熱貫流率×温度差×面積　このように覚えても OK です。

設問より、求めたい部分は外壁部分です。外壁と窓をそれぞれに求めて合計します。

外壁の熱損失

- 外壁の熱貫流率は、設問より 0.5 W / （m^2 · K）
- 内外の温度差は、25 ℃ − 5 ℃ = 20 ℃
- 面積は 20 m^2　窓を含めないように注意してください。

熱損失＝ **0.5×20×20 = 200 [W]**

窓の熱損失

- 窓の熱貫流率は、設問より 2.0 W / （m^2 · K）
- 内外の温度差は、20℃
- 面積は 5 m^2

熱損失＝ **2.0 × 20 × 5 = 200 [W]**

合計すると　**200 [W] + 200 [W] = 400 [W]**　となります。

解説 問題 2 ［2011 - I - 問 5］ 《正解 4 》

熱損失の求め方は、$Q\,[W] = K \times (t_1 - t_2) \times S$ です。

もしくは、熱貫流率×温度差×面積

この問題では、外壁と窓、天井の熱損失の合計値が求められていますので、それぞれ求めて合計してください。

外壁：**0.3 ×（20 − 0）× 180 = 1,080 [W]**

窓　：**2.0 ×（20 − 0）× 15 = 600 [W]**

天井：**0.2 ×（20 − 0）× 70 = 280 [W]**

合計は、1,960［W］になります。

解説 問題3 [2015 − I − 問5] **《正解1》**

26ページの式より、熱貫流抵抗 $\frac{1}{K}$ は、 $\frac{1}{\alpha}+\frac{d}{\lambda}+\frac{1}{\alpha}$ です。

外側の $\frac{1}{\alpha}$ が熱伝達抵抗で、真ん中の $\frac{d}{\lambda}$ が熱伝導抵抗（断熱材）の部分です。

$\frac{1}{K}=\frac{1}{\alpha}+\frac{d}{\lambda}+\frac{1}{\alpha}$ この式を K（熱貫流率）＝ の形にすると $K=\dfrac{1}{\frac{1}{\alpha}+\frac{d}{\lambda}+\frac{1}{\alpha}}$

設問より、断熱材がない状態で熱貫流率が 1.0 なので、$K=\dfrac{1}{\frac{1}{\alpha}+\frac{1}{\alpha}}=1$

つまり分母の、 $\frac{1}{\alpha}+\frac{1}{\alpha}$ は 1 になりますね。

熱貫流率の式の分母に、この 1 と設問の断熱材の熱伝導抵抗を加えると、

$K=\dfrac{1}{1+\frac{0.04}{0.04}}=0.5$ となります。

断熱材の厚さの単位は「m」としてください

解説 問題4 [2018 − I − 問6] **《正解4》**

この問題も先ほどの熱貫流率の式を用います。 $K=\dfrac{1}{\frac{1}{\alpha}+\frac{d}{\lambda}+\frac{1}{\alpha}}$

断熱材を考慮しない場合の熱貫流率（K）は、問題より 1 になりますので、

問題 3 と同じで、$K=\dfrac{1}{\frac{1}{\alpha}+\frac{1}{\alpha}}=1$ つまり、 $\frac{1}{\alpha}+\frac{1}{\alpha}$ は 1 になります。

熱貫流率の式の分母に、この 1 と断熱材の熱伝導抵抗を入れて、答えが 0.4 になるようにすれば、断熱材の厚みが求まります。

$K=\dfrac{1}{1+\frac{d}{0.03}}=0.4$ d は、0.045 m = 45 mm となります。

インデックスシールについて

試験では、法令集を用いて解答をすることができます（ただし、法令集は使用が認められているもので１冊のみ）。また、その法令集には、インデックスシールを貼ったり、法文に線引きをすることが認められています。
インデックスシールは、法令集を引く時間を少しでも短縮するために是非活用したいところですが、その貼り方には注意が必要です。少ないと、開きたいところがなかったりしますし、多すぎても、かえって見つけにくくなり、開けるのに時間がかかる場合があります。
インデックスシールは、法令集を購入すると付属されている場合が多いですが、そのまま全て貼るのではなく、必要なものを選んで貼ることをお勧めします。
（資格学校が出している法令集は、比較的、試験で必要なものが吟味されています。）

おすすめインデックス

貼っておくといいと思われるインデックスや貼り方を紹介しますので、よかったら参考にしてください。

建築基準法（横に貼るインデックス）

インデックス	貼る箇所
建築基準法	目次
用語の定義	2 条
確認申請・構造適判	6 条
構造耐力	20 条
耐火・準耐火建築物	27 条
採光・換気	28 条
長屋の界壁・便所	30 条
内装制限	35 条の 2
第 3 章　適用区域	41 条の 2
道路・敷地	42 条
容積率	52 条
建ぺい率	53 条
高さ制限	55 条
日影規制	56 条の 2
防火・準防火地域	61 条
地区計画等	68 条の 2
建築協定	69 条
仮設建築物　緩和	85 条
既存建築物　緩和	86 条の 7
用途変更	87 条
工作物への準用	88 条
地域が跨ぐ場合	91 条
別表第 1	
別表第 2	
別表第 3	
別表第 4	

法令集の上部分を活用する

確認申請・構造適判

完了検査 中間検査	仮使用承認 違反建築物	報告・検査	工事届 除去届け
7条	7条の6・9条	12条	15条

構造耐力

大規模建築 主要構造部	屋根・外壁 22条区域	防火壁	耐火・準耐火 特殊建築物
21条	22条	26条	27条

別表

別表第1 特殊建築物	別表第2 用途制限	別表第3 高さ制限	別表第4 日影規制

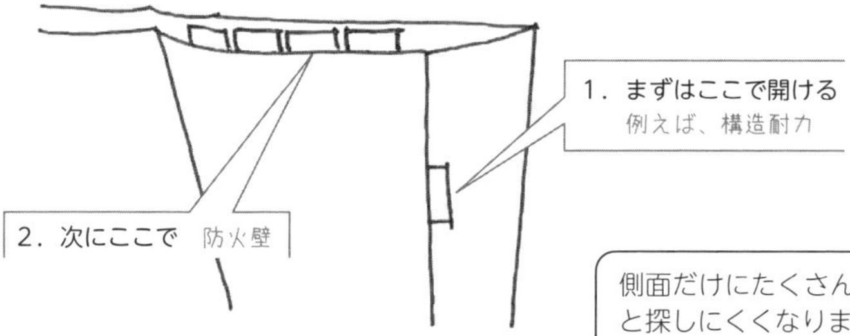
1. まずはここで開ける
例えば、構造耐力
2. 次にここで 防火壁

側面だけにたくさん貼ると探しにくくなります。上部分も活用します。

法令集の下部分を活用する

下部分も使えますね。
別表がおススメです。

建築基準法	施行令

別表第1 特殊建築物	別表第2 用途制限	別表第3 高さ制限	別表第4 日影規制

建築基準法　施行令（横に貼るインデックス）

インデックスシールを自分で購入して1から作る場合は、
シールの色を変えてみてもいいと思います。
基準法は青、施行令は赤などにすると一目瞭然ですよ。

法令集の上部分を活用する

構造強度

木造	補強 CB 造	鉄骨造	RC 造
40 条	62 条の 2	63 条	71 条

構造計算

保有水平耐力 限界耐力計算	許容応力度 計算	固定・積載 雪・風・地震	許容応力度 材料強度
82 条	82 条の 6	83 条	89 条

耐火・準耐火・防火

耐火・準耐火 技術的基準	防火戸 防火設備	特殊建築物 性能技術基準	長屋・共同 間仕切・隔壁
107 条	109 条	110 条	114 条

目次を活用する

目次を開いて、調べたいところのページを見る方法です。過去に出題された内容の部分にチェックしておきます。目次から目的のページへ飛べるようにしておくと、インデックスの数を減らすことができます。

その他の法令（横に貼るインデックス）

バリアフリー法
バリアフリー法施行令
耐震改修促進法
耐震改修施行令
品確法
瑕疵担保履行法
長期優良住宅促進法
建築士法
建築士法施行令
建設業法
建設業法施行令
宅建業法
都市計画法
都市計画法施行令
津波防災地域づくり
土地区画整理法
消防法
消防法施行令
消防法別表
労働安全衛生法
建築物における衛生的環境確保
省エネ法
都市低炭素化促進法
建設工事資材再資源化
宅造法
風俗営業等
景観法
民法

法令集はどれを選ぶ？

法令集にはいろんなものがありますので、選ぶ時は迷うと思います。
本の大きさが違ったり（A5 判や B5 判）、縦書きか横書きか。文字の大きさも大きかったり小さかったりします。
どれもが自分好みというものを探すのは難しいと思いますが、法令集を選ぶ時は、書店で実物を見ることをお勧めします。人によって合う合わないがありますし、知り合いに聞いても、複数の法令集を試した人はそんなにいないと思います。
法令集はどれを選ぶかも大事ですが、それより、使い慣れることが重要です。
慣れてしまえば、その法令集が一番使いやすいものになりますよ。

法令集の上部分を活用する

バリアフリー法

適合義務 努力義務	特定建築物 計画の認定	特定建築物 特別特定建築物	特定施設
法14条	法17条	令4条	令6条

建築士法

設計範囲 免許・登録	懲戒	業務・設計変更 表示行為	定期講習
3条	10条	18条	22条の2
建築士事務所	**管理建築士**	**帳簿図書保存**	**監督処分**
23条	24条	24条の4	26条

建設業法

建設業の許可	請負契約	紛争審査会	主任技術者 監理技術者
3条	16条	25条	26条

都市計画法

都市計画区域	区域区分 地域地区	開発行為 の許可	建築の許可
5条	7条・8条	29条	53条

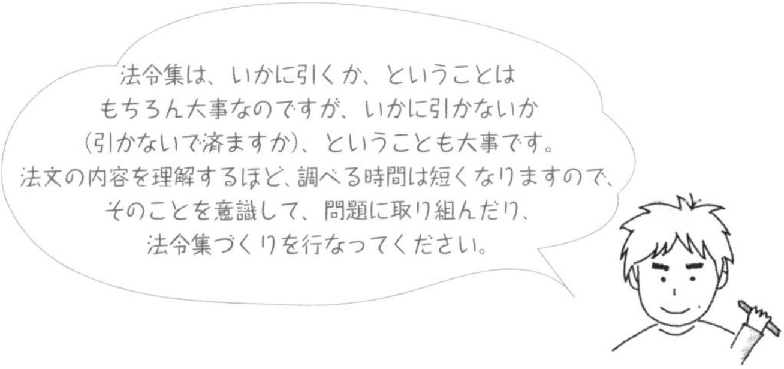

法令集は、いかに引くか、ということは
もちろん大事なのですが、いかに引かないか
(引かないで済ますか)、ということも大事です。
法文の内容を理解するほど、調べる時間は短くなりますので、
そのことを意識して、問題に取り組んだり、
法令集づくりを行なってください。

法令集 その1 **線引きと読み方のコツ**

カッコ書き　ただし書き

条文には、A（○○に限る）は、Bである。ただし、Yは除く。などのように、括弧書きやただし書きと呼ばれるものがあります。この文章を全部続けて読むと意味がわかりにくくなってしまうので、括弧書きやただし書きは、色もしくはペンの種類を変えて線を引き、後で読むようにします。

例えば、
A（○○に限る）は、Bである。ただし、Yは除く。
このように線を引きます。
読むときは、
Aは、Bである。　を先に読んで
（○○に限る）ただし、Yは除く。　を後から読むと、理解しやすいです。

その他のマーキング方法

- 用語などは四角で囲む。
- 関連ページを記入する。

設計　建築士法（昭和25年法律第202号）第2条5項に規定する設計をいう。
士法2条5項⇒p 817

この程度の書き込みは、
認められています。
また、あらかじめ記入されて
いる法令集もあります。

学科試験で使用できる
法令集は1冊※です。
自分仕様の使いやすい
法令集を作って下さい。

※告示編などが分かれている場合は、それぞれ使用することができます。

第二章

学科Ⅱ（法規）のつまずきポイント

法規では法令集の使用が認められています。そんな法規の試験対策としてよく言われるのは、「法規の答えは法令集に書かれてある。だから、いかに法令集を早く引けるようになるかが重要。」

確かに、それは一理あると言えますが、同時に、時間を節約するために法令集はできるだけ引かないようにする。ということも重要です。法文の理解を深めるほど、法令集は引かなくて済むようになってきますので、できるだけ、法文の理解を深めるようにしてください。

建築の法律である建築基準法には、大きく分けて、集団規定と単体規定があります。

集団規定とは、その建物を建てる区域に対して、その建物がどうあるべきかを定めた規定で、建物の用途や広さ、高さなどが定められています。主には、秩序ある街並みを形成するための決まりだと考えて下さい。

建物の用途とは、住宅や図書館、老人ホームなど、その建物がどのような目的で使われるのかということです。簡単に言うと、建物の種類です。

単体規定とは、その建物自体がどうあるべきかを決めた規定です。階段の寸法や窓の大きさなどが決められています。その建物を利用する人が、健康で安全に利用するために設けられています。ただし、法律で定められているのは、あくまで最低の基準であると考えて下さい。建物は法律ぎりぎりにつくる必要はありません。

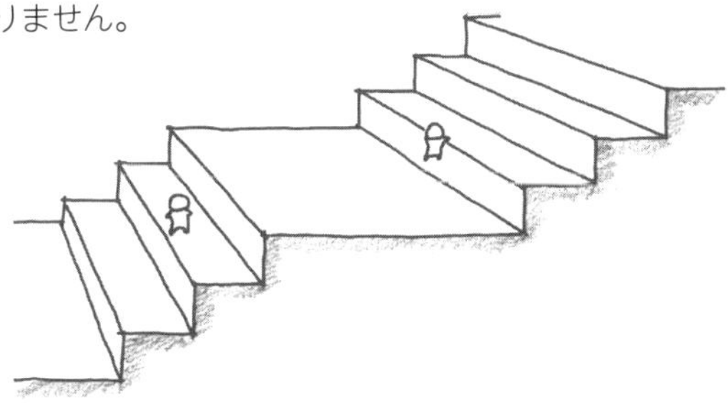

用語の定義 …… 既出には全てマークを

用語の定義の問題は、法令集に出てくる用語から出題されます。基準法の第２条と施行令の第１条に用語の定義がありますが、それ以外にも定義されているところがありますので、その部分にもチェックが必要です。概ね、過去に出題されたものをチェックしておけば、試験では対応ができると思います。

学習のポイント！
- ☑法令集の「用語の定義」以外からも出題される
- ☑既出については、全てチェックをしておく

＊ 建築基準法 第２条

基準法第２条で定義されている用語です。一号から三五号まであります。

（用語の定義）
第２条　この法律において次の各号に掲げる用語の意義は、それぞれ当該各号に定めるところによる。
一　建築物　土地に定着する工作物のうち、屋根及び柱若しくは壁を有するもの（これに類する構造のものを含む。）、これに附属する門……
二　特殊建築物　学校（専修学校及び各種学校を含む。以下同様とする。）、体育館、病院、劇場、観覧場、集会場、展示場、百貨店、……
法別表１⇒〇〇　令115の３⇒〇〇
三　建築設備　建築物に設ける電気、ガス、給水、排水、換気、暖房、冷房、消火、排煙若しくは汚物処理の設備又は煙突、昇降機若しくは避雷針をいう。

過去に出題があったものには、蛍光ペンでマークするか、四角で囲って、わかりやすくしておきます。

関連ページの記載です。
元々法令集に印刷されているものもありますが、この程度の書き込みは、自分で行なっても構いません。

貯水槽も建築物に設ける設備の場合は、２条三号の「建築設備」になります。
このような用語は、過去問題でチェックして覚えておきます。

✻ 基準法施行令 第１条

施行令第１条で定義されている用語です。一号から六号までありますが、ここは全てマークしておいてください。

> （用語の定義）
> 第１条　この政令において次の各号に掲げる用語の意義は、それぞれ当該各号に定めるところによる。
> 一　敷地　一の建築物又は用途上不可分の関係にある２以上の建築物のある一団の土地をいう。
> 二　地階　床が地盤面下にある階で、床面から地盤面までの高さがその階の天井の高さの1/3以上のものをいう。
> 三　構造耐力上主要な部分　基礎、基礎ぐい、壁、柱、小屋組、土台、斜材（筋かい、方づえ、火打材その他これらに類するものをいう。）、床版、屋根版又は横架材（はり、けたその他これらに類するものをいう。）で、建築物の自重若しくは積載荷重、積雪荷重、風圧、土圧若しくは水圧又は地震その他の震動若しくは衝撃を支えるものをいう。

構造耐力上主要な部分は、特によく出てきます。すぐに確認できるよう、該当するものにラインを引いておきます。

✻ 基準法施行令 第２条

施行令第２条は、面積、高さ等の算定方法となっていますが、ここでも重要な用語が出てきます。全てチェックしておいてください。

> （面積、高さ等の算定方法）
> 第２条　次の各号に掲げる面積、高さ及び階数の算定方法は、それぞれ当該各号に定めるところによる。
> 一　敷地面積　敷地の水平投影面積による。ただし、……
> 二　建築面積　建築物（地階で地盤面上１m以下にある部分を除く。以下この号において同じ。）の外壁又はこれに代わる……
> 三　床面積　建築物の各階又はその一部で壁その他の区画の中心線で囲まれた部分の水平投影面積による。

ここに出てくる用語は、用語の定義以外の問題を解く時にも必要となってきますので、内容についても、きちんと理解しておいてください。

✱ 特殊建築物　法別表第１

法別表第１には、主な特殊建築物が記載されています。

別表第１　耐火建築物等としなければならない特殊建築物
（第６条、第21条、第27条、第28条、第35条―第35条の３、第90条の３関係）

	（い）	（ろ）	（は）	（に）
	用途	（い）欄の用途に供する階	（い）欄の用途に供する部分（(1)項の場合にあつては客席、…略…の床面積の合計）	（い）欄の用途に供する部分の床面積の合計
(1)	劇場、映画館、演芸場、観覧場、公会堂、集会場その他これらに類するもので政令で定めるもの **法27条⇒○○**	３階以上の階	200 m^2（屋外観覧席にあつては、1,000 m^2）以上	
(2)	病院、診療所（患者の収容施設があるものに限る。）、ホテル、旅館、下宿、共同住宅、寄宿舎その他これらに類するもので政令で定めるもの **令115条の３一号⇒○○** **令19条１項** **（児童福祉施設）⇒○○**	３階以上の階	300 m^2 以上	
(3)	学校、体育館その他これらに類するもので政令で定めるもの **令115条の３二号⇒○○**	３階以上の階	2,000 m^2 以上	

政令では、別表以外の特殊建築物が書かれています。この部分もよく引きますのでマークしておきます。
令115条の３にはインデックスシールを貼っておいてもいいでしょう。

別表１は、目をつぶって１秒で開くことができるようになっておいてください。

＊ その他の用語

その他、過去においてよく出てくる用語です。これらを含めて、過去に出てきた用語は全て法令集にマークしておいてください。

準防火性能　法 23 条

> （外壁）
> **第 23 条**　前条第 1 項の市街地の区域内にある建築物・・略・・その外壁で延焼のおそれのある部分の構造を、準防火性能（建築物の周囲において発生する通常の火災による延焼の抑制に一定の効果を発揮するために外壁に必要とされる性能をいう。）に関して……

児童福祉施設等　令 19 条

認定こども園を除く
ここ、勘違いしやすいところです。

> （学校、病院、児童福祉施設等の居室の採光）
> **第 19 条**　法第 28 条第 1 項（法第 87 条第 3 項において準用する場合を含む。以下この条及び次条において同じ。）の政令で定める建築物は、児童福祉施設（幼保連携型認定こども園を除く。）、助産所、身体障害者社会参加支援施設（補装具製作施設及び視聴覚障害者情報提供施設を除く。）、保護施設（医療保護施設を除く。）、婦人保護施設、老人福祉施設、有料老人ホーム、母子保健施設、障害者支援施設、地域活動支援センター、福祉ホーム又は障害福祉サービス事業（生活介護、自立訓練、就労移行支援又は就労継続支援を行う事業に限る。）の用に供する施設（以下「児童福祉施設等」という。）とする。

老人福祉施設や有料老人ホームも
児童福祉施設等に含まれていますよ。
勘違いしそうですね。

避難施設等　避難階　令 13 条

> （避難施設等の範囲）
> **第 13 条**　法第 7 条の 6 第 1 項の政令で定める避難施設、消火設備、排煙設備、非常用の照明装置、非常用の昇降機又は防火区画（以下この条及び次条において「避難施設等」という。）は、次に掲げるもの（当該工事に係る避難施設等がないものとした場合に……
> 一　避難階（直接地上へ通ずる出入口のある階をいう。以下同じ。）以外の階にあつては居室から第 120 条又は第 121 条の直通階段に、……

問題1［2011－Ⅱ－問1］

用語に関する次の記述のうち、建築基準法上、**誤っている**ものはどれか。

1. 老人福祉施設の用途に供する建築物は、「特殊建築物」である。
2. 地震の震動を支える火打材は、「構造耐力上主要な部分」である。
3. 建築物に設ける消火用の貯水槽は、「建築設備」である。
4. コンクリートは、「耐水材料」である。
5. 住宅の屋根について行う過半の修繕は、「建築」である。

解説動画

問題2［2014－Ⅱ－問1］

用語に関する次の記述のうち、建築基準法上、**誤っている**ものはどれか。

1. 日影規制（日影による中高層の建築物の高さの制限）において、「平均地盤面からの高さ」とは、当該建築物が周囲の地面と接する位置の平均の高さにおける水平面からの高さをいう。
2. 構造耐力上主要な部分である基礎は、「主要構造部」である。
3. 建築物の周囲において発生する通常の火災による延焼を抑制するために当該外壁又は軒裏に必要とされる性能を、「防火性能」という。
4. 長屋又は共同住宅の隣接する住戸からの日常生活に伴い生ずる音を衛生上支障がないように低減するために界壁に必要とされる性能を、「遮音性能」という。
5. 鉄道のプラットホームの上家は、「建築物」ではない。

問題3［2016 - Ⅱ - 問1］

用語に関する次の記述のうち、建築基準法上、**誤っている**ものはどれか。

1. 障害者支援施設の用途に供する建築物は、「特殊建築物」である。
2. 建築物に設けるボイラーの煙突は、「建築設備」である。
3. 地下の工作物内に設ける店舗は「建築物」であるが、鉄道のプラットホームの上家は「建築物」ではない。
4. 建築物の自重若しくは積載荷重、積雪荷重、風圧、土圧若しくは水圧又は地震その他の震動若しくは衝撃を支える壁や筋かいは、「構造耐力上主要な部分」である。
5. 建築物の周囲において発生する通常の火災による延焼の抑制に一定の効果を発揮するために外壁に必要とされる性能を、「防火性能」という。

問題4［2020 - Ⅱ - 問1］

用語に関する次の記述のうち、建築基準法上、**誤っている**ものはどれか。

1. 建築物の周囲において発生する通常の火災による延焼を抑制するために当該建築物の外壁又は軒裏に必要とされる性能を、「防火性能」という。
2. 建築物の周囲において発生する通常の火災による延焼の抑制に一定の効果を発揮するために外壁に必要とされる性能を、「準防火性能」という。
3. 木造2階建ての一戸建て住宅において、1階から2階に通ずる屋内階段の過半の修繕は、「大規模の修繕」である。
4. 地域活動支援センターの用途に供する建築物は、「特殊建築物」である。
5. 避難上有効なバルコニーがある階は、「避難階」である。

解説 **問題 1** [2011－II－問 1]　　**《正解 5》**

1. 別表第 1（い）欄（2）項から令 115 条の 3 第一号に飛びます。
   ここには、(2) 項の用途に類する特殊建築物として、児童福祉施設等の記載があります。ここから、令 19 条 1 項に飛んでください。
   老人福祉施設の用途に供する建築物は、「特殊建築物」に該当します。
   慣れてくると、いきなり令 19 条 1 項を開くことができるようになります。
2. 令 1 条三号により、地震の震動を支える火打材は、「構造耐力上主要な部分」です。
3. 法 2 条三号により、「建築設備」とは、建築物に設ける電気、ガス、給水、排水、換気、暖房、冷房、消火、排煙若しくは汚物処理の設備又は煙突、昇降機若しくは避雷針を言います。したがって、建築物に設ける消火用の貯水槽は、「建築設備」です。
4. 令 1 条四号により、コンクリートは、「耐水材料」です。正しい。
5. 法 2 条五号により、建築物の屋根は主要構造部です。法 2 条十四号により、建築物の主要構造部の一種以上について行う過半の修繕は、「大規模の修繕」に該当します。建築ではありません。したがって、誤りです。

解説 **問題 2** [2014－II－問 1]　　**《正解 2》**

1. 別表第 4 により、「平均地盤面からの高さ」とは、当該建築物が周囲の地面と接する位置の平均の高さにおける水平面からの高さを言います。
2. 法 2 条五号により、「主要構造部」は、壁・柱・床・梁・屋根又は階段を言います。基礎は該当しません。ちなみに、基礎は、令 1 条三号より、「構造耐力上主要な部分」です。
3. 法 2 条八号かっこ書きにより正しい。
4. 法 30 条により正しい。
5. 法 2 条一号かっこ書きにより、正しい。
   鉄道及び軌道の線路敷地内の運転保安に関する施設並びに跨線橋、プラットホームの上家、貯蔵槽その他これらに類する施設は、「建築物」から除かれています。

「防火性能」と「遮音性能」
法令集にマークしてなかったら、
しておいてください。

たくさん問題を解いていると
怪しいものがわかってきます。

解説 問題３［2016－Ⅱ－問１］ 《正解５》

1. 令19条1項により、障害者支援施設は児童福祉施設等に該当します。また、児童福祉施設等は、令115条の3第一号より、「特殊建築物」です。
2. 法2条三号により、煙突は「建築設備」です。
3. 法2条一号により、地下に設ける店舗や倉庫等は建築物に該当しますが、鉄道のプラットホームの上家は、かっこ書により、建築物から除かれています。
4. 令1条三号により、正しい。
5. 法2条八号かっこ書きにより、「防火性能」とは、建築物の周囲において発生する通常の火災による延焼を抑制するために、建築物の外壁又は軒裏に必要とされる性能です。設問は「準防火性能」（法23条かっこ書き）の記述になります。

解説 問題４［2020－Ⅱ－問１］ 《正解５》

1. 法2条八号かっこ書きにより、正しい。
2. 法23条かっこ書きにより、正しい。
3. 法2条五号、十四号により、正しい。
   主要構造部の一種以上について行う過半の修繕は「大規模の修繕」です。
   階段は法2条五号により主要構造部なので、大規模の修繕に該当します。
4. 法2条二号、法別表第1、令19条1項、令115条の3第一号により、正しい。
   地域活動支援センターは、令19条1項の「児童福祉施設等」に該当します。また、児童福祉施設等は、令115条の3第一号より、法別表第1（2）項の用途に類する特殊建築物です。よって、地域活動支援センターは、特殊建築物です。
5. 令13条一号かっこ書きにより、避難階とは、直接地上へ通ずる出入口のある階を言います。誤りです。
   避難上有効なバルコニーがあっても、避難階にはなりません。

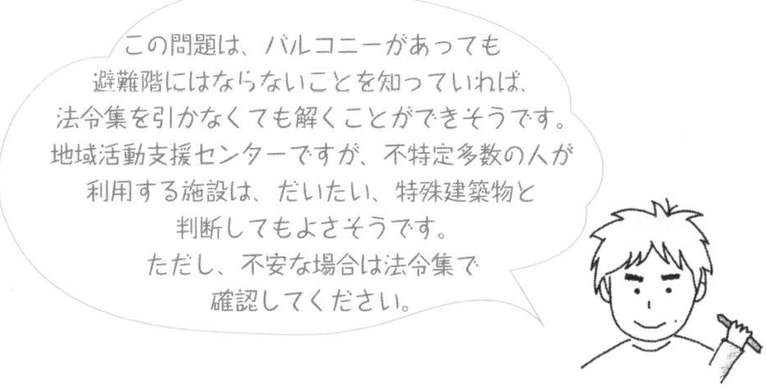
この問題は、バルコニーがあっても
避難階にはならないことを知っていれば、
法令集を引かなくても解くことができそうです。
地域活動支援センターですが、不特定多数の人が
利用する施設は、だいたい、特殊建築物と
判断してもよさそうです。
ただし、不安な場合は法令集で
確認してください。

確認申請 …… 確認申請が必要か否か

建物を建てる時、通常は確認申請が必要なのですが、建築する地域や建物の規模などによっては、確認申請が必要でない場合があります。必要な場合とそうでない場合、これを見極めるのが確認申請の問題です。

学習のポイント!

- ☑ 特殊建築物や一定規模以上の建物には全国で確認申請が必要
- ☑ 都市計画区域内では、規模に限らず必要
  ただし、大規模の修繕と模様替えは不要
- ☑ 用途を変更して特殊建築物にする場合も必要
  ただし、類似の用途であれば不要
- ☑ 建築設備を設ける場合も申請が必要
- ☑ 工作物を構築する場合も申請が必要　工作物は一定の大きさ以上
- ☑ 仮設建築物や類似の用途間の変更は免除されます。申請の必要はありません。

特殊建築物や大きな建物には、全国で確認申請が必要。

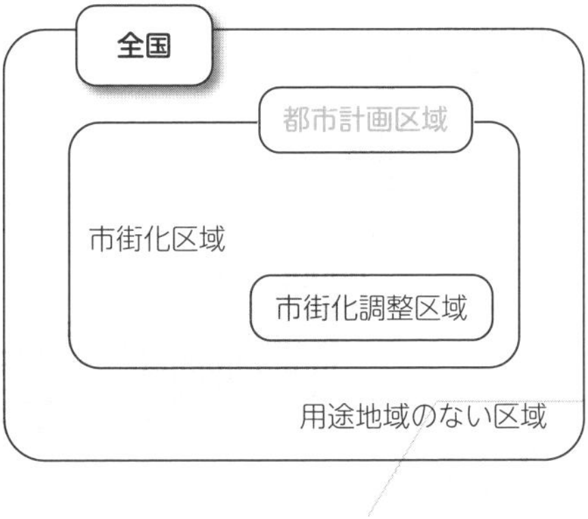

都市計画区域では、規模にかかわらず、必要です。

大きな工作物や建築設備にも確認申請が必要です。

類似の用途間への変更は不要です。

都市計画区域以外は小規模なら不要。

✱ **建築基準法** 第６条

法６条には、確認申請が必要な建築物が規定されています。

一号から三号は、**建築と**大規模の修繕・模様替え
四号は、**建築だけ**なので注意！

（建築物の建築等に関する申請及び確認）

第６条　建築主は、第一号から第三号までに掲げる建築物を建築しようとする場合（増築しようとする場合においては、建築物が増築後において第一号から第三号までに掲げる規模のものとなる場合を含む。）、これらの建築物の大規模の修繕若しくは大規模の模様替をしようとする場合又は第四号に掲げる建築物を建築しようとする場合においては、

……略……

確認済証の交付を受けなければならない。

一　別表第１（い）欄に掲げる用途に供する特殊建築物で、その用途に供する部分の床面積の合計が 200 m^2 を超えるもの

二　木造の建築物で３以上の階数を有し、又は延べ面積が 500 m^2、高さが 13 m 若しくは軒の高さが９m を超えるもの

三　木造以外の建築物で２以上の階数を有し、又は延べ面積が 200 m^2 を超えるもの

四　前三号に掲げる建築物を除くほか、都市計画区域若しくは準都市計画区域内における建築物

……略……

2　前項の規定は、防火地域及び準防火地域外において建築物を増築し、改築し、又は移転しようとする場合で、その増築、改築又は移転に係る部分の床面積の合計が 10 m^2 以内であるときについては、適用しない。

一号から三号は全国。
四号は都市計画区域又は準都市計画区域です。

10 m^2 以内でも、**新築**は適用されます。
申請が必要です。

建築のほとんどは、都市計画区域内において行なわれますので、通常は確認申請は必要と考えてよさそうです。
ただ、試験問題は、全国において、という問題が多いです。

✱ 仮設建築物などの緩和　法85条2項

（仮設建築物に対する制限の緩和）
第85条
2　災害があつた場合において建築する停車場、官公署その他これらに類する公益上必要な用途に供する応急仮設建築物又は工事を施工するために現場に設ける事務所、下小屋、材料置場その他これらに類する仮設建築物については、第6条から第7条の6まで、
……略……
並びに第三章の規定は、適用しない。

6条〜7条の6は、確認申請から完了検査の規定です。
ちなみに、第三章は集団規定です。これらは、適用されません。

✱ 用途変更　法87条1項

同条とは、第6条のことです。

（用途の変更に対するこの法律の準用）
第87条　建築物の用途を変更して第6条第1項第一号の特殊建築物のいずれかとする場合（当該用途の変更が政令で指定する類似の用途相互間におけるものである場合を除く。）においては、同条（第三項、第五項及び第六項を除く。）、第六条の二（第三項を除く。）、……までの規定を準用する。この場合において、第7条第1項中「建築主事の検査を申請しなければならない」とあるのは、「建築主事に届け出なければならない」と読み替えるものとする。
令137条の18（類似の用途）⇒○○

よく出題されます。

すぐに飛べるように。

（建築物の用途を変更して特殊建築物とする場合に建築主事の確認等を要しない類似の用途）
第137条の18　法第87条第一項の規定により政令で指定する類似の用途は、……それぞれ当該各号に掲げる他の用途とする。
一　劇場、映画館、演芸場
二　公会堂、集会場
三　診療所（患者の収容施設があるものに限る。）、児童福祉施設等
四　ホテル、旅館

例えば、映画館から演芸場へ変更する場合、申請は不要です。

＊ 建築設備　法87条の4

（建築設備への準用）

第87条の4　政令で指定する昇降機その他の建築設備を第6条第1項第一号から第三号までに掲げる建築物に設ける場合においては、……

第6条（第3項、第5項及び第6項を除く。）、第6条の2（第3項を除く。）、……までの規定を準用する。

令146条（確認等を要する建築設備）⇒○○

第6条の規定を準用するということは確認申請が必要ということです。

すぐに飛べるように。

＊ 工作物の確認申請　法88条

建物に設けるエレベーターではないです。

（工作物への準用）

第88条　煙突、広告塔、高架水槽、擁壁その他これらに類する工作物で政令で指定するもの及び昇降機、ウォーターシュート、飛行塔その他これらに類する工作物で政令で指定するもの（以下この項において「昇降機等」という。）については、第3条、第6条（第3項、第5項及び第6項を除くものとし、第1項及び第4項は、昇降機等については第1項第一号から第三号までの建築物に係る部分、その他のものについては同項第四号の建築物に係る部分に限る。）、第6条の2（第3項を除く。）、第6条の4（第1項第一号及び第二号の建築物に係る部分に限る。）、第7条から第7条の4まで、……　前条、次条並びに第90条の規定を、昇降機等については、……　準用する。

令138条1項・2項（工作物の指定）⇒○○

ここに飛んで確認します。該当すれば、確認申請が必要です。

（工作物の指定）

第138条　煙突、広告塔、高架水槽、擁壁その他これらに類する工作物で法第88条第1項の規定により政令で指定するものは、次に掲げるもの　……　とする。

一　高さが6mを超える煙突……

二　高さが15mを超える鉄筋コンクリート造の柱、鉄柱、木柱……

……略……

問題１［2017－Ⅱ－問２］

次の行為のうち、建築基準法上、**全国どの場所においても、確認済証の交付を受ける必要がある**ものはどれか。

1. 鉄筋コンクリート造平家建て、延べ面積 200 m^2 の事務所の新築
2. 鉄骨造平家建て、延べ面積 300 m^2 の診療所（患者の収容施設がない。）から幼保連携型認定こども園への用途の変更
3. 木造３階建て、延べ面積 210 m^2、高さ９mの一戸建て住宅における木造平家建て、床面積 10 m^2 の倉庫の増築
4. 木造２階建て、延べ面積 500 m^2、高さ８mの一戸建て住宅の大規模の修繕
5. 木造平家建て、延べ面積 150 m^2、高さ５mのアトリエ兼用住宅（アトリエ部分は床面積 50 m^2）の大規模の模様替

解説
動画

問題２［2018－Ⅱ－問３］

次の行為のうち、建築基準法上、**全国どの場所においても、確認済証の交付を受ける必要がある**ものはどれか。

1. 鉄筋コンクリート造、高さ２mの擁壁の築造
2. 鉄骨造平家建て、延べ面積 200 m^2 の診療所（患者の収容施設を有しないもの）の大規模の修繕
3. 鉄骨造平家建て、延べ面積 300 m^2 の、鉄道のプラットホームの上家の新築
4. 鉄骨造２階建て、延べ面積 100 m^2 の事務所の改築
5. 鉄骨造２階建て、延べ面積 400 m^2 の工場における床面積 10 m^2 の増築

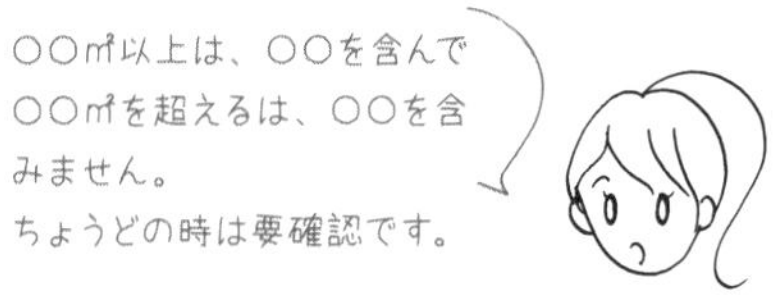

○○㎡以上は、○○を含んで
○○㎡を超えるは、○○を含みません。
ちょうどの時は要確認です。

問題 3 ［2019 - Ⅱ - 問 2］

次の行為のうち、建築基準法上、**全国どの場所においても、確認済証の交付を受ける必要がある**ものはどれか。

1. 鉄筋コンクリート造、高さ 4 m の記念塔の築造
2. 木造 2 階建て、延べ面積 100 m^2、高さ 9 m の集会場の新築
3. 木造 2 階建て、延べ面積 200 m^2、高さ 8 m の一戸建て住宅の新築
4. 鉄骨造 2 階建て、延べ面積 90 m^2 の一戸建て住宅の大規模の修繕
5. 鉄骨造 3 階建て、延べ面積 300 m^2 の倉庫における床面積 10 m^2 の増築

問題 4 ［2020 - Ⅱ - 問 2］

次の行為のうち、建築基準法上、**全国どの場所においても、確認済証の交付を受ける必要がある**ものはどれか。

1. 鉄骨造平家建て、延べ面積 100 m^2 の一戸建て住宅における、鉄骨造平家建て、床面積 100 m^2 の事務所の増築
2. 鉄骨造 2 階建て、延べ面積 300 m^2 の倉庫から事務所への用途の変更
3. 鉄筋コンクリート造平家建て、延べ面積 300 m^2 の事務所の大規模の修繕
4. 木造 2 階建て、延べ面積 150 m^2、高さ 8 mの一戸建て住宅から老人福祉施設への用途の変更
5. 木造 2 階建て、延べ面積 200 m^2、高さ 9 m の共同住宅の新築

事務所って、大きなビルもありそうですけど、
特殊建築物ではないんです。
利用する人が特定されているからでしょうか。

解説 **問題 1** ［2017－Ⅱ－問 2］ 《正解 2》

1. 法 6 条 1 項 3 号より、階数が 2 以上、又は延べ面積が 200 m^2 を超えるものが必要です。設問は 200 m^2 ちょうどなので、不要です。
2. 法 87 条 1 項より、用途変更して、法 6 条 1 項一号に該当する 200 m^2 を超える特殊建築物とする場合は、確認済証の交付を受ける必要があります。
   ちなみに、幼保連携型認定こども園は、令 115 条の 3 第一号かっこ書より、別表第 1 に項に該当する特殊建築物です。また、診療所は、患者の収容施設がない場合は特殊建築物ではありません。ちなみに、用途変更が類似の用途相互間の変更（令 137 条の 18）となる場合は、確認済証の交付は必要はありません。
3. 法 6 条 2 項より、防火地域及び準防火地域外における 10 m^2 の増築の場合は、法 6 条 1 項の規定は適用されません。したがって、全国どの場所においても必要ということにはなりません。
4. 法 6 条 1 項二号より、階数が 3 以上、又は延べ面積が 500 m^2 を超えるもの、又は高さが 13 m 若しくは軒の高さが 9 mを超えるものは必要ですが、この規模に該当しません。不要です。
5. 法 6 条 1 項一号及び二号。アトリエ兼用住宅は特殊建築物ではありませんので不要です。また、建物の規模を見ても該当しません。

解説 **問題 2** ［2018－Ⅱ－問 3］ 《正解 4》

1. 法 88 条第 1 項、令 138 条 1 項五号より、高さが 2 mを超える擁壁の築造は、法 6 条の規定が準用されますので、確認済証の交付を受ける必要がありますが、設問の擁壁は高さが 2 mなので、確認済証の交付を受ける必要はありません。
2. 鉄骨造平家建て、延べ面積 200 m^2 の診療所（患者の収容施設を有しないもの）の大規模の修繕は、法 6 条 1 項一号から三号までのいずれにも該当しませんので、確認済証の交付は受ける必要がありません。
3. 法 2 条一号により、鉄道のプラットホームの上家は建築物から除かれますので、法 6 条 1 項の規定は適用されません。確認済証の交付を受ける必要はありません。
4. 鉄骨造 2 階建て、延べ面積 100 m^2 の事務所の改築は、法 6 条 1 項三号に該当します。したがって、確認済証の交付を受ける必要があります。
   改築は、法 6 条十三号により建築になります。
5. 法 6 条 2 項により、防火地域及び準防火地域外において建築物を増築、改築、又は移転しようとする場合で、その増築、改築又は移転に係る部分の床面積の合計が 10 m^2 以内であるときは、法 6 条 1 項の規定は適用しません。したがって、確認済証の交付を受ける必要があるのは、全国全てではありません。

解説 問題3 [2019 - II - 問 2] 《正解 4 》

1. 法 88 条 1 項、令 138 条 1 項三号。高さが 4 mを超える記念塔の築造は、法 6 条 1 項 (確認済証の交付) の規定が適用されますが、設問の記念塔は、高さが 4 mなので、不要です。
2. 法 6 条 1 項一号、二号。集会場は、法別表第 1(1) 項の特殊建築物ですが、延べ面積が 200 m^2 を超えていないので、法 6 条 1 項一号の規模に該当しません。また、同項二号の規模にも該当していませんので、不要です。
3. 法 6 条 1 項二号。木造の建築物の新築は、階数 3 以上、延べ面積が 500 m^2 を超えるもの又は高さが 13 m 若しくは軒の高さが 9 mを超えるものは、確認済証の交付が必要ですが、設問の場合は、高さが 8 mなので不要です。
4. 法 6 条 1 項三号。鉄骨造の建築物の大規模の修繕は、階数 2 以上又は延べ面積が 200 m^2 を超えるものは、確認済証の交付が必要です。
5. 法 6 条 2 項より、防火地域及び準防火地域外における 10 m^2 の増築の場合は、法 6 条 1 項の規定は適用されません。したがって、全国どの場所においても必要ということにはなりません。

解説 問題4 [2020 - II - 問 2] 《正解 3 》

1. 法 6 条 1 項三号。増築後、法 6 条 1 項一号から三号に該当すれば、確認済証の交付が必要ですが、設問の事務所は、増築後の床面積の合計が 200 m^2 を超えていませんので、不要です。
2. 法 87 条 1 項。用途を変更して、法 6 条 1 項一号に該当する 200 m^2 を超える特殊建築物となる場合は、確認済証の交付が必要ですが、事務所は特殊建築物ではありませんので、不要です。
   事務所ビルは一見特殊建築物に思えますが違うのです。
3. 法 6 条 1 項三号。大規模の修繕若しくは大規模の模様替は、法 6 条 1 項一号から三号に該当するものは確認済証の交付を受ける必要があります。鉄筋コンクリート造の階数 2 以上又は延べ面積が 200 m^2 を超えるものは、三号に該当しますので、確認済証の交付が必要です。
4. 法 87 条 1 項。用途変更をして、法 6 条 1 項一号に該当する 200 m^2 を超える特殊建築物とする場合は、確認済証の交付が必要ですが、150 m^2 なので不要です。
5. 法 6 条 1 項一号、二号。共同住宅は、法別表第 1 (2) 項の特殊建築物ですが、延べ面積が 200 m^2 を超えていませんので、一号に該当しません。また、二号の規模にも該当しませんので、不要です。

面積・高さ ……引っ掛けにご注意！

面積と高さ、それほど難しくはない話ですが、少しだけ、面倒な決まりがあります。誤って認識しないように注意してください。

学習のポイント！
- ☑ 面積と高さの基本的な求め方は覚えてしまう
- ☑ 不安があるところは確認する

＊ 敷地面積　令２条一号

敷地面積は、令２条により、敷地の水平投影面積による。とありますが、前面道路の幅員が４mに満たない場合は、敷地の一部を道路とみなし、敷地面積に算入できない場合があります。法42条の２項です。

> 第42条（道路の定義）
> 2　……この章の規定が適用されるに至った際現に建築物が立ち並んでいる幅員４メートル未満の道で、特定行政庁の指定したものは、前項の規定にかかわらず、同項の道路とみなし、その中心線からの水平距離２m……の線をその道路の境界線とみなす。

道路の向こう側が敷地の場合は道路の中心から、崖や川の場合は、道路の向こう側から４m後退します。

「２項道路」って言われることが多いです。

＊ 建築面積　令２条二号

> 第２条（面積、高さ等の算定方法）
> 二　建築面積　建築物（地階で地盤面上１m以下にある部分を除く。以下この号において同じ。）の外壁又はこれに代わる柱の中心線（軒、ひさし、はね出し縁その他これらに類するもので当該中心線から水平距離１m以上突き出たものがある場合においては、その端から水平距離１m後退した線）で囲まれた部分の水平投影面積による。……

地階室は地面から１m顔を出しても建築面積にカウントしないのです。

庇や屋根の出も、１mまでは無いものとして扱います。

✻ 床面積・延べ面積　令２条三号・四号

第２条（面積、高さ等の算定方法）
三　床面積　建築物の各階又はその一部で壁その他の区画の中心線で囲まれた部分の水平投影面積による。
四　延べ面積　建築物の各階の床面積の合計による。ただし、……

> 1/8 以下でも、居室の場合は、階数に入りますので注意！

✻ 高さ・階数　令２条六号・八号

六　建築物の高さ　地盤面からの高さによる。ただし、次のイ、ロ又はハのいずれかに該当する場合においては、それぞれイ、ロ又はハに定めるところによる。

八　階数　昇降機塔、装飾塔、物見塔その他これらに類する建築物の**屋上部分**又は**地階の倉庫、機械室**その他これらに類する建築物の部分で、水平投影面積の合計がそれぞれ当該建築物の**建築面積の 1/8 以下**のものは、当該建築物の階数に算入しない。また、建築物の一部が**吹抜き**となつている場合、建築物の敷地が斜面又は段地である場合その他建築物の部分によつて**階数を異にする場合**においては、これらの階数のうち**最大**なものによる。

> 地階も階数にカウントします。地上５階地下２階の建物の階数は、７ということになります。

✻ 地盤面　令２条２項

第２条（面積、高さ等の算定方法）
２　前項第二号、第六号又は第七号の「**地盤面**」とは、建築物が周囲の地面と接する位置の**平均の高さにおける水平面**をいい、その接する位置の高低差が３ｍを超える場合においては、その高低差３ｍ以内ごとの平均の高さにおける水平面をいう。

この項目の内容は、できるだけ頭に入れておくと、時間を節約することができます。

問題１ ［2012 - Ⅱ - 問２］

図のような建築物に関する次の記述のうち、建築基準法上、**正しい**ものはどれか。ただし、図に記載されているものを除き、特定行政庁の指定等はないものとし、国土交通大臣が高い開放性を有すると認めて指定する構造の部分はないものとする。

1. 敷地面積は、300 m^2 である。
2. 建築面積は、80 m^2 である。
3. 延べ面積は、152 m^2 である。
4. 建築基準法第 56 条第 1 項第二号に規定する高さを算定する場合の建築物の高さは、9. 5 mである。
5. 階数は、2 である。

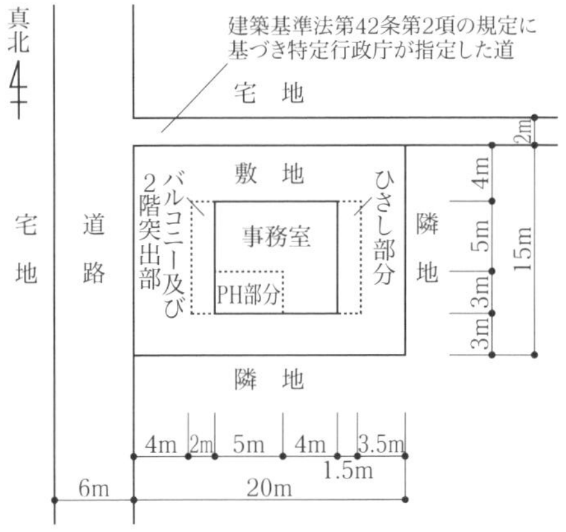

1階平面図兼配置図

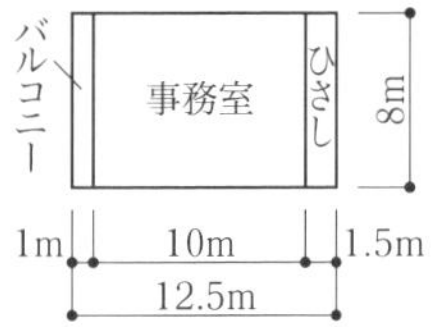

2階平面図

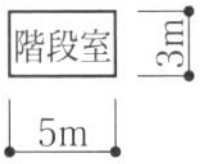

ペントハウス（PH）平面図

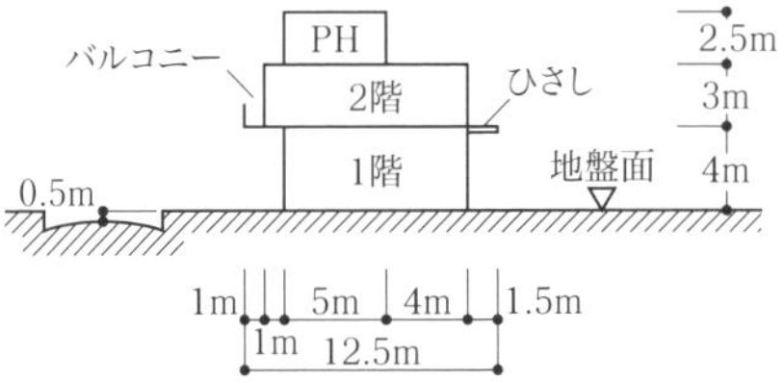

東西断面図

解説
動画

問題 2［2018 - Ⅱ - 問 1］

図のような建築物に関する次の記述のうち、建築基準法上、**誤っている**ものはどれか。ただし、図に記載されているものを除き、特定行政庁の指定等はないものとし、国土交通大臣が高い開放性を有すると認めて指定する構造の部分はないものとする。

1. 敷地面積は、475 m^2 である。
2. 建築面積は、180 m^2 である。
3. 延べ面積は、384 m^2 である。
4. 高さは、10 m である。
5. 階数は、3 である。

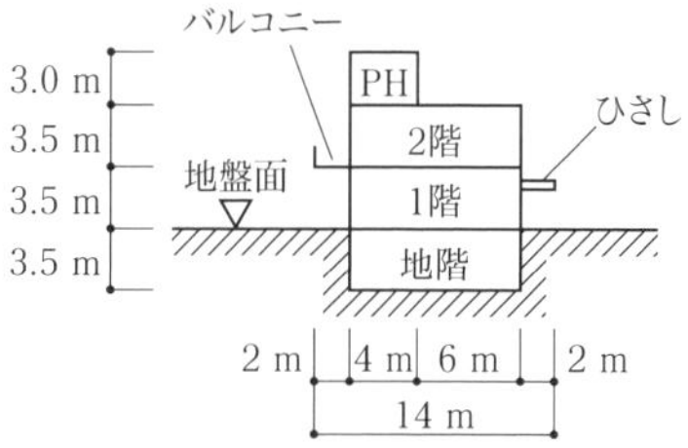

東西断面図

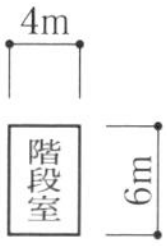

ペントハウス
(PH)平面図

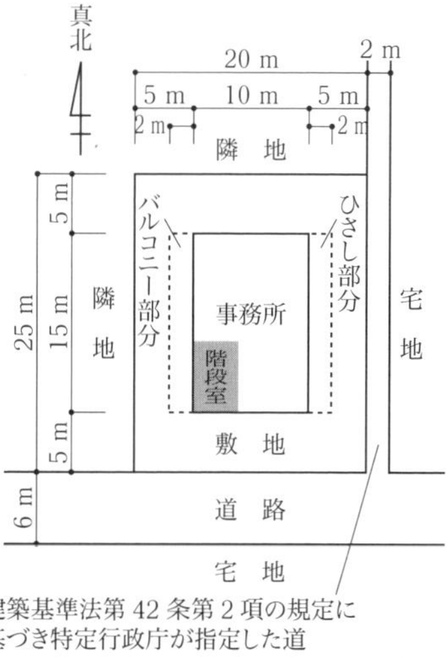

1 階平面図兼配置図

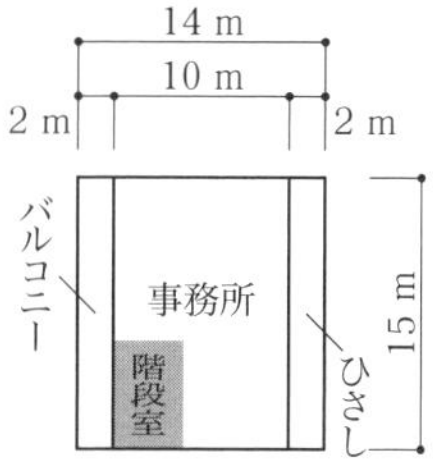

2 階平面図

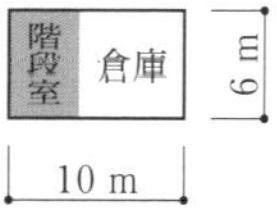

地階平面図

問題 3［2010－Ⅱ－問 3］

図のような地面の一部が一様に傾斜した敷地に建てられた建築物の建築面積として、建築基準法上、**正しい**ものは、次のうちどれか。ただし、国土交通大臣が高い開放性を有すると認めて指定する構造の部分はないものとする。

1. 63 m^2
2. 70 m^2
3. 77 m^2
4. 84 m^2
5. 91 m^2

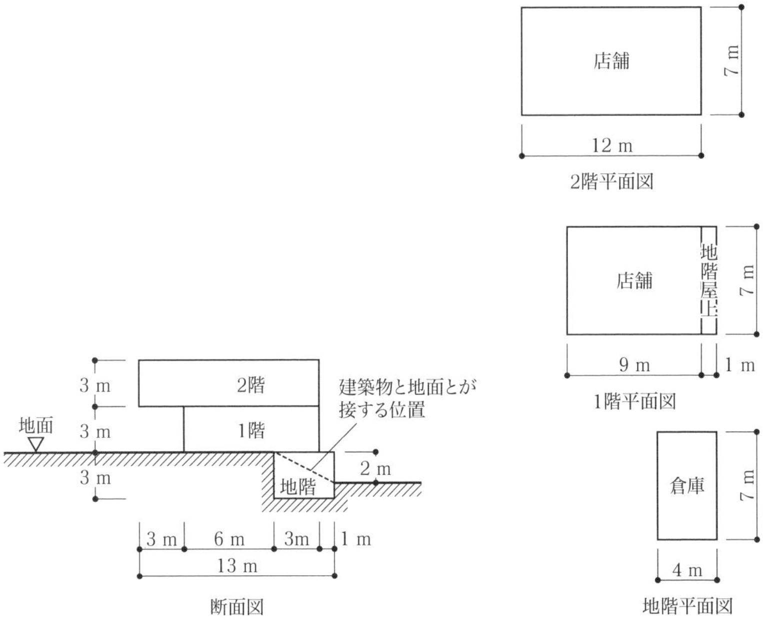

解説 問題1 ［2012－Ⅱ－問1］ **《正解4》**

1．令2条1項一号、法42条2項

令2条1項一号により、敷地面積は敷地の水平投影面積です。ただし、法42条2項により、北側の敷地境界線は、道路中心から2mの位置となります。北側1mは敷地面積から除かれますので注意してください。

20×（15－1）＝280 m²　となります。300 m² ではありません。

2．令2条1項二号

建築面積は、建築物の外壁又はこれに代わる柱の中心線で囲まれた部分の水平投影面積です。また、庇やバルコニーがある場合は、出が1mを超えると先端から1m後退した部分になります。設問のバルコニーは、出が1mなので全て建築面積に含まれません。庇は、先端から1m後退した0.5mの部分が面積に含まれます。

（10＋0.5）×8＝84 m²

3．令2条1項四号

延べ面積は、各階の床面積の合計です。

9×8＋10×8＋5×3＝167 m²

4．令2条1項六号

法56条1項二号は隣地斜線制限になりますが、この場合の建築物の高さは、地盤面からの高さになります。

4m＋3m＋2.5m＝9.5m

六号ロにより、屋上部分の階段室などは、水平投影面積の合計が建築面積の1/8以内の場合、その部分の高さは12mまでは加えませんが、設問の場合は15m²で、建築面積の1/8を超えますので、高さに加える必要があります。

ちなみに、六号イにより、法56条1項一号（道路高さ制限）の場合は、高さの算定は前面道路の中心からの高さになりますので注意してください。

5．令2条1項八号

PHの水平投影面積15 m²は、建築面積84 m²の1/8（10.5）を超えていますので、階数に算入します。階数は3になります。誤り。

正しいものを選択する問題なので注意してくださいね。1でこれが誤りだと思って解答すると、間違えてしまいます。

解説 **問題 2** [2018 - II - 問 1]　　《正解 5》

1. **敷地面積**

令２条１項一号により、敷地面積は敷地の水平投影面積になりますが、法 42 条２項により、東側の道路については、中心から２ｍのセットバックがありますので注意してください。東西の大きさは 19 ｍ（20 － 1）となります。

(20 − 1）× 25 = 475 m²

2. **建築面積**

建築面積は、令２条１項二号より、建築物の外壁又はこれに代わる柱の中心線で囲まれた部分の水平投影面積です。また、庇は１ｍを超えると先端から１ｍ後退した部分になります。

(1 + 10 + 1）× 15 = 180 m²

3. **延べ面積**

令２条１項四号により、延べ面積は、各階の床面積の合計です。

地階 **10 × 6 = 60 m²**　１階 **10 × 15 = 150 m²**　２階 **10 × 15 = 150 m²**

PH　**4 × 6 = 24 m²**　　合計 **384 m²**

4. **高さ**

令２条１項六号により、地盤面からの高さになります。

3.5 + 3.5 + 3.0 = 10 m

5. **階数**

令２条１項八号

階数の算定にあっては、地階とペントハウスの扱いに注意が必要です。これらは、建築面積の 1/8 を超えるかどうかで階数に含まれるかどうかが決まります。この問題においては、両方共建築面積（180 m²）の 1/8（22.5 m²）を超えますので、階数に含まれます。よって階数は４となります。

階数は４だから、５が誤りだとすぐにわかる人もいると思いますが、他の４つについても確認はしておいてくださいね。

解説 問題３［2010－Ⅱ－問３］　《正解４》

法２条により、建築面積は、地階で地盤面上１m以下にある部分は除かれますので、地階部分が地盤面から１mを超えているかいないかを確認する必要があります。また、地面が傾斜している部分がありますので、**平均地盤面**を求める必要があります。
令２条２項により、平均地盤面とは建築物が周囲の地面と接する位置の平均の高さとなっています。

※平均地盤面を求める
２m下がっている位置を基準に、建築物が地面と接している部分の高さと長さを考えます。

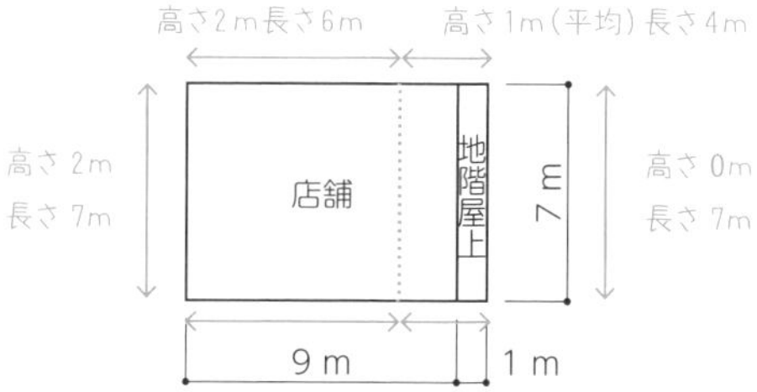

1階平面図

$2\,m \times 6\,m \times 2$ か所＝ $24\,m^2$
$1\,m \times 4\,m \times 2$ か所＝ $8\,m^2$
$2\,m \times 7\,m = 14\,m^2$
合計は、$46\,m^2$
この $46\,m^2$ を全体の長さで割ると
平均の高さが求まります。
$46\,m^2 \div 34\,m \fallingdotseq 1.35\,m$

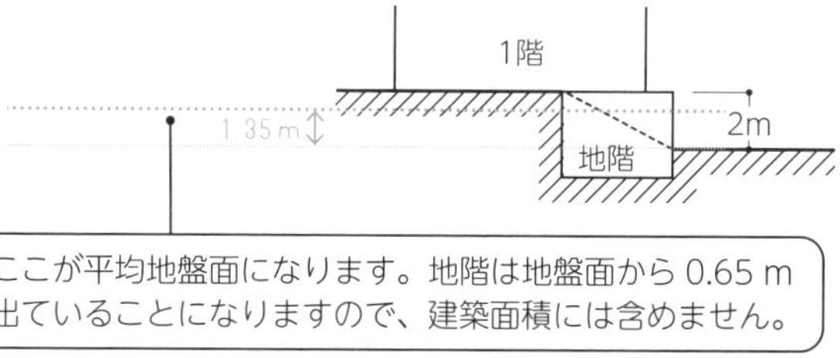

1階
1.35m
2m
地階
ここが平均地盤面になります。地階は地盤面から 0.65 m
出ていることになりますので、建築面積には含めません。

地階部分は建築面積に含めませんので、建築面積は、２階部分と同じ面積になります。
$12\,m \times 7\,m = 84\,m^2$

高い方の地面に接している部分の方が多いので、
平均は間（1m）よりも上になることがわかります。
それがわかれば数値まで求める必要はないですね。

用途地域 ……とりあえず別表第２を開こう！

市街化区域（市街化を図る区域）では、13の用途地域に分かれています。その用途地域については、建築できる建物と建築できない建物があり、それを判断する問題です。一見簡単そうですが、意外と厄介な問題もあります。

学習のポイント！

- ☑ 用途地域の問題では、とりあえず別表第２を開く
- ☑（い）（ろ）（は）（に）（ほ）は、基本、上ほど厳しい
  （い）は、ほぼ閑静な住宅街
- ☑ 法91条の内容は覚えてしまう。法91条は開かない

✱ 用途制限 別表第２

施行令も必ずチェックすること

別表第２　用途地域等内の建築物の制限（第27条、第48条、第68条の３関係）

（い）	第一種低層住居専用地域内に建築することができる建築物	一　住宅 二　住宅で事務所、店舗その他これらに類する用途を兼ねるもののうち政令で定めるもの 令130条の３⇒○○ ……略……
（ろ）	第二種低層住居専用地域内に建築することができる建築物	一　（い）項第一号から第九号までに掲げるもの 二　店舗、飲食店その他これらに類する用途に供するもののうち政令で定めるものでその用途に供する部分の床面積の合計が150 m² 以内のもの（３階以上の部分をその用途に供するものを除く。） 令130条の５の２⇒○○ ……略……
（は）	第一種中高層住居専用地域内に建築することができる建築物	一　（い）項第一号から第九号までに掲げるもの 二　大学、高等専門学校、専修学校その他これらに類するもの 三　病院 四　老人福祉センター、児童厚生施設その他これらに類するもの 五　店舗、飲食店その他これらに類する用途に供するもののうち政令で定めるものでその用途に供する部分の床面積の合計が500 m² 以内のもの（３階以上の部分をその用途に供するものを除く。） 令130条の５の３⇒○○ ……略……

はじめの３つは、建築することができるものです。（い）が一番厳しく、建築できるものが少ない。

（い）項第一号から第九号までに掲げるもの。ここも併せて確認する必要があります。

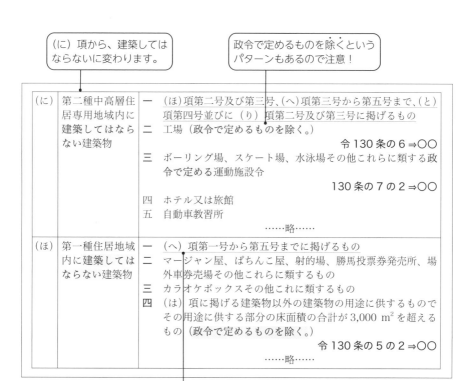

（に）項から、建築してはならないに変わります。

政令で定めるものを除くというパターンもあるので注意！

（に）	第二種中高層住居専用地域内に建築してはならない建築物	一　（ほ）項第二号及び第三号、（へ）項第三号から第五号まで、（と）項第四号並びに（り）項第二号及び第三号に掲げるもの 二　工場（政令で定めるものを除く。） 令 130 条の 6 ⇒○○ 三　ボーリング場、スケート場、水泳場その他これらに類する政令で定める運動施設令 130 条の 7 の 2 ⇒○○ 四　ホテル又は旅館 五　自動車教習所 ……略……
（ほ）	第一種住居地域内に建築してはならない建築物	一　（へ）項第一号から第五号までに掲げるもの 二　マージャン屋、ぱちんこ屋、射的場、勝馬投票券発売所、場外車券売場その他これらに類するもの 三　カラオケボックスその他これに類するもの 四　（は）項に掲げる建築物以外の建築物の用途に供するものでその用途に供する部分の床面積の合計が 3,000 m^2 を超えるもの（政令で定めるものを除く。） 令 130 条の 5 の 2 ⇒○○ ……略……

（ほ）項には（へ）項に掲げるもの以外に色々あります。
つまり、次の（へ）項より厳しいということです。

✻ 敷地が 2 種の用途地域にわたる場合　法 91 条

（建築物の敷地が区域、地域又は地区の内外にわたる場合の措置）

第 91 条　建築物の敷地がこの法律の規定　……略……
の内外にわたる場合においては、その建築物又はその敷地の全部について敷地の過半の属する区域、地域又は地区内の建築物に関するこの法律の規定又はこの法律に基づく命令の規定を適用する。

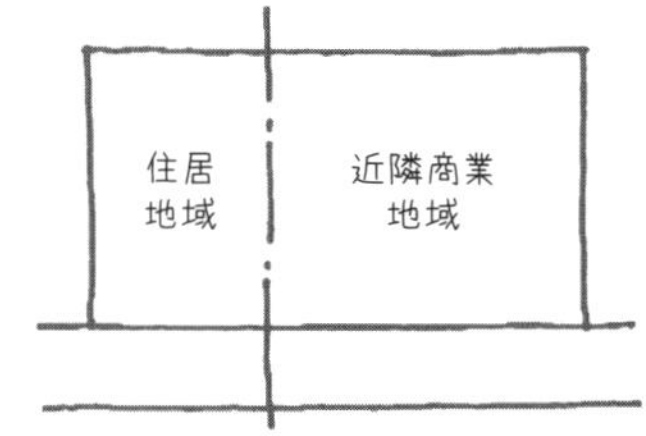

この場合は、敷地全体にわたって、面積が広い近隣商業地域の制限が適用されるということです。仮に、建物を建てるのが住居地域だとしても、商業地域の規定が適用されますよ。

問題 1 ［2018－Ⅱ－問 14］

図のような敷地及び建築物の配置において、建築基準法上、**新築することができる建築物**は、次のうちどれか。ただし、特定行政庁の許可は受けないものとし、用途地域以外の地域、地区等は考慮しないものとする。

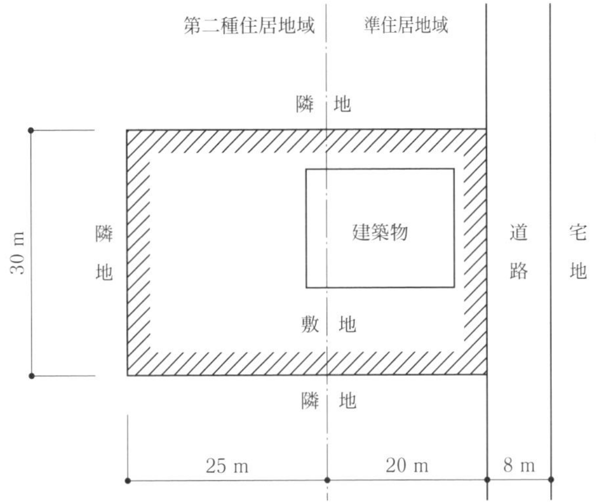

1. バッティング練習場
2. 客席の部分の床面積の合計が 150 m^2 の劇場
3. 原動機を使用する自動車修理工場で、作業場の床面積の合計が 150 m^2 のもの
4. 出力の合計が 0.75 kW の原動機を使用する塗料の吹付を事業として営む工場
5. 倉庫業を営む倉庫

解説動画

問題 2［2019－Ⅱ－問 13］

建築物の用途の制限に関する次の記述のうち、建築基準法上、**誤っている**ものはどれか。ただし、特定行政庁の許可は受けないものとし、用途地域以外の地域、地区等は考慮しないものとする。

1. 第一種低層住居専用地域内において、2 階建て、延べ面積 150 m^2 の喫茶店兼用住宅（居住の用途に供する部分の床面積が 100 m^2）は、新築することができる。
2. 第二種低層住居専用地域内において、2 階建て、延べ面積 200 m^2 の学習塾は、新築することができる。
3. 第二種中高層住居専用地域内において、平家建て、延べ面積 200 m^2 の自家用の倉庫は、新築することができる。
4. 田園住居地域内において、2 階建て、延べ面積 300 m^2 の当該地域で生産された農産物の販売を主たる目的とする店舗は、新築することができる。
5. 工業地域内において、2 階建て、延べ面積 300 m^2 の寄宿舎は、新築することができる。

問題 3［2020－Ⅱ－問 13］

次の建築物のうち、建築基準法上、**新築することができる**ものはどれか。ただし、特定行政庁の許可は受けないものとし、用途地域以外の地域、地区等は考慮しないものとする。

1. 第一種低層住居専用地域における 2 階建て、延べ面積 220 m^2 の学習塾兼用住宅で、居住の用に供する部分の床面積が 150 m^2 のもの
2. 第一種中高層住居専用地域における 3 階建て、延べ面積 500 m^2 の飲食店（各階を当該用途に供するもの）
3. 第一種中高層住居専用地域における 4 階建て、延べ面積 800 m^2 の保健所（各階を当該用途に供するもの）
4. 第二種中高層住居専用地域における平家建て、延べ面積 300 m^2 のバッティング練習場
5. 第二種住居地域における平家建て、延べ面積 250 m^2 の原動機を使用する自動車修理工場で、作業場の床面積の合計が 100 m^2 のもの

問題 4［2020 - Ⅱ - 問 14］

図のような敷地及び建築物（平家建て、延べ面積 100 m^2）の配置において、建築基準法上、**新築してはならない建築物**は、次のうちどれか。ただし、特定行政庁の許可は受けないものとし、用途地域以外の地域、地区等は考慮しないものとする。

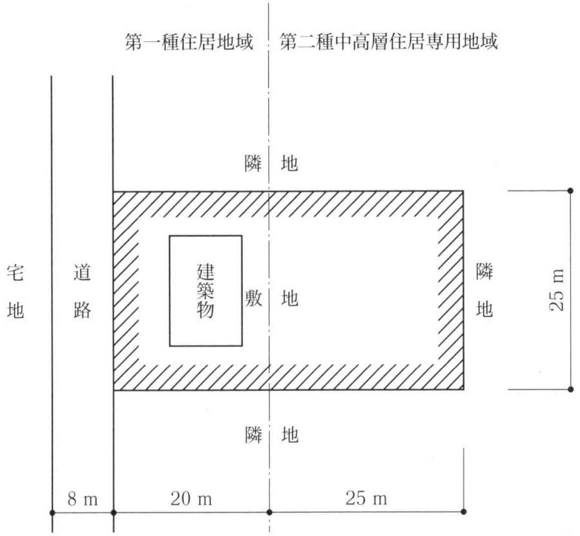

1. パン屋の工場（作業場の床面積の合計が 50 m^2 で、原動機の出力の合計が 0.75 kW のもの）
2. 畜舎
3. 宅地建物取引業を営む店舗
4. 畳屋（作業場の床面積の合計が 50 m^2 で、原動機の出力の合計が 0.75 kW のもの）
5. 診療所

解説 **問題1** [2018－II－問14] **《正解1》**

法91条により、用途制限に関しては、敷地の過半の属する地域の規定が適用されます。従って、この問題では敷地全体において**第二種住居地域**の規定が適用されます。

1. バッティング練習場は、別表第2（へ）項の各号に該当しませんので、新築することができます。

   バッティング練習場は、別表第2（に）項三号に掲げる政令（130条の6の2）で定める運動施設に該当します。

（に）	第二種中高層住居専用地域内に建築してはならない建築物	……略…… 三　ボーリング場、スケート場、水泳場その他これらに類する政令で定める運動施設 令130条の6の2⇒○○ ……略……
（ほ）	第一種住居地域内に建築してはならない建築物	一　（へ）項第一号から第五号までに掲げるもの 二　マージャン屋、ぱちんこ屋、射的場、勝馬投票券発売所、場外車券売場その他これらに類するもの ……略……
（へ）	第二種住居地域内に建築してはならない建築物	一　（と）項第三号及び第四号並びに（り）項に掲げるもの 二　原動機を使用する工場で作業場の床面積の合計が50 m^2 を超えるもの 三　劇場、映画館、演芸場若しくは の他これに類する政令で定める 四　自動車車庫で床面積の合計が3 階以上の部分にあるもの（建築物に附属するもので政令で定めるもの又は都市計画として決定されたものを除く。） 五　倉庫業を営む倉庫 六　店舗、飲食店、展示場、遊技場、勝馬投票券発売所、場外車券売場その他これらに類する用途で政令で定めるものに供する建築物でその用途に供する部分の床面積の合計が1万 m^2 を超えるもの

（に）項で出てきたものは、（ほ）項以降は、建築が可能と考えてOKです。

2. 別表第2（へ）項三号により、劇場は、原則として、第二種住居地域内に新築できません。
3. 別表第2（へ）項二号により、原動機を使用する工場で作業場の床面積の合計が50 m^2 を超えるものは、原則として新築できません。
4. 別表第2（へ）項一号、（と）項三号（2）により、出力の合計が0.75 kW以下の原動機を使用する塗料の吹付を事業として営む工場は、原則として新築できません。
5. 別表第2（へ）項五号により、倉庫業を営む倉庫は、原則として新築できません。

解説 **問題 2** ［2019 - II - 問 13］ **《正解 2》**

1. 別表第 2（い）項二号、令 130 条の 2 第二号
   延べ面積の 1/2 以上を居住の用に供し、かつ、兼用部分の床面積の合計が 50 m^2 以下であれば、第一種低層住居専用地域内に新築できます。
2. 別表第 2（ろ）項二号、令 130 条の 5 の 2 第五号
   学習塾は、その用途に供する部分の床面積の合計が 150 m^2 以内なら新築できますが、200 m^2 なので第二種低層住居専用地域内に新築できません。誤り。
3. 別表第 2（に）項
   自家用の倉庫であれば、新築できます。
   倉庫業を営む倉庫は、(に) 項一号、(へ) 項五号に該当しますので、第二種中高層住居専用地域内に新築できません。
4. 別表第 2（ち）項四号
   地域で生産された農産物の販売を主たる目的とする店舗（3 階以上を当該用途に供しないもの）で、その床面積の合計が 500 m^2 以内であれば、田園住居地域内に新築できます。
5. 別表第 2（を）項
   寄宿舎は、(を) 項各号に該当しませんので、工業地域内に新築できます。

第一種低層住居専用地域のお店は、延べ面積の半分以下で 50 m^2 以下であればOKです。これは覚えておいてもいいかもしれません。
閑静な住宅街には大きいお店はないですよね。
パン屋さんくらいです。

解説 問題3 [2020－II－問13] 《正解3》

1. 別表第2（い）項二号、令130条の3第六号
   第一種低層住居専用地域内に建築できる兼用住宅の条件は、延べ面積の1／2以上を居住の用に供し、かつ、兼用部分の床面積の合計が50 m^2 以下です。設問の学習塾は、床面積が70 m^2 であり、50 m^2 を超えていますので、新築できません。
2. 別表第2（は）項五号、令130条の5の3第二号
   店舗、飲食店（3階以上を当該用途に供しないもの）で、その床面積の合計が500 m^2 以内であれば、第一種中高層住居専用地域内に新築することができますが、設問の飲食店は、3階も飲食店としていますので、新築できません。
3. 別表第2（は）項七号、令130条の5の4第一号
   保健所で、5階未満のものは、第一種中高層住居専用地域内に新築することができます。
4. 別表第2（に）項三号、令130条の6の2
   バッティング練習場は、第二種中高層住居専用地域内に新築することはできません。
5. 別表第2（へ）項二号
   原動機を使用する工場で作業場の床面積の合計が50 m^2 を超えるものは、第二種住居地域内に新築することはできません。設問の作業場は、床面積の合計が100 m^2 なので、新築することはできません。

解説 問題4 [2020－II－問14] 《正解2》

法91条により、用途地域が異なる敷地の場合は、その敷地の全部について、敷地の過半の属する地域（つまり、広い方）の規定が適用されます。したがって、この敷地は第二種中高層住居専用地域の規定が適用されることになります。

1. 別表第2（に）項二号、令130条の6。
   作業場の床面積の合計が50 m^2 以内で、原動機の出力の合計が0.75kW以下のパン屋等の工場は、第二種中高層住居専用地域に新築することができます。
2. 別表第2（に）項六号、令130条の7。
   床面積の合計が15 m^2 を超える畜舎は、第二種中高層住居専用地域に新築できません。
3. 別表第2（に）項の各号に該当しませんので、新築することができます。
4. 別表第2（に）項の各号に該当しませんので、新築することができます。
5. 別表第2（に）項の各号に該当しませんので、新築することができます。

建ぺい率 ……… 概要はきちんと理解、そしてなるべく覚える！

建ぺい率とは、敷地面積に対する建築面積の割合です。計算式は、建築面積／敷地面積。都市計画によって、基本的に定められた数値がありますが、建設する地域や建物によって、少しプラスαされます。どのようなケースがプラスできるのか、ここをきちんと理解しておく必要があります。

学習のポイント！

☑ まずは法 53 条 1 項を確認　建ぺい率のベースです
☑ 2 項の内容は覚えてしまう　本番で見ることはありません
☑ 3 項の内容もできれば覚える　不安な場合は確認
☑ 6 項の内容もできれば覚える　覚えると時間短縮できます
☑ 7 項・8 項の内容は覚えてしまう　ここも見ないで済むように

はじめに頑張って覚えてもいいですが、問題演習をしていると、勝手に覚えてきますよ。

＊ 建ぺい率の制限　法 53 条 1 項

（建蔽率）
第 53 条　建築物の建築面積（同一敷地内に二以上の建築物がある場合においては、その建築面積の合計）の敷地面積に対する割合（以下「建蔽率」という。）は、次の各号に掲げる区分に従い、当該各号に定める数値を超えてはならない。

一　第一種低層住居専用地域、第二種低層住居専用地域、第一種中高層住居専用地域、第二種中高層住居専用地域、田園住居地域又は工業専用地域内の建築物　3/10、4/10、5/10 又は 6/10 のうち当該地域に関する都市計画において定められたもの
二　第一種住居地域、第二種住居地域、準住居地域又は準工業地域内の建築物　5/10、6/10 又は 8/10 のうち……
三　近隣商業地域内の建築物　6/10 又は 8/10 のうち……
四　商業地域内の建築物　8/10
五　工業地域内の建築物　5/10 又は 6/10 のうち……
六　用途地域の指定のない区域内の建築物　3/10、4/10、5/10、6/10 又は 7/10 のうち、……

ここに出てくる数値は覚える必要はありません。このページを見れば OK です。ただし、商業地域の 8/10 は知っておくと便利です。

住宅街から繁華街になるにつれて、数値は大きくなっていきます。

＊ 敷地が 2 以上の用途地域にわたる場合　法 53 条 2 項

建築物の敷地が二つ以上の区域にわたる場合は、それぞれの区域について求めます。

> 2　建築物の敷地が前項の規定による建築物の建蔽率に関する制限を受ける地域又は区域の 2 以上にわたる場合においては、当該建築物の建蔽率は、同項の規定による当該各地域又は区域内の建築物の建蔽率の限度にその敷地の当該地域又は区域内にある各部分の面積の敷地面積に対する割合を乗じて得たものの合計以下でなければならない。

それぞれに求めて、単純に足すだけです。
按分（あんぶん）するとも言います。

＊ 建ぺい率の緩和　法 53 条 3 項

第 1 項で定められた建ぺい率の割合に 1/10 を加えることができます。

両方に該当する場合は、+2/10 です。

> 3　前 2 項の規定の適用については、第一号又は第二号のいずれかに該当する建築物にあつては第 1 項各号に定める数値に 1/10 を加えたものをもつて当該各号に定める数値とし、第一号及び第二号に該当する建築物にあつては同項各号に定める数値に 2/10 を加えたものをもつて当該各号に定める数値とする。
>
> 一　防火地域（第 1 項第二号から第四号までの規定により建蔽率の限度が 8/10 とされている地域を除く。）内にあるイに該当する建築物又は準防火地域内にあるイ若しくはロのいずれかに該当する建築物
>
> イ　耐火建築物又はこれと同等以上の延焼防止性能……を有するものとして政令で定める建築物(以下この条及び第 67 条第 1 項において「耐火建築物等」という。)
>
> ロ　準耐火建築物又はこれと同等以上の延焼防止性能を有するものとして政令で定める建築物（耐火建築物等を除く。第 8 項及び第 67 条第 1 項において「準耐火建築物等」という。）
>
> 二　街区の角にある敷地又はこれに準ずる敷地で特定行政庁が指定するものの内にある建築物

「等」が付いています

角地はお得ですね。一号と両方に該当すると、プラス 20%です。

火に強い建物は、
少し広く建てることが可能です。

✱ 建ぺい率の適用除外　法53条6項

次の建築物は、建ぺい率の制限が適用されません。つまり10/10（100%）です。

> 6　前各項の規定は、次の各号のいずれかに該当する建築物については、適用しない。
>
> 一　防火地域（第1項第二号から第四号までの規定により建蔽率の限度が8/10とされている地域に限る。）内にある耐火建築物等
>
> 二　巡査派出所、公衆便所、公共用歩廊その他これらに類するもの
>
> 三　公園、広場、道路、川その他これらに類するものの内にある建築物で特定行政庁が安全上、防火上及び衛生上支障がないと認めて許可したもの

二号から四号であることに注意してください！

等が付いていますが、もちろん、耐火建築物も含まれます。

✱ 敷地が防火地域内の内外にわたる場合　法53条7項・8項

建築物の敷地が防火地域や準防火地域の内外にわたる場合における基準です。基本的には、耐火や準耐火建築物にすると、建蔽率が優遇されることになります。

> 7　建築物の敷地が防火地域の内外にわたる場合において、その敷地内の建築物の全部が耐火建築物等であるときは、その敷地は、全て防火地域内にあるものとみなして、第3項第一号又は前項第一号の規定を適用する。
>
> 8　建築物の敷地が準防火地域と防火地域及び準防火地域以外の区域とにわたる場合において、その敷地内の建築物の全部が耐火建築物等又は準耐火建築物等であるときは、その敷地は、全て準防火地域内にあるものとみなして、第3項第一号の規定を適用する。

7項のケース

防火地域	防火地域でない地域

耐火建築物等であれば、
全て防火地域となる。

8項のケース

準防火地域	防火地域でも準防火地域でもない地域

準耐火建築物等以上であれば、
全て準防火地域となる。

防火地域や準防火地域とみなしてくれると、
3項や6項の緩和が適用できるのでお得です。

問題1 ［2017 - Ⅱ - 問 16］

図のような敷地において、耐火建築物を新築する場合、建築基準法上、新築することができる建築物の**建築面積の最高限度**は、次のうちどれか。ただし、図に記載されているものを除き、地域、地区等及び特定行政庁の指定・許可等はなく、図に示す範囲に高低差はないものとする。

1. 246 m^2
2. 255 m^2
3. 276 m^2
4. 285 m^2
5. 297 m^2

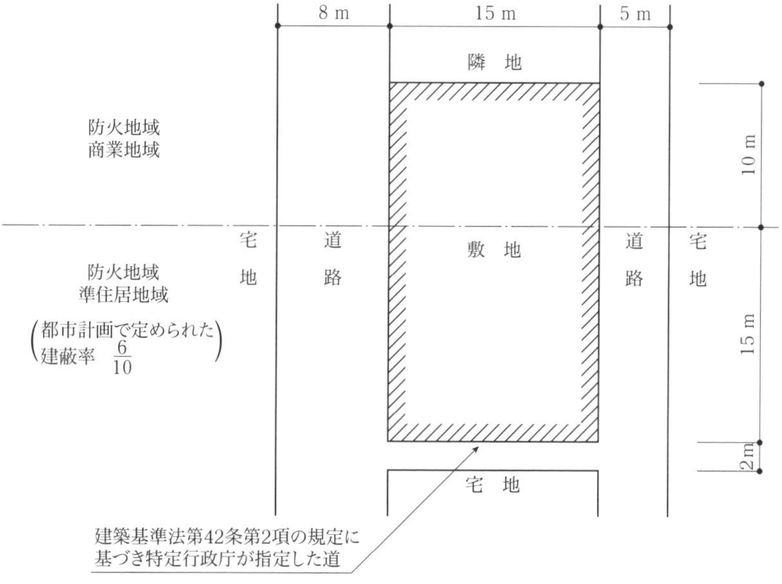

解説動画

問題 2［2018－Ⅱ－問 15］

「建築物及び敷地の条件」とその「建蔽率の最高限度」との組合せとして、建築基準法上、**正しい**ものは、次のうちどれか。ただし、用途地域、防火地域及び準防火地域以外の地域、地区等は考慮しないものとし、特定行政庁による角地及び壁面線の指定等はないものとする。

	建築物及び敷地の条件			建蔽率の最高限度
	建築物の構造	敷地		
		用途地域（都市計画で定められた建蔽率）	防火地域又は準防火地域の指定	
1.	耐火建築物	第一種中高層住居専用地域（6/10）	防火地域の敷地	6/10
2.	耐火建築物	準住居地域（6/10）	準防火地域内の敷地	6/10
3.	耐火建築物	近隣商業地域（8/10）	防火地域の内外にわたる敷地	適用しない
4.	耐火建築物	商業地域	防火地域内の敷地	9/10
5.	準耐火建築物	工業地域（5/10）	防火地域の内外にわたる敷地	6/10

正しいものはどれか、という問題です。
誤りを見つける問題ではないので
注意してくださいね。

問題 3 ［2020－Ⅱ－問 15］

図のような敷地において、耐火建築物を新築する場合、建築基準法上、新築することができる建築物の**建築面積の最高限度**は、次のうちどれか。ただし、図に記載されているものを除き、地域、地区等及び特定行政庁の指定・許可等はなく、図に示す範囲に高低差はないものとする。

1. 264 m^2
2. 273 m^2
3. 288 m^2
4. 303 m^2
5. 318 m^2

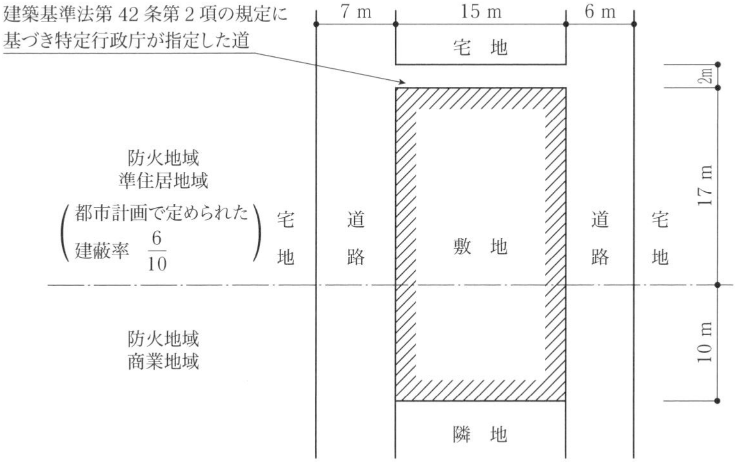

解説 **問題 1** [2017 - II - 問 16] **《正解 5》**

確認事項！

☑ 法 53 条 1 項により、建ぺい率は、都市計画で定める数値以下とします。

☑ 3 項一号より、建ぺい率が 8 /10 以外の地域で、防火地域内にある耐火建築物等は、都市計画で定められた建ぺい率に 1 /10 を加えることができます。

☑ 3 項二号により、角地で特定行政庁の指定があれば、1/10 を加えることができます。この問題では指定がありませんので、加えることはできません。

☑ 2 項により、敷地が 2 以上の地域にわたる場合、それぞれの地域の敷地部分の面積に、その地域の建築物の建ぺい率の限度を乗じたものの合計となります。

☑ 6 項一号により、防火地域（建ぺい率の限度が 8/10 とされている地域）内にある耐火建築物等は、建ぺい率の適用はない。

商業地域

敷地面積　15 m × 10 m ＝ 150 m^2

法 53 条 6 項一号より、建ぺい率の適用はありません。つまり **10/10** です。

$$150\ m^2 \times \frac{10}{10} = 150\ m^2$$

準住居地域

敷地面積　15 m ×（15 m － 1 m）＝ 210 m^2

法第 42 条第 2 項道路に注意。道路の中心から 2 mは道路になります。

都市計画で定める建ぺい率 6/10 にプラス 1/10　⇒　**7/10**

$$210\ m^2 \times \frac{7}{10} = 147 m^2$$

合計は、297 m^2 となります。

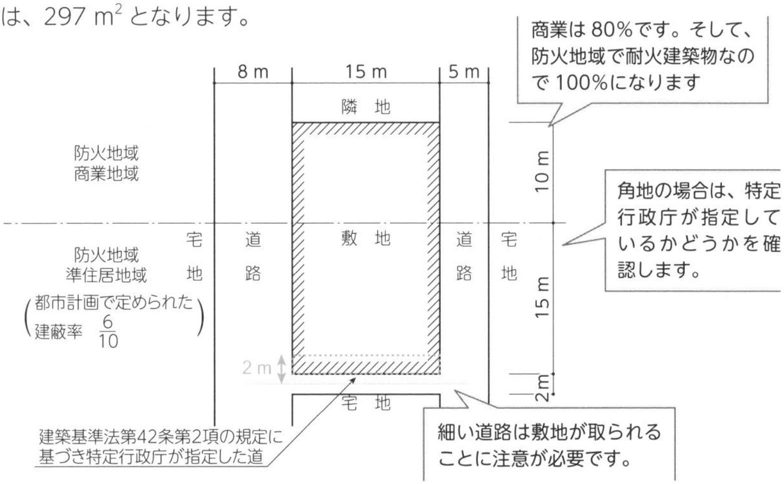

解説 問題2 [2018－II－問15]　《正解3》

1. 防火地域内にある耐火建築物なので、法53条3項一号に該当し、1/10 の緩和が適用されます。よって、建蔽率の最高限度は 7/10 です。誤り。
2. 準防火地域内の耐火建築物なので、法53条3項一号に該当し、1/10 の緩和が適用されます。 7/10 です。誤り。
3. 法53条7項により、敷地が防火地域の内外にわたる場合において、その敷地内の建築物の全部が耐火建築物等であるときは、その敷地は、全て防火地域内にあるものとみなして、第3項第一号又は前項（第6項）第一号の規定が適用されます。よって、設問の場合は、建蔽率の適用はありません。正しい。
4. 法53条1項四号により、商業地域内の建築物の建蔽率の最高限度は 8/10 。同条6項一号により、建蔽率の限度が8/10とされている地域内で、かつ、防火地域内にある耐火建築物等については、建蔽率は適用しません。したがって、誤りです。
5. 法53条7項により、設問の敷地は、全て防火地域内にあるものとみなされますが、耐火建築物ではなく準耐火建築物なので、緩和はありません。 5/10 です。誤り。

解説 問題3 [2020－II－問15]　《正解5》

法53条1項、2項、3項、6項。
法53条2項により、敷地が異なる用途地域（建蔽率制限の異なる地域）にわたる場合は、それぞれの地域ごとに建築面積の限度を求めて合計します。

準住居地域の建蔽率の限度

法53条3項一号イより、建蔽率が 8/10 以外の地域で、防火地域内にある耐火建築物は、都市計画で定められた建蔽率に 1/10 を加えたものが建蔽率となります。

したがって、$\frac{6}{10}+\frac{1}{10}=\frac{7}{10}$

$$15\,\text{m}\times 16\,\text{m}\times\frac{7}{10}=168\,\text{m}^2$$

北側の位置指定道路は、中心線から2m後退した線を道路境界線とみなし、後退した部分は敷地面積に算入されませんので注意してください（南北の長さは17mから1m引いて16mになります）。

商業地域の建蔽率の限度

法53条6項一号より、建蔽率が 8/10 の地域で、防火地域内にある耐火建築物は、建蔽率は適用されません。したがって、10/10 となります。商業地域の建ぺい率は 8/10 。

$$15\,\text{m}\times 10\,\text{m}\times\frac{10}{10}=150\,\text{m}^2$$

それぞれを合計すると

$168\,\text{m}^2+150\,\text{m}^2=318\,\text{m}^2$　となります。

容積率 ‥‥‥ 法令集を見ないで解ける問題もあり

容積率は、敷地面積に対する延べ面積の割合です。計算式は、延べ面積／敷地面積。
容積率については、最高限度の求め方と緩和規定について理解することが重要です。建ぺい率と同じで、概要はきちんと理解すること。そして、覚えることができる部分は、なるべく覚えておくと、問題を解く時に時間短縮を図ることができます。

学習のポイント！

- ☑ 容積率には、都市計画によって定められた数値がある
- ☑ 前面道路の幅員によって求まる数値もある
- ☑ 両方を比較し、厳しい方を適用する
- ☑ 特定道路による緩和規定（令 135 条の 18）は覚えてしまう

＊ 容積率の制限　都市計画で定められた数値　法 52 条 1 項

（容積率）
第 52 条　建築物の延べ面積の敷地面積に対する割合（以下「容積率」という。）は、次の各号に掲げる区分に従い、当該各号に定める数値以下でなければならない。ただし、……
一　第一種低層住居専用地域、第二種低層住居専用地域又は田園住居地域内の建築物（第六号及び第七号に掲げる建築物を除く。）5/10、6/10、8/10、10/10、15/10 又は 20/10 のうち当該地域に関する都市計画において定められたもの
二　第一種中高層住居専用地域若しくは第二種中高層住居専用地域内の建築物（第六号及び第七号に掲げる建築物を除く。）又は第一種住居地域、第二種住居地域、準住居地域、近隣商業地域若しくは準工業地域内の建築物（第五号から第七号までに掲げる建築物を除く。）10/10、15/10、20/10、30/10、40/10 又は 50/10 のうち当該地域に関する都市計画において定められたもの
……略……

全ての用途地域において定められた数値があります。まずは、ここを確認します。もしくは、問題で与えられている場合があります。

ここの数値は、特に覚えなくても大丈夫です。

＊ 容積率の制限　前面道路の幅員より求める数値　法 52 条 2 項

> 2　前項に定めるもののほか、前面道路（前面道路が 2 以上あるときは、その幅員の最大のもの。以下この項及び第 12 項において同じ。）の幅員が 12 m未満である建築物の容積率は、当該前面道路の幅員のメートルの数値に、次の各号に掲げる区分に従い、当該各号に定める数値を乗じたもの以下でなければならない。
> 一　第一種低層住居専用地域、第二種低層住居専用地域又は田園住居地域内の建築物　4/10
> 二　第一種中高層住居専用地域若しくは第二種中高層住居専用地域内の建築物又は第一種住居地域、第二種住居地域若しくは準住居地域内の建築物　4/10……
> 三　その他の建築物　6/10……

ここは、住居系が 4/10、それ以外（工業系、商業系）が 6/10 と覚えてください。

例えば、面している道路が 8 mの場合、
住居系地域だと、8 × 4/10 ＝ 32/10 です。
この 32/10 と 80 ページの第 1 項の数値と
比べて、小さい方を採用しますよ。

＊ 敷地が 2 つ以上の用途地域にわたる場合　法 52 条 7 項

建築物の敷地が 2 つ以上の用途地域にわたる場合は、原則として、それぞれの用途地域について求め、それらを合計します。

> 7　建築物の敷地が第 1 項及び第 2 項の規定による建築物の容積率に関する制限を受ける地域、地区又は区域の 2 以上にわたる場合においては、当該建築物の容積率は、第 1 項及び第 2 項の規定による当該各地域、地区又は区域内の建築物の容積率の限度にその敷地の当該地域、地区又は区域内にある各部分の面積の敷地面積に対する割合を乗じて得たものの合計以下でなければならない。

それぞれに求めて、単純に足すだけです。
建ぺい率と同じですね。

✱ 住宅などの地階部分の容積率の緩和　法 52 条 3 項

住宅や老人ホームなどの地階については、
床面積の 1/3 までおまけしてくれます。

住宅か老人ホーム等です。

> 3　第 1 項（ただし書を除く。）、前項、第 7 項、第 12 項及び……
> に規定する建築物の容積率……の算定の基礎となる延べ面積には、建築物の地階でその天井が地盤面からの高さ 1 m 以下にあるものの住宅又は老人ホーム、福祉ホームその他これらに類するもの（以下この項及び第六項において「老人ホーム等」という。）の用途に供する部分（第六項の政令で定める昇降機の昇降路の部分又は共同住宅若しくは老人ホーム等の共用の廊下若しくは階段の用に供する部分を除く。以下この項において同じ。）の床面積（当該床面積が当該建築物の住宅及び老人ホーム等の用途に供する部分の床面積の合計の 1/3 を超える場合においては、当該建築物の住宅及び老人ホーム等の用途に供する部分の床面積の合計の 1/3）は、算入しないものとする。

地階は、令 1 条二号とは
定義が違いますので注意！

事務所や倉庫など、他の用途があれば、
その部分の面積は含まれません。

✱ 共同住宅の共用の廊下等に対する緩和　法 52 条 6 項

エレベーターの昇降路の部分、共同住宅における共用の廊下及び階段の部分の床面積についても緩和の規定があります。

> 6　第 1 項、第 2 項、次項、第 12 項及び第 14 項、……
> に規定する建築物の容積率の算定の基礎となる延べ面積には、政令で定める昇降機の昇降路の部分又は共同住宅若しくは老人ホーム等の共用の廊下若しくは階段の用に供する部分の床面積は、算入しないものとする。

この緩和によって、容積いっぱいの建物に、後から
エレベーターを設置することが可能となりました。

あくまで、容積率を計算する場合の緩和
規定です。床面積を普通に計算する時
は、算入することになりますよ。

✱ 自動車車庫、備蓄倉庫等に対する緩和　令２条１項四号、３項

第２条（面積、高さ等の算定方法）

四　延べ面積　建築物の各階の床面積の合計による。ただし、法第 52 条第１項に規定する延べ面積……には、次に掲げる建築物の部分の床面積を算入しない。

イ　自動車車庫その他の専ら自動車又は自転車の停留又は駐車のための施設……

ロ　専ら防災のために設ける備蓄倉庫の用途に供する部分……

ハ　蓄電池（床に据え付けるものに限る。）を設ける部分……

ニ　自家発電設備を設ける部分……

ホ　貯水槽を設ける部分……

ヘ　宅配ボックス……

３　第１項第四号ただし書の規定は、次の各号に掲げる建築物の部分の区分に応じ、当該敷地内の建築物の各階の床面積の合計……に当該各号に定める割合を乗じて得た面積を限度として適用するものとする。

一　自動車車庫等部分　1/5

二　備蓄倉庫部分　1/50

三　蓄電池設置部分　1/50

四　自家発電設備設置部分　1/100

五　貯水槽設置部分　1/100

六　宅配ボックス設置部分　1/100

自動車車庫以外は、エレベーターと同じで
比較的最近この緩和規定ができました。

MEMO

✽ 特定道路による容積率の緩和　法 52 条 9 項、令 135 条の 18

9　建築物の敷地が、幅員 15 m以上の道路（以下この項において「特定道路」という。）に接続する幅員 6 m以上 12 m未満の前面道路のうち当該特定道路からの延長が 70 m以内の部分において接する場合における当該建築物に対する第 2 項から第 7 項までの規定の適用については、第 2 項中「幅員」とあるのは、「幅員（第 9 項の特定道路に接続する同項の前面道路のうち当該特定道路からの延長が 70 m以内の部分にあつては、その幅員に、当該特定道路から当該建築物の敷地が接する当該前面道路の部分までの延長に応じて政令で定める数値を加えたもの）」とする。　　令 135 条の 18（幅員に加算する数値）⇒○○

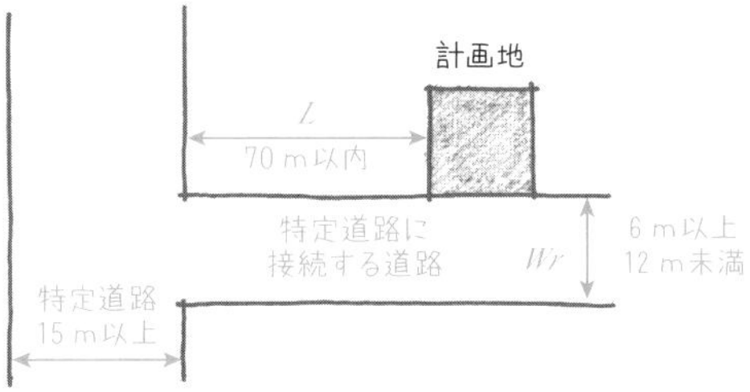

法文だと少しわかりにくいですが、図にすると左図のようになります。

（容積率の制限について前面道路の幅員に加算する数値）
第 135 条の 18　法第 52 条第 9 項の政令で定める数値は、次の式によつて計算したものとする。

$$Wa = \frac{(12 - Wr)(70 - L)}{70}$$

この式において、*Wa*、*Wr* 及び *L* は、それぞれ次の数値を表すものとする。
Wa　法第 52 条第 9 項の政令で定める数値（単位　m）
Wr　前面道路の幅員（単位　m）
L　法第 52 条第 9 項の特定道路からその建築物の敷地が接する前面道路の部分の直近の端までの延長（単位　m）

例えば、前面道路の幅員（*Wr*）が 8 m、特定道路までの距離（*L*）が 35 mの場合、

加算する数値（*Wa*）は、$Wa = \frac{(12 - 8) \times (70 - 35)}{70} = 2$

ということで、前面道路を 2 m広くして容積率を算定することができます。

あくまで、上の図の 3 つの条件に当てはまる場合です。当てはまらない場合は、広くできません。

問題1 ［2019 - Ⅱ - 問 15］

都市計画区域内における建築物の建蔽率又は延べ面積（建築基準法第 52 条第 1 項に規定する容積率の算定の基礎となる延べ面積）に関する次の記述のうち、建築基準法上、**誤っている**ものはどれか。ただし、用途地域及び防火地域以外の地域、地区等並びに特定行政庁の指定・許可等は考慮しないものとする。

1. 商業地域内で、かつ、防火地域内にある耐火建築物は、建蔽率の制限を受けない。
2. 準工業地域（都市計画で定められた建蔽率は 6/10 ）内、かつ、防火地域内で、角地の指定のない敷地において、耐火建築物を建築する場合の建蔽率の最高限度は 7/10 である。
3. 老人ホーム等の共用の廊下又は階段の用に供する部分の床面積は、延べ面積に算入しない。
4. 床に据え付ける蓄電池を設ける部分の床面積は、当該建築物の各階の床面積の合計の 1/50 を限度として、延べ面積に算入しない。
5. 宅配ボックスを設ける部分の床面積は、当該建築物の各階の床面積の合計の 1/50 を限度として、延べ面積に算入しない。

解説動画

問題演習をする時は5つとも調べたいですが、
本試験の場合は、怪しいと思うものから調べていきましょう。
1つでも覚えているものがあれば、その分、調べる必要性がなくなりますね。

問題 2 ［2019 - Ⅱ - 問 16］

図のような事務所を併用した一戸建て住宅を新築する場合、建築基準法上、**容積率の算定の基礎となる延べ面積**は、次のうちどれか。ただし、自動車車庫等の用途に供する部分はないものとし、地域、地区等及び特定行政庁の指定等は考慮しないものとする。

1. 180 m²
2. 240 m²
3. 250 m²
4. 270 m²
5. 300 m²

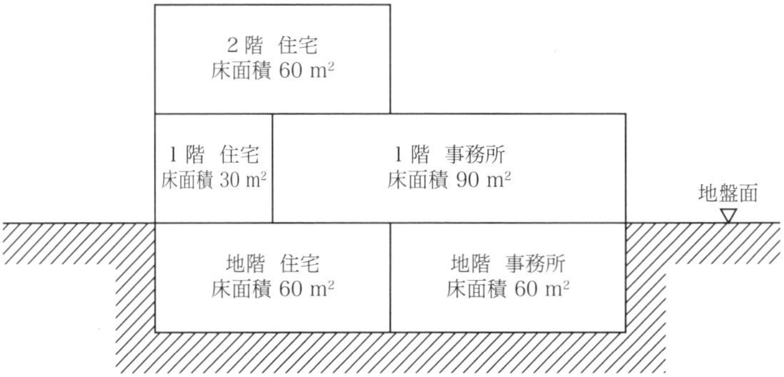

断面図

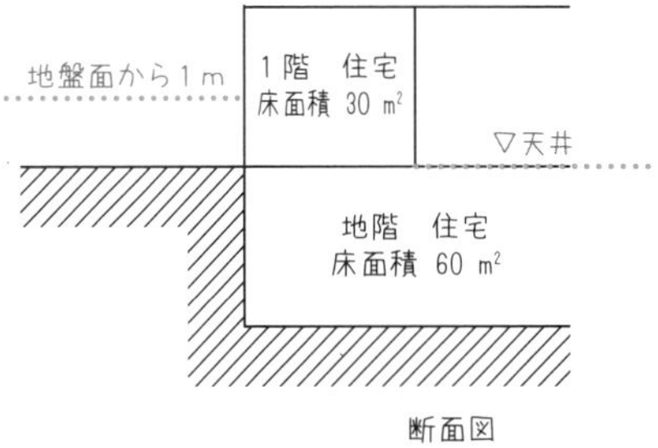

断面図

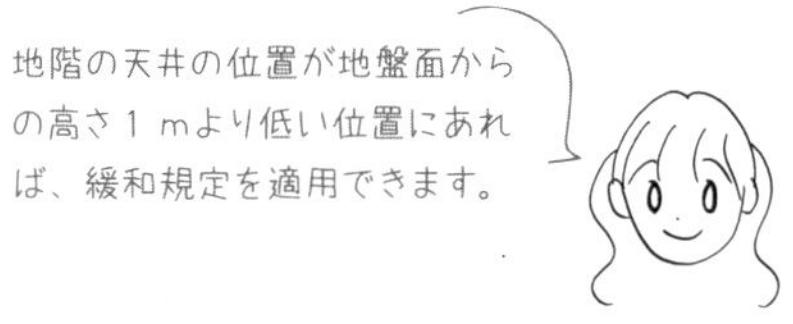

地階の天井の位置が地盤面からの高さ1mより低い位置にあれば、緩和規定を適用できます。

問題 3［2020 - Ⅱ - 問 16］

図のような敷地において、建築基準法上、新築することができる建築物の**延べ面積（同法第 52 条第 1 項に規定する容積率の算定の基礎となる延べ面積）の最高限度**は、次のうちどれか。ただし、図に記載されているものを除き、地域、地区等及び特定行政庁の指定等はないものとする。

1. 240 m^2
2. 312 m^2
3. 360 m^2
4. 468 m^2
5. 500 m^2

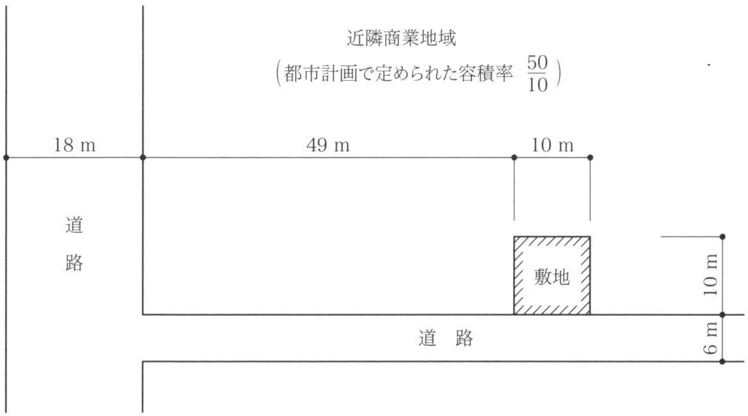

適用できるかどうか、
3 つの条件を確認し
てくださいね。

解説 **問題1** [2019 - II - 問 15] 《正解5》

1. 法 53 条 6 項一号
   商業地域は、法 53 条 1 項四号より建蔽率の限度が 8/10 とされている地域です。防火地域内にある耐火建築物なので、建蔽率の制限を受けません。正しい。
2. 法 53 条 3 項一号
   建蔽率の限度が 8 /10 とされている地域外で、防火地域内の耐火建築物なので、建蔽率は 1 /10 緩和され、7/10 となります。正しい。
3. 法 52 条 6 項
   エレベーターの昇降路の部分又は共同住宅若しくは老人ホーム等の共用の廊下若しくは階段の部分は、容積率（法 52 条）の算定の基礎となる延べ面積には算入しません。正しい。
4. 令 2 条 1 項四号ハ、3 項三号
   容積率の算定の基礎となる延べ面積には、蓄電池設置部分の床面積は、建築物の床面積の合計の 1 /50 を限度として、算入しません。正しい。
5. 令 2 条 1 項四号へ、3 項六号
   容積率の算定の基礎となる延べ面積には、宅配ボックス設置部分の床面積は、建築物の床面積の合計の 1 /100 を限度として、算入しません。誤りです。

解説 **問題2** [2019 - II - 問 16] 《正解3》

法 52 条 3 項により、容積率の算定の基礎となる延べ面積には、住宅の用途に供する地階で、その天井が地盤面からの高さ 1 m 以下にあるものの床面積は、住宅部分の床面積の合計の 1/3 を限度として算入しません。
住宅部分の床面積の合計は、60 + 30 + 60 = 150 m^2
除外できる面積は、床面積の合計の 1/3 なので、150 × 1/3 = 50 m^2
地階の住宅部分の床面積 60 m^2 から、この 50 m^2 を引くことができますので、容積率算定用の延べ面積は、60 + 30 + 90 + 60 + 10 = 250 m^2 となります。

住宅部分の面積の 1/3
です。事務所を含めない
よう、注意してください。

解説 **問題3** [2020 - II - 問 16] **《正解4》**

法52条1項、2項、9項、令135条の18。

容積率の限度は、法52条1項による都市計画で定められた容積率（指定容積率）の限度と、同条2項（前面道路の幅員が12m未満の場合）による用途地域別の容積率の限度（商業・工業系地域の場合は前面道路幅員× 6/10）を比較し、厳しい方の制限になります。

また、敷地が、幅員15m以上の道路（特定道路）に接続する幅員6m以上12m未満の前面道路に、特定道路から70m以内の部分において接している場合、前面道路の幅員（6m）に令135条の18に定める数値（*Wa*）を加算したものを、前面道路の幅員とすることができます。

$$Wa = \frac{(12 - 6) \times (70 - 49)}{70} = 1.8\ \text{m}$$

前面道路の幅員は、7.8 m（6 m+ 1.8 m）とみなすことができます。

したがって、前面道路による容積率は、7.8 × 6/10 = 46.8/10

50/10と比較し、厳しい方が採用されますので、46.8/10　となります。

延べ面積の最高限度は

$$\frac{46.8}{10} \times 100 = 468\ \text{m}^2$$

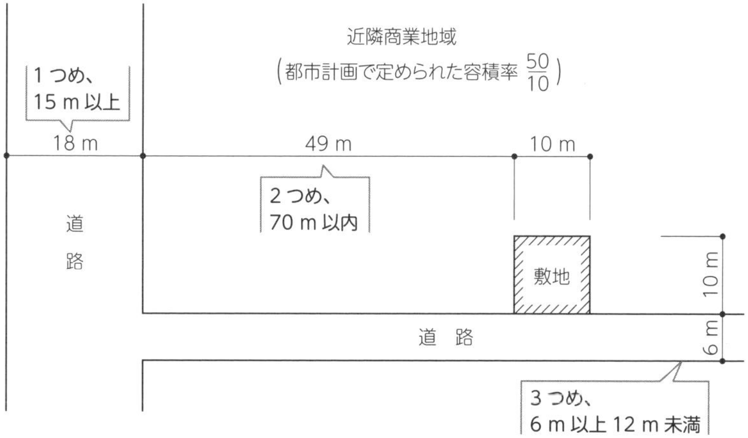

高さ制限 ‥‥‥ 問題文は基本読まない

問題文を読まなくても、問題の図と５つの選択肢を見れば、それが高さ制限の問題であることがわかります。確認するのは、用途地域と高さを求めるＡ点の位置だけ。理想的にはここに至りたいです。ただ、問題はちゃんと読んで、法令集は一応見ておいてください。それで間違っていないことを確認するために。

学習のポイント！

- ☑ 高さ制限には、主に道路斜線と隣地斜線と北側斜線の３つがある
- ☑ それぞれの内容は理解する　できれば数値を覚える
- ☑ ３つの制限には緩和規定がある
- ☑ 全ての緩和規定を理解する　できるだけ覚えてしまう

＊ 高さ制限の概略

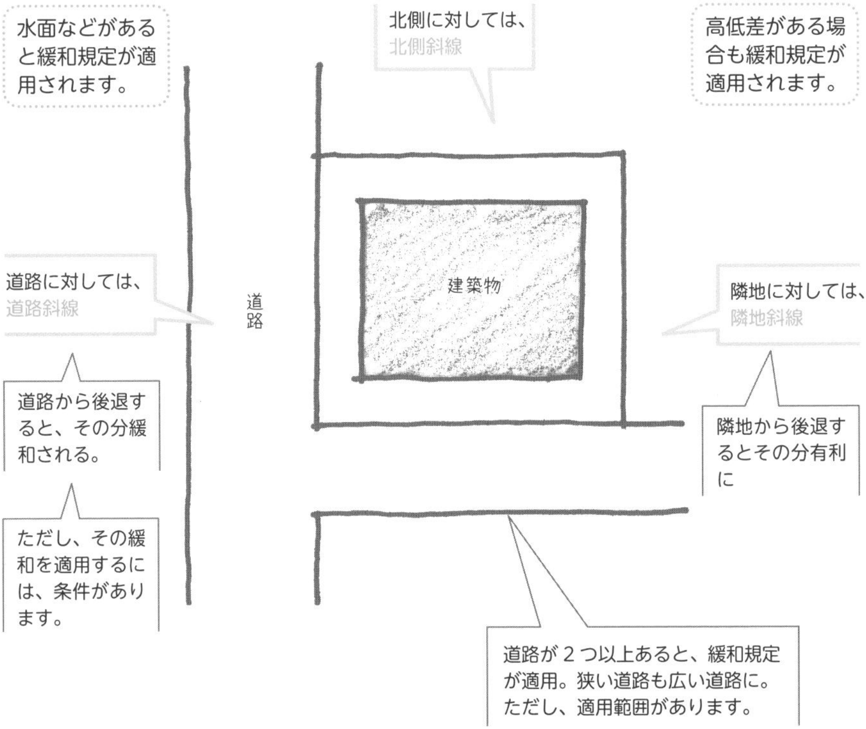

✱ 絶対高さ制限　法 55 条 1 項

（第一種低層住居専用地域等内における建築物の高さの限度）

第 55 条　第一種低層住居専用地域、第二種低層住居専用地域又は田園住居地域内においては、建築物の高さは、10 m又は 12 mのうち当該地域に関する都市計画において定められた建築物の高さの限度を超えてはならない。

建物の配置などに関係がない、絶対的な高さの制限なので**絶対高さ**と呼ばれています。ただ、ここからの出題はほとんどありません。

✱ 道路斜線　法 56 条 1 項一号

敷地が接している道路の幅員に応じた高さの制限です。

次に掲げるものとは、3 つの制限のことを指しています。一号が道路斜線、二号が隣地斜線、三号が北側斜線　です。

（建築物の各部分の高さ）

第 56 条　建築物の各部分の高さは、次に掲げるもの以下としなければならない。

一　別表第 3（い）欄及び（ろ）欄に掲げる地域、地区又は区域及び容積率の限度の区分に応じ、前面道路の反対側の境界線からの水平距離が同表（は）欄に掲げる距離以下の範囲内においては、当該部分から前面道路の反対側の境界線までの水平距離に、同表（に）欄に掲げる数値を乗じて得たもの

令 132 条（2 以上の道路）⇒○○

令 134 条（反対側に公園）⇒○○

令 135 条の 2（道路との高低差）⇒○○

ここの内容は覚えてください。問題を解く時にここを見ることはありません。確認するのは別表の数値です。

この政令 3 つ重要です！

ここは、前面道路という文字にだけチェックを入れておけば十分です。政令のページ数は、法令集に書いてなければ書いておいてください。

住居系の地域は全てここです。

別表第 3　前面道路との関係についての建築物の各部分の高さの制限（第 56 条、第 91 条関係）

	(い)	(ろ)	(は)	(に)
	建築物がある地域、地区又は区域	第 52 条第 1 項、第 2 項、第 7 項及び第 9 項の規定による容積率の限度	距離	数値
1	第一種低層住居専用地域、……第二種住居地域若しくは準住居地域内の建築物	20/10 以下の場合	20 m	1.25
		20/10 を超え、30/10 以下の場合	25 m	
		30/10 を超え、40/10 以下の場合	30 m	
		40/10 を超える場合	35 m	
2	近隣商業地域又は商業地域内の建築物	40/10 以下の場合	20 m	1.5
		40/10 を超え、60/10 以下の場合	25 m	
		60/10 を超え、80/10 以下の場合	30 m	
		80/10 を超え、100/10 以下の場合	35 m	
		100/10 を超え、110/10 以下の場合	40 m	
		110/10 を超え、120/10 以下の場合	45 m	
		120/10 を超える場合	50 m	
3	準工業地域内の建築物……又は工業地域若しくは工業専用地域内の建築物	20/10 以下の場合	20 m	1.5
		20/10 を超え、30/10 以下の場合	25 m	
		30/10 を超え、40/10 以下の場合	30 m	
		40/10 を超える場合	35 m	

住居系が **1.25** で、あとは **1.5**

例えば、住居系の地域で
容積率が 30/10 の場合

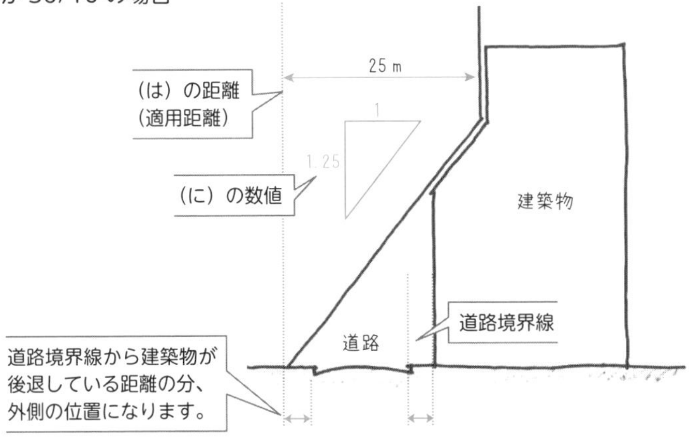

✱ 道路斜線　セットバックによる緩和規定　法56条2項

前面道路の境界線から後退した建築物については、後退した分だけ、道路の反対側の境界線から外側の位置より計算することができます。

> 2　前面道路の境界線から後退した建築物に対する前項第一号の規定の適用については、同号中「前面道路の反対側の境界線」とあるのは、「前面道路の反対側の境界線から当該建築物の後退距離（当該建築物（地盤面下の部分その他政令で定める部分を除く。）から前面道路の境界線までの水平距離のうち最小のものをいう。）に相当する距離だけ外側の線」とする。
>
> 令130条の12（後退距離算定の特例）⇒○○

この政令が曲者です。下の条件をクリアする必要があります。

92ページの図が、この緩和規定を適用した例になっています。

> （前面道路との関係についての建築物の各部分の高さの制限に係る建築物の後退距離の算定の特例）
>
> 第130条の12　法第56条第2項及び第4項の政令で定める建築物の部分は、次に掲げるものとする。
>
> 一　物置その他これに類する用途に供する建築物の部分で次に掲げる要件に該当するもの
>
> イ　軒の高さが2.3 m以下で、かつ、床面積の合計が5 m^2以内であること。
>
> ロ　当該部分の水平投影の前面道路に面する長さを敷地の前面道路に接する部分の水平投影の長さで除した数値が1/5以下であること。
>
> ハ　当該部分から前面道路の境界線までの水平距離のうち最小のものが1m以上であること。
>
> 二　ポーチその他これに類する建築物の部分で、前号ロ及びハに掲げる要件に該当し、かつ、高さが5 m以下であるもの
>
> 三　道路に沿つて設けられる高さが2 m以下の門又は塀（高さが1.2 mを超えるものにあつては、当該1.2を超える部分が網状その他これに類する形状であるものに限る。）
>
> 四　隣地境界線に沿つて設けられる門又は塀
>
> 五　歩廊、渡り廊下その他これらに類する建築物の部分で、特定行政庁がその地方の気候若しくは風土の特殊性又は土地の状況を考慮して規則で定めたもの
>
> 六　前各号に掲げるもののほか、建築物の部分で高さが1．2 m以下のもの

例えば、面積が5 m^2より大きい6 m^2の物置が、道路と建築物の間にあれば、水平距離が最小のものは、道路境界線からその物置までの距離となってしまいます。ここの条件をクリアしていれば、ないものとしてOKです。

✱ 道路斜線　2方向接道による緩和規定　令132条

(2以上の前面道路がある場合)
第132条　建築物の前面道路が2以上ある場合においては、幅員の最大な前面道路の境界線からの水平距離がその前面道路の幅員の2倍以内で、かつ、35 m以内の区域及びその他の前面道路の中心線からの水平距離が10 mをこえる区域については、すべての前面道路が幅員の最大な前面道路と同じ幅員を有するものとみなす。

前面道路が2以上ある場合、狭い道路に対しても、特定の区域（下図の青い斜線部分）については、広い道路の幅員で計算をすることができます。

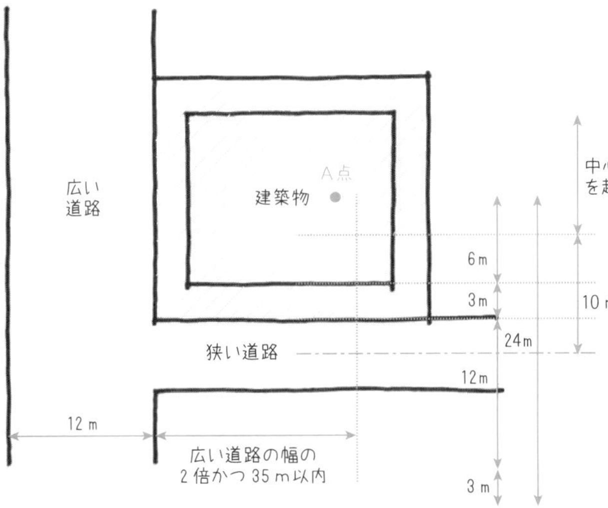

例えば、狭い道路に対するA点の高さの限度は
前面道路の幅員は、接道している広い方の道路の12 mとなります。
建築物は道路境界線から3 m離れていますので、前面道路の反対側の境界は、さらに3 m向こう側になります。その点からA点までの距離は、**24 m（6 m+3 m+**12 m+3 m)。
したがって、A点における高さの限度は、住居系地域の場合、24 m×1.25 = 30 m
工業系又は商業系地域の場合は、24 m×1.5 = 36 m　となります。

練習問題を何問か解けば、この緩和規定の内容も自然に頭に入ってきますよ。

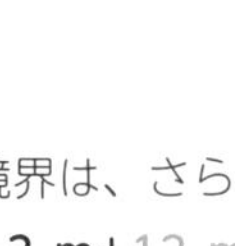

✱ 道路斜線　道路の反対側に公園などがある場合の緩和規定　令134条1項

（前面道路の反対側に公園、広場、水面その他これらに類するものがある場合）
第134条　前面道路の反対側に公園、広場、水面その他これらに類するものがある場合においては、当該前面道路の反対側の境界線は、当該公園、広場、水面その他これらに類するものの反対側の境界線にあるものとみなす。

公園の幅の全てが道路の幅に含まれることになります。

✱ 道路斜線　道路と敷地に高低差がある場合の緩和規定　令135条の2第1項

（道路面と敷地の地盤面に高低差がある場合）
第135条の2　建築物の敷地の地盤面が前面道路より1m以上高い場合においては、その前面道路は、敷地の地盤面と前面道路との高低差から1mを減じたものの1/2だけ高い位置にあるものとみなす。

高低差から1mを引いて2で割る。これは覚えてください。
隣地斜線の緩和規定でも出てきます。

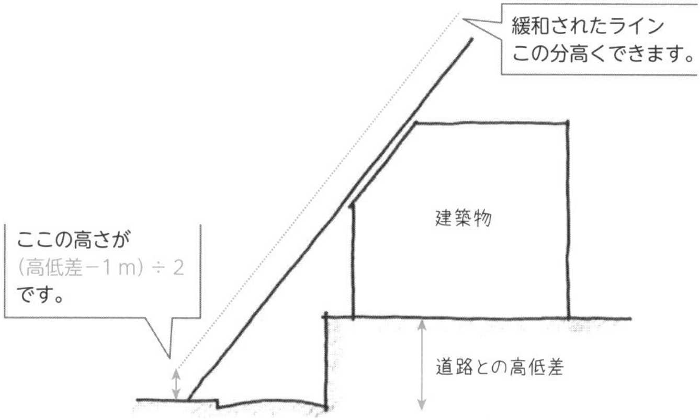

道路斜線を検討する場合、建物の高さは道路の中心線から測ります。道路の高さが高くなれば、その分建物も高くすることができますね。

✱ **隣地斜線**　法 56 条 1 項二号

道路ではなく、隣地境界線からの高さの制限です。これを**隣地斜線**制限と言います。

隣地境界線から建物が後退している距離を加えます。

> 二　当該部分から隣地境界線までの水平距離に、……それぞれその部分から隣地境界線までの水平距離のうち最小のものに相当する距離を加えたものに、イからニまでに定める数値を乗じて得たものに、イ又はニに定める数値が 1.25 とされている建築物にあつては 20 mを、イからニまでに定める数値が 2.5 とされている建築物にあつては 31 mを加えたもの
>
> イ　第一種中高層住居専用地域若しくは第二種中高層住居専用地域内の建築物又は第一種住居地域、第二種住居地域若しくは準住居地域内の建築物　1.25
>
> ロ　近隣商業地域若しくは準工業地域内の建築物（ハに掲げる建築物を除く。）又は商業地域、工業地域若しくは工業専用地域内の建築物　2.5
>
> ……略……
>
> 令 135 条の 3（隣地斜線緩和）⇒○○

住居系の地域　　　**距離× 1.25 ＋ 20 m**
商業・工業系の地域　**距離× 2.5 ＋ 31 m**
これだけわかるようにしておけば大丈夫です。

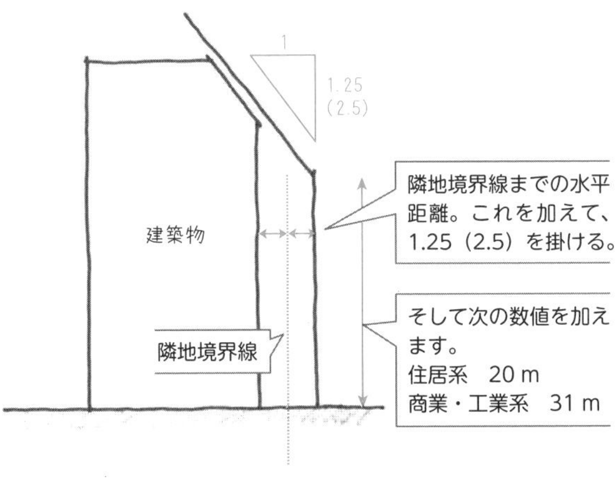

第一種低層住居専用地域と第二種低層住居専用地域は、より厳しい高さ制限【絶対高さ制限】がありますので、隣地斜線制限の適用はありません。

✱ 隣地斜線　緩和規定　令135条の3

隣地が公園や広場、水面などの場合、境界線は、それらの幅の半分だけ外側にあるものとして計算をすることができます。道路斜線にも同じような緩和規定がありましたが、隣地斜線は、公園の全部ではなく、幅の半分になりますので、注意してください。
隣地との間に高低差がある場合も、自分の敷地に有利になるような緩和規定があります。隣地斜線は、自分の敷地が低い場合の緩和規定です。

公園や広場、水面の全部ではなく、**1/2** です。間違えないように気を付けてください。

（隣地との関係についての建築物の各部分の高さの制限の緩和）

第135条の3　法第56条第6項の規定による同条第1項及び第5項の規定の適用の緩和に関する措置で同条第1項第二号に係るものは、次に定めるところによる。

一　建築物の敷地が公園……広場、水面その他これらに類するものに接する場合においては、……隣地境界線は、その公園、広場、水面その他これらに類するものの幅の1/2だけ外側にあるものとみなす。

二　建築物の敷地の地盤面が隣地の地盤面……より1m以上低い場合においては、その建築物の敷地の地盤面は、当該高低差から1mを減じたものの1/2だけ高い位置にあるものとみなす。

自分の敷地が低い場合、少し高くしてもらえる緩和となっています。

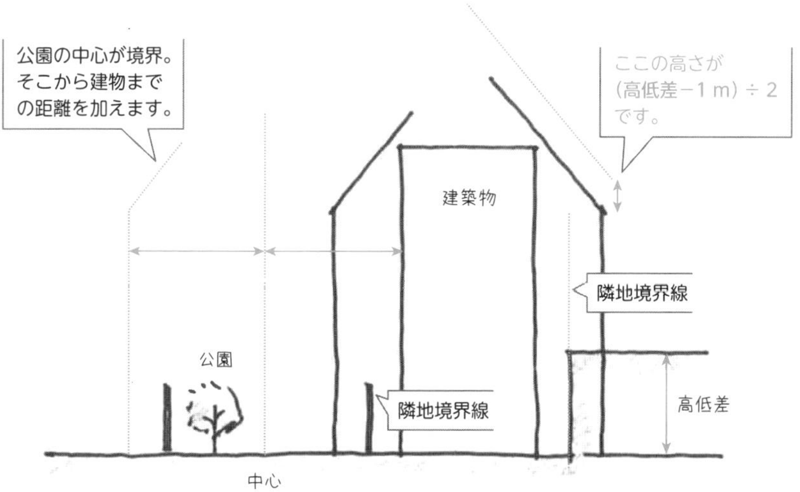
公園の中心が境界。そこから建物までの距離を加えます。
ここの高さが（高低差−1 m）÷ 2 です。
建築物
隣地境界線
公園
隣地境界線
高低差
中心

✱ 北側斜線　法 56 条 1 項三号

北側の境界に対する制限です。これを北側斜線制限と言います。この規定が適用されるのは、第一種・第二種低層住居専用地域、田園住居地域、第一種・第二種中高層住居専用地域の 5 つの地域です。比較的、住居が多く建ち並ぶ地域となります。

> 三　第一種低層住居専用地域、第二種低層住居専用地域若しくは田園住居地域内又は第一種中高層住居専用地域若しくは第二種中高層住居専用地域……内においては、当該部分から前面道路の反対側の境界線又は隣地境界線までの真北方向の水平距離に 1.25 を乗じて得たものに、第一種低層住居専用地域、第二種低層住居専用地域又は田園住居地域内の建築物にあつては 5 m を、第一種中高層住居専用地域又は第二種中高層住居専用地域内の建築物にあつては 10 m を加えたもの
>
> 令 135 条の 4（北側斜線緩和）

低層住居と田園が　**距離× 1.25 + 5 m**
中高層専用住居が　**距離× 1.25 + 10 m**
ここでは、これがわかるようにしておいてください。

✱ 北側斜線　緩和規定　令 135 条の 4

北側斜線の緩和規定です。隣地斜線の緩和規定と同じ内容となっています。水面などがあれば、境界線はその水路などの幅の 1/2 外側とみなすことができます。ただし、公園や広場は緩和の対象から外れていますので注意してください。

> （北側の前面道路又は隣地との関係についての建築物の各部分の高さの制限の緩和）
>
> 第 135 条の 4　法第 56 条第 6 項の規定による……次に定めるところによる。
>
> 一　北側の前面道路の反対側に水面、線路敷その他これらに類するものがある場合又は建築物の敷地が北側で水面、線路敷その他これらに類するものに接する場合においては、当該前面道路の反対側の境界線又は当該水面、線路敷その他これらに類するものに接する隣地境界線は、当該水面、線路敷その他これらに類するものの幅の 1/2 だけ外側にあるものとみなす。
>
> 二　建築物の敷地の地盤面が北側の隣地……の地盤面……より 1 m 以上低い場合においては、その建築物の敷地の地盤面は、当該高低差から 1 m を減じたものの 1/2 だけ高い位置にあるものとみなす。

公園がないのは日当たりを確保する必要があるためでしょうか。

✱ 高さ制限まとめ

高さ制限をまとめてみましょう。

高さ制限	用途地域	制限	緩和規定
絶対高さ	第一種低層 第二種低層 田園住居	10 m又は 12 m	
道路斜線	住居系全て	× 1.25	・建物が後退している場合 ・２つ以上の道路に接道 ・道路が低い場合 ・公園や水面など（全て）
	工業系 商業系	× 1.5	
隣地斜線	第一種中高層 第二種中高層 第一種住居 第二種住居 準住居	× 1.25 + 20 m	・隣地が高い場合 ・公園や水面など（1/2）
	工業系 商業系	× 2.5 + 31 m	
北側斜線	第一種低層 第二種低層 田園住居	× 1.25 + 5 m	・隣地が高い場合 ・水面など（1/2）公園はなし
	第一種中高層 第二種中高層	× 1.25 + 10 m	

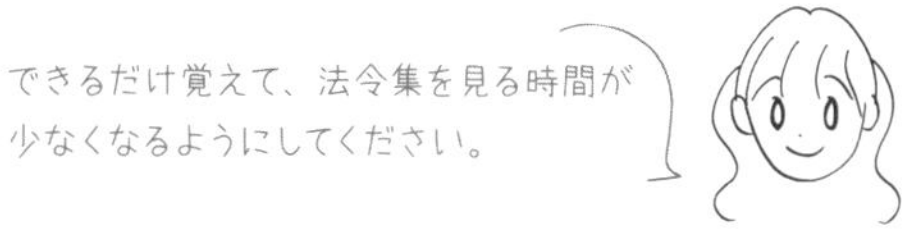

できるだけ覚えて、法令集を見る時間が
少なくなるようにしてください。

MEMO

問題 1 ［2020 - Ⅱ - 問 18］

図のような敷地において、建築物を新築する場合、建築基準法上、A 点における**地盤面からの建築物の高さの最高限度**は、次のうちどれか。ただし、敷地は平坦で、敷地、隣地及び道路の相互間の高低差並びに門及び塀はなく、また、図に記載されているものを除き、地域、地区等及び特定行政庁の指定・許可等はないものとし、日影規制（日影による中高層の建築物の高さの制限）及び天空率は考慮しないものとする。なお、建築物は、全ての部分において、高さの最高限度まで建築されるものとする。

1. 10.00 m
2. 11.25 m
3. 12.50 m
4. 13.75 m
5. 15.00 m

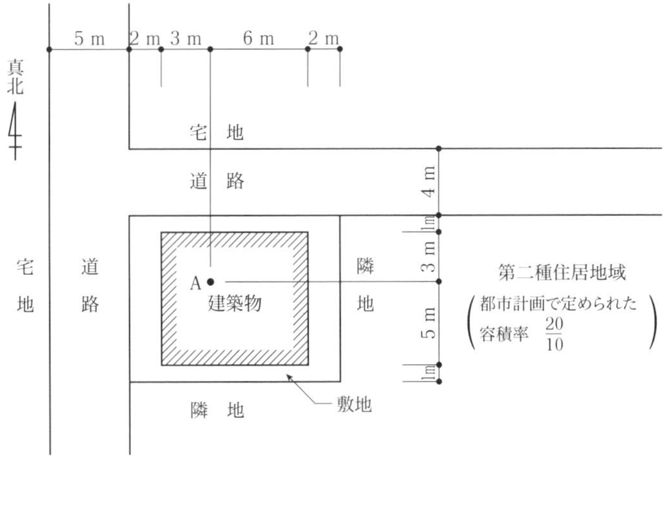

問題 2［2019 - Ⅱ - 問 17］

図のような敷地において、建築物を新築する場合、建築基準法上、A点における**地盤面からの建築物の高さの最高限度**は、次のうちどれか。ただし、敷地は平坦で、敷地、隣地、道路及び道の相互間の高低差並びに門及び塀はなく、また、図に記載されているものを除き、地域、地区等及び特定行政庁の指定・許可等はないものとし、日影規制（日影による中高層の建築物の高さの制限）及び天空率は考慮しないものとする。なお、建築物は、全ての部分において、高さの最高限度まで建築されるものとする。

1. 12.5 m
2. 15.0 m
3. 20.0 m
4. 22.5 m
5. 25.0 m

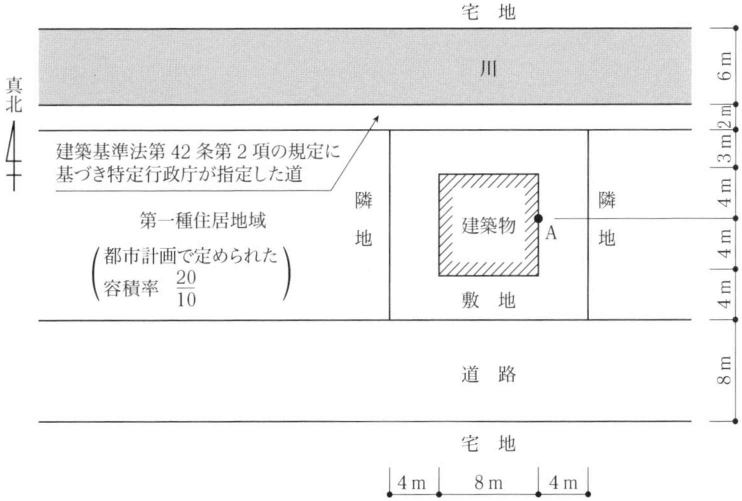

問題 3［2014 - Ⅱ - 問 17］

図のような敷地において、建築物を新築する場合、建築基準法上、A点における**地盤面からの建築物の高さの最高限度**は、次のうちどれか。ただし、敷地は平坦で、敷地、隣地及び道路の相互間の高低差並びに門及び塀はなく、また、図に記載されているものを除き、地域、地区等及び特定行政庁の指定等はないものとし、日影規制（日影による中高層の建築物の高さの制限）及び天空率は考慮しないものとする。なお、建築物は、全ての部分において、高さの最高限度まで建築されるものとする。

1. 7.5 m
2. 10.0 m
3. 12.5 m
4. 15.0 m
5. 18.0 m

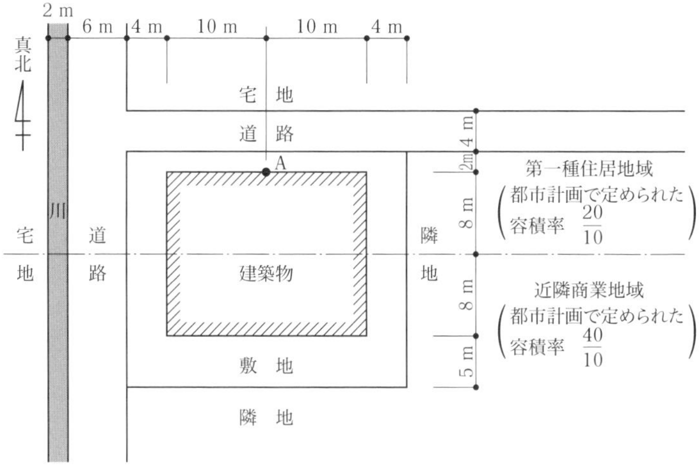

解説 **問題 1** [2020 - II - 問 18] **《正解 3》**

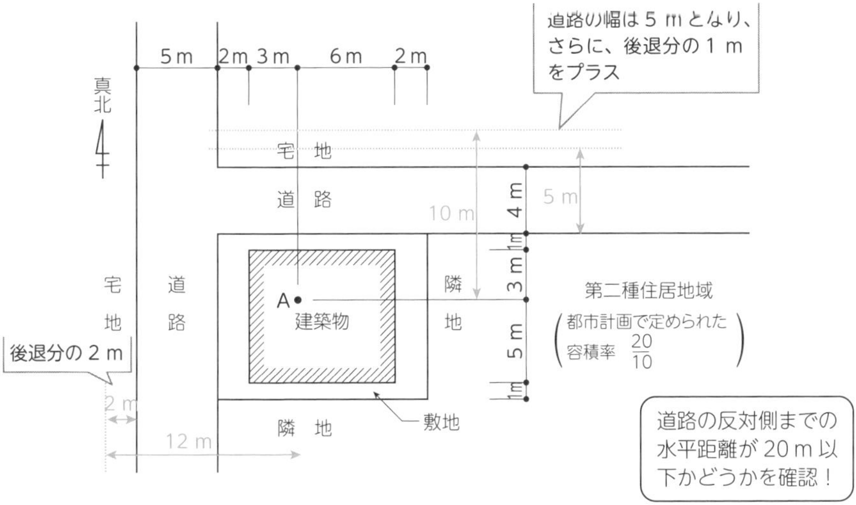

第二種住居地域なので、道路斜線と隣地斜線について検討します。絶対高さと北側斜線の適用はありません。

■ **道路斜線**（法 56 条 1 項一号）について考えてみます。

☑ 法 56 条 6 項、令 132 条 1 項により、前面道路が 2 以上ある場合は、狭い道路についても広い道路の幅員として計算することができます。適用範囲は、広い道路の幅員の 2 倍以内、かつ、35 m以内の区域、もしくは、狭い道路の中心線から 10 mを超える区域。

☑ 法 56 条 2 項より、道路の反対側の境界線は、道路から後退している分だけ外側の線になります。西側道路に対する後退距離は 2 m、北側道路は 1 m

☑ 法別表第 3 より、第二種住居地域（容積率 20/10）は、適用距離が 20 mで、水平距離に掛ける数値は 1.25 です。

西側道路　水平距離は、2 m ＋ 5 m ＋ 2 m ＋ 3 m ＝ 12 m　20 m 以下なので適用距離
高さの限度は　**12 m × 1.25 = 15 m**

北側道路　水平距離は、1 m ＋ 5 m ＋ 1 m ＋ 3 m ＝ 10 m　20 m 以下なので適用距離
高さの限度は　**10 m × 1.25 = 12.5 m**　こちらが厳しい

■ **隣地斜線**（法 56 条 1 項二号）について考えてみます。

第二種住居地域においては、水平距離に 1.25 を掛けて 20 m を加えます。20 m 以上となりますので、A 点の高さの限度は、道路斜線で決定することになります。したがって、A 点の高さの限度は、北側道路に対する道路斜線制限の 12.5 m となります。

解説 **問題 2** ［2019 - II - 問 17］ **《正解 3》**

第一種住居地域なので、道路斜線制限と隣地斜線制限を検討します。

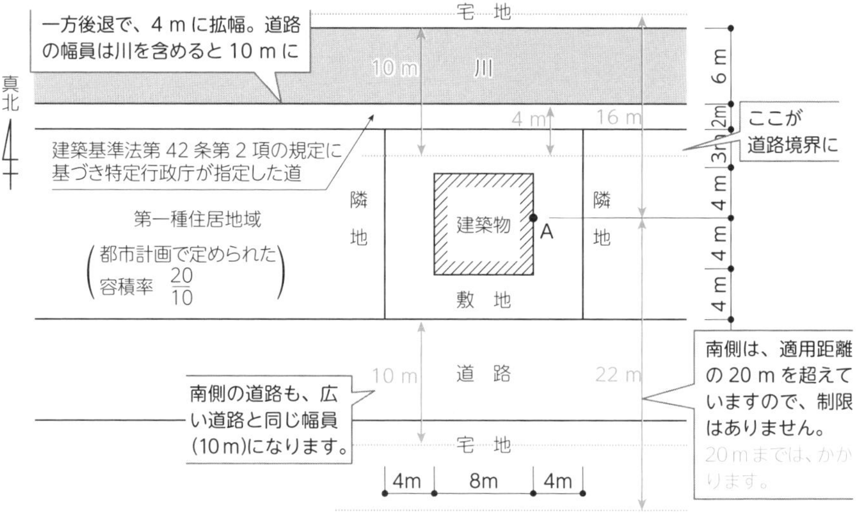

■ **道路斜線**

☑ 北側の道は幅員が 2 mしかありませんので、4 mにする必要があります。反対側は川となっていますので、川と道路の境界線から 4 mの位置が道路境界となります。

敷地は 2 m道路に取られることになります。

☑ 令 134 条 1 項により、前面道路の反対側に公園、水面等がある場合は、前面道路の反対側の境界線は、公園、水面等の反対側の境界線にあるものとみなします。

☑ 令 134 条 2 項により、前面道路が 2 以上ある場合は、狭い道路も広い道路の幅員があるものとして計算をすることができます（北側の道路は、拡幅した道路と川の幅を合わせて 10 mになりますので、広い道路は北側の道路です）。

適用範囲は、広い道路の幅員の 2 倍以内、かつ、35m 以内の区域、もしくは、狭い道路の中心線から 10m を超える区域。

☑ 法 56 条 2 項（後退による緩和）は、北側道路は 1 m、南側は 4 mです。

北側道路による斜線制限　(1 m ＋ 10 m ＋ 1 m ＋ 4 m) × 1.25 ＝ 20 m

南側道路による斜線制限　(4 m ＋ 10 m ＋ 4 m ＋ 4 m) × 1.25 ＝ 27.5 m

法別表第 3 (は) 欄 1 項により、適用距離は 20 mです。A 点は、北側道路からは範囲内にありますが、南側道路については、適用範囲外となります。

■ **隣地斜線**

道路斜線で 20 m となりましたので、検討は不要になります。

したがって、A 点の高さの限度は、北側の道路斜線制限による 20 m です。

解説 **問題 3**［2014－II－問 17］ 《正解 4》

第一種住居地域なので、道路斜線制限と隣地斜線制限を検討します。

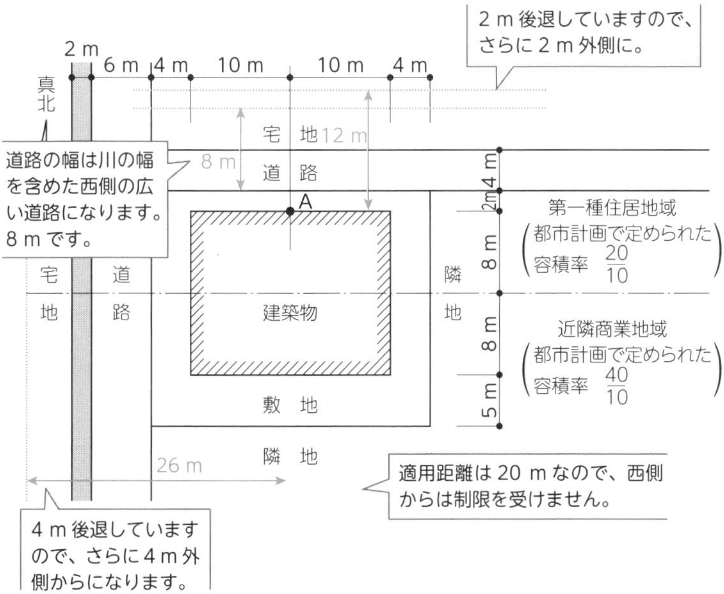

■ **道路斜線**

西側道路の検討　令 134 条 1 項より、前面道路の反対側に公園、広場、水面等がある場合においては、前面道路の反対側の境界線は、公園、広場、水面等の反対側の境界線にあるものとみなします。

(4m + 8m + 4m + 10m) × 1.25 = 32.5 m　ただし、適用範囲外。

北側道路の検討

令 132 条 1 項により、狭い方の道路についても、前面道路の幅員は広い道路幅員と同じ 8 mの幅員があるものとみなします。この場合、川の幅も含まれます。

(2 m + 8 m + 2 m) × 1.25 = 15.0 m

■ **隣地斜線**

道路斜線で 15 mとなりましたので、検討は不要になります。

したがって、A点の高さの限度は、道路斜線制限による 15m となります。

採光 ・・・・・・ 法令集の確認は数値だけに

住宅や学校などの居室には、採光に有効な開口部が必要です。その開口部の面積は、用途地域、居室の種類、居室の面積、開口部から敷地境界までの距離などによって違ってきます。その求め方は法令集に書かれていますが、計算方法は事前に理解しておいてください。問題を解く時は、計算に使う数値を確認する程度にしておきます。

学習のポイント！

- ☑ 居室の床面積に応じて必要な開口部の面積が求まる
  居室の種類によって割合は違う
- ☑ ただし、窓を設ければいいというわけではない
  採光に有効な窓であること
- ☑ 採光有効面積は、**窓の面積×採光補正係数**で求める
- ☑ 採光補正係数は、用途地域によって求め方が違う　住居系は厳しい

✱ 居室の採光　法 28 条

法 28 条には、居室には採光のための窓を設けなさいと書かれています。また、窓の大きさは、床面積に応じてその割合が定められています。

> 住宅の 1/7 については、ここに記載されています。政令ではありません。

（居室の採光及び換気）

第 28 条　住宅、学校、病院、診療所、寄宿舎、下宿その他これらに類する建築物で政令で定めるものの居室（居住のための居室、学校の教室、病院の病室その他これらに類するものとして政令で定めるものに限る。）には、採光のための窓その他の開口部を設け、その採光に有効な部分の面積は、その居室の床面積に対して、住宅にあつては 1/7 以上、その他の建築物にあつては 1/5 から 1/10 までの間において政令で定める割合以上としなければならない。・・・

令 19 条 1 ～ 3 項（居室の採光）⇒○○

令 20 条（有効面積の算定方法）⇒○○

……略……

4　ふすま、障子その他随時開放することができるもので仕切られた 2 室は、前 3 項の規定の適用については、1 室とみなす。

> 窓が取れない部屋は、取れる部屋と並べて、面積を合計して計算できます。

ここの内容は覚えてください。採光の問題は直接施行令に飛ぶようにしましょう。

✱ 採光に必要な開口部の床面積に対する割合　令19条

居室に対して必要な窓の面積（有効な部分）の求め方です。例えば、幼稚園の教室が50 m^2 の場合、必要な窓の面積は、50 m^2 × 1/5 = 10 m^2 となります。

第19条（学校、病院、児童福祉施設等の居室の採光）

3　法第28条第1項に規定する学校等における居室の窓その他の開口部で採光に有効な部分の面積のその床面積に対する割合は、それぞれ次の表に掲げる割合以上でなければならない。……

	居室の種類	割合
(1)	幼稚園、小学校、中学校、義務教育学校、高等学校、中等教育学校又は幼保連携型認定こども園の教室	$\frac{1}{5}$
(2)	前項第一号に掲げる居室	
(3)	病院又は診療所の病室	$\frac{1}{7}$
(4)	寄宿舎の寝室又は下宿の宿泊室	
(5)	前項第三号及び第四号に掲げる居室	
(6)	(1) に掲げる学校以外の学校の教室	$\frac{1}{10}$
(7)	前項第五号に掲げる居室	

14 m^2 の部屋（住宅）の場合は、この2つの窓で2 m^2 の採光に有効な窓が必要です。
14 m^2 × $\frac{1}{7}$ = 2 m^2

窓は複数設けて基準をクリアしてもOKです。学校の教室って、窓が多かったですよね。
また、この規定は居室に対するものなので、居室でない部屋(便所や納戸など)には適用されません。

肝心の「採光に有効な部分の面積」とは、どういうことでしょうか。

✱ 採光有効面積の算定　令20条1項

> (有効面積の算定方法)
> 第20条　法第28条第1項に規定する居室の窓その他の開口部(以下この条において「開口部」という。)で採光に有効な部分の面積は、当該居室の開口部ごとの面積に、それぞれ採光補正係数を乗じて得た面積を合計して算定するものとする。……

つまり、採光に有効な面積は、開口部の面積×採光補正係数ということです。これは覚えてください。

✱ 採光関係比率とは

採光補正係数の前に、採光関係比率について確認しておきましょう。

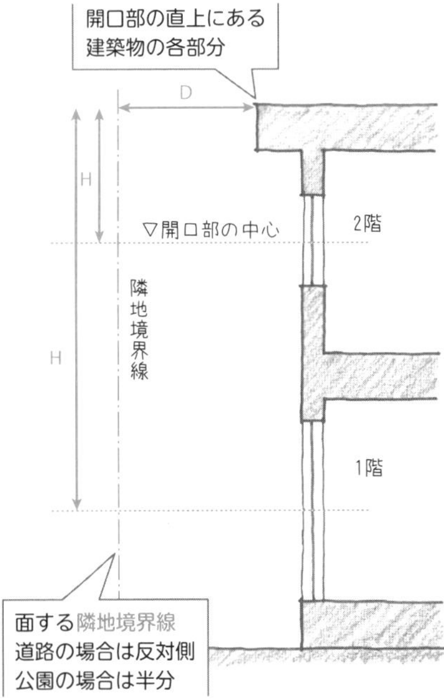

> 一　第一種低層住居専用地域、……
> 隣地境界線……又は同一敷地内の他の建築物……若しくは当該建築物の他の部分に面する開口部の部分で、その開口部の直上にある建築物の各部分……からその部分の面する隣地境界線(開口部が、道……に面する場合にあつては当該道の反対側の境界線とし、公園、広場、川その他これらに類する空地又は水面に面する場合にあつては当該公園、広場、川その他これらに類する空地又は水面の幅の1/2だけ隣地境界線の外側にある線とする。)又は同一敷地内の他の建築物若しくは当該建築物の他の部分の対向部までの水平距離(以下この項において「水平距離」という。)を、その部分から開口部の中心までの垂直距離で除した数値のうちの最も小さい数値(以下「採光関係比率」という。)

上の図の「D/H」が採光関係比率です。1階と2階で値が違います。

＊ 採光補正係数を求める　令20条2項

採光補正係数の求め方は、住居系地域、工業系地域、商業系地域、この3に分けて定められています。

> 第20条（有効面積の算定方法）
>
> 一　**第一種低層住居専用地域、第二種低層住居専用地域、第一種中高層住居専用地域、第二種中高層住居専用地域、第一種住居地域、第二種住居地域、準住居地域又は田園住居地域**　隣地境界線……略……までの水平距離（以下この項において「水平距離」という。）を、その部分から開口部の中心までの垂直距離で除した数値のうちの最も小さい数値（以下「採光関係比率」という。）に6.0を乗じた数値から1.4を減じて得た算定値（次のイからハまでに掲げる場合にあつては、それぞれイからハまでに定める数値）
>
> イ　開口部が道に面する場合であつて、当該算定値が1.0未満となる場合 1.0
>
> ロ　開口部が道に面しない場合であつて、水平距離が7m以上であり、かつ、当該算定値が1.0未満となる場合 1.0
>
> ……略……

住居系の8つの地域については、$D/H \times 6 - 1.4$　となります。

開口部が道に面する場合、補正係数は1.0が保証されます。
また、水平距離が7mある場合も、1.0が保証されています。

窓の面積が2m²で、採光補正係数が2の場合、採光に有効な部分の面積は4m²になりますね。

> 二　**準工業地域、工業地域又は工業専用地域**　採光関係比率に8.0を乗じた数値から1.0を減じて得た算定値（次のイからハまでに掲げる場合にあつては、それぞれイからハまでに定める数値）
>
> イ　開口部が道に面する場合であつて、当該算定値が1.0未満となる場合 1.0
>
> ロ　開口部が道に面しない場合であつて、水平距離が5m以上であり、かつ、当該算定値が1.0未満となる場合 1.0
>
> ……略……

工業系地域の場合、計算式は$D/H \times 8 - 1.0$　となります。

工業系地域の場合は、水平距離が5mあれば、1.0が保証されます。

三　近隣商業地域、商業地域又は用途地域の指定のない区域　採光関係比率に 10 を乗じた数値から 1.0 を減じて得た算定値（次のイからハまでに掲げる場合にあつては、それぞれイからハまでに定める数値）

イ　開口部が道に面する場合であつて、当該算定値が 1.0 未満となる場合 1.0

ロ　開口部が道に面しない場合であつて、水平距離が 4 m 以上であり、かつ、当該算定値が 1.0 未満となる場合 1.0

……略……

商業系地域の場合、計算式は $D/H \times 10 - 1.0$ となります。

商業系地域の場合は、水平距離が 4 m あれば、1.0 が保証されます。

✱ 算定方法　その他の決まりごと　令 20 条 2 項

令 20 条 2 項には、次のようなかっこ書きとただし書きがあります。

天窓は側窓より多くの光が入るので 3 倍有効。

第 20 条（有効面積の算定方法）

2　前項の採光補正係数は、次の各号に掲げる地域又は区域の区分に応じ、それぞれ当該各号に定めるところにより計算した数値（天窓にあつては当該数値に 3.0 を乗じて得た数値、その外側に幅 90 cm 以上の縁側（ぬれ縁を除く。）その他これに類するものがある開口部にあつては当該数値に 0.7 を乗じて得た数値）とする。ただし、採光補正係数が 3.0 を超えるときは、3.0 を限度とする。

和室などの外側に縁側や廊下などがある場合は、0.7 倍と減ってしまいます。

3.0 より大きくなった場合は、3.0 となります。

採光補正係数については、逆算もできるようになっておく必要があります。
例えば、採光補正係数が 3 で、窓の面積が $2 m^2$ の場合、有効面積は $6 m^2$ になりますので住宅の場合は、$6 m^2 \times 7$ で $42 m^2$ の居室を計画することができます。
また、採光補正係数を 2 にするためには、水平距離はいくら必要か？という問題も出題されます。

✱ 居室の換気　法 28 条

106 ページでは省略しましたが、法 28 条には換気についても規定があります。

換気の場合は、建物用途や地域に関係なく、一律で 1/20 です。係数などもありません。

第 28 条（居室の採光及び換気）

2　居室には換気のための窓その他の開口部を設け、その換気に有効な部分の面積は、その居室の床面積に対して、1/20 以上としなければならない。ただし、政令で定める技術的基準に従つて換気設備を設けた場合においては、この限りでない。

令 20 条の 2（換気設備の技術的基準）⇒○○

3　別表第 1（い）欄（1）項に掲げる用途に供する特殊建築物の居室又は建築物の調理室、浴室その他の室でかまど、こんろその他火を使用する設備若しくは器具を設けたもの（政令で定めるものを除く。）には、政令で定める技術的基準に従つて、換気設備を設けなければならない。

令 20 条の 2（換気設備の技術的基準）⇒○○

令 20 条の 3 第 1 項（除かれる火気使用室）⇒○○

令 20 条の 3 第 2 項（火気使用室の換気設備）⇒○○

4　ふすま、障子その他随時開放することができるもので仕切られた 2 室は、前 3 項の規定の適用については、1 室とみなす。

2 室を 1 室にして考えることができるのは、採光と同じです。

換気設備の技術的基準は 2 項と 3 項で同じ令 20 条の 2 ですが、特殊建築物だけ、少し扱いが違います。

（換気設備の技術的基準）

第 20 条の 2　法第 28 条第 2 項ただし書の政令で定める技術的基準及び同条第 3 項……の政令で定める特殊建築物（第一号において「特殊建築物」という。）の居室に設ける換気設備の技術的基準は、次のとおりとする。

一　換気設備の構造は、次のイからニまで（特殊建築物の居室に設ける換気設備にあつては、ロからニまで）のいずれかに適合するものであること。

特殊建築物の居室については、ロからニまでとなっています。イは自然換気設備となっていますが、イは含まれていませんので注意してください。特殊建築物の居室では適合しないです。

問題1 ［2017－Ⅱ－問5］

準工業地域内において、図のような断面を有する住宅の1階の居室の開口部(幅1.5 m、面積3.0 m^2)の「採光に有効な部分の面積」として、建築基準法上、**正しい**ものは、次のうちどれか。

1. 4.8 m^2
2. 6.3 m^2
3. 9.0 m^2
4. 11.0 m^2
5. 12.0 m^2

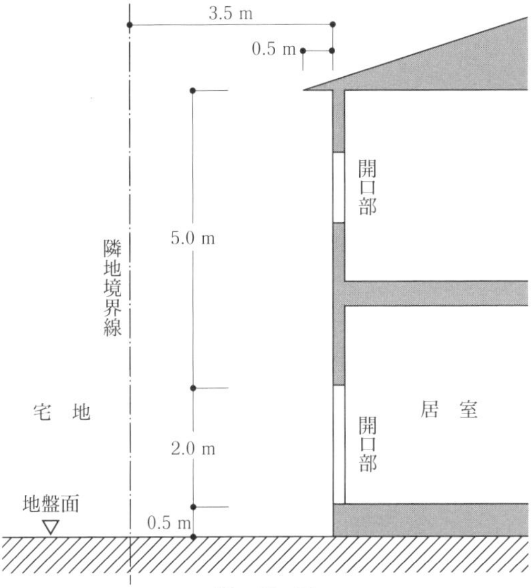

断面図

解説
動画

問題 2［2020－Ⅱ－問 5］

近隣商業地域内において、図のような断面を有する住宅の 1 階に居室（開口部は幅 1.5 m、面積 3.0 m² とする。）を計画する場合、建築基準法上、有効な採光を確保するために、隣地境界線から後退しなければならない**最小限度の距離** X は、次のうちどれか。ただし、居室の床面積は 21 m² とし、図に記載されている開口部を除き、採光に有効な措置については考慮しないものとする。

1. 1.0 m
2. 1.2 m
3. 1.5 m
4. 1.8 m
5. 2.0 m

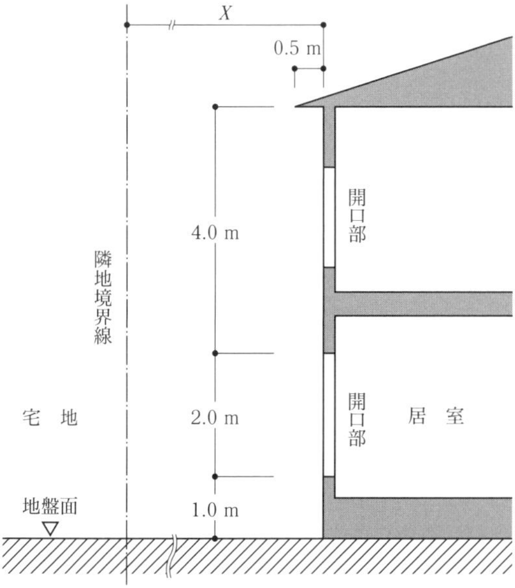

断面図

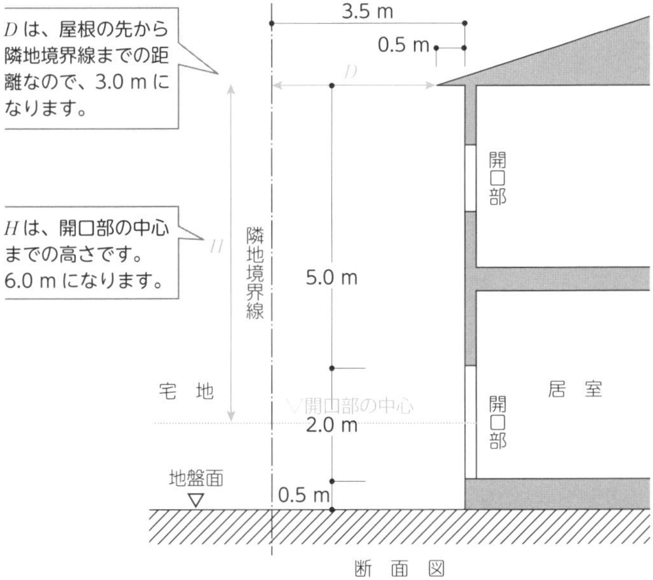

これは覚えてしまおう！

令 20 条 1 項により、採光に有効な部分の面積は、開口部の面積×採光補正係数です。
開口部の面積は問題より 3.0 m^2
採光補正係数の求め方は、準工業地域の場合、$\dfrac{D}{H} \times 8 - 1.0$

D：隣地境界線までの水平距離
H：開口部の中心までの垂直距離

これも、できれば覚えたい。

よって、$\dfrac{3}{6} \times 8 - 1 = 3$

採光に有効な部分の面積は、3.0 m^2 × 3 = 9.0 m^2 となります。

D と H の値は、法令集を見なくても問題の図を見てすぐにわかるようになってください

解説 問題 2 ［2020－Ⅱ－問 5］ 《正解 3》

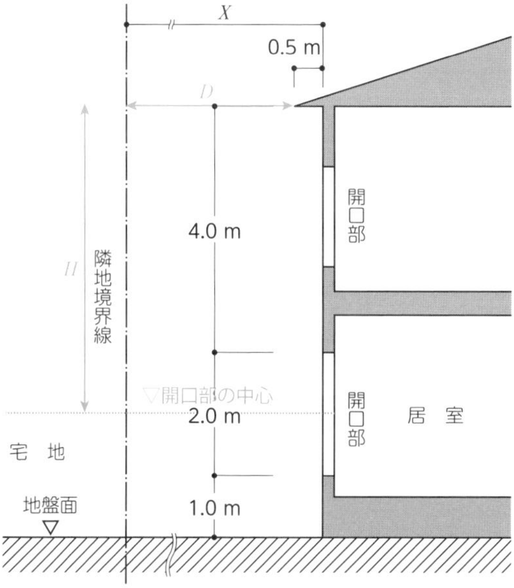

断 面 図

法 28 条 1 項により、住宅の居室には、床面積の 1 / 7 以上の開口部（採光に有効な窓）が必要です。

居室の床面積は問題より 21 m^2 なので、**21 ÷ 7** で、3m^2 の採光に有効な開口部が必要になります。

採光に有効な開口部の面積の求め方は、開口部の実際の面積×採光補正係数　です。

ここで、実際の窓の面積は 3 m^2 なので、採光補正係数は、1 以上であればよいと判断できます。

近隣商業地域の採光補正係数の求め方は、令 20 条 2 項三号より、$\frac{D}{H} \times 10 - 1.0$

設問の図より D と H を代入すると　⇒　$\frac{X - 0.5}{5} \times 10 - 1.0$

D は X から 0.5 mを引いた値です。また、H は開口部の中心までの高さになります。

この式が＝ 1（つまり、採光補正係数が 1）になる X の値を求めれば答えが出ます。

X は、1.5 m となります。

木造……壁量の計算

地震や風圧力などの水平力に対して抵抗する耐力壁。建築基準法では、この耐力壁について必要な量が規定されています。ここではその求め方を学んでいきます。

学習のポイント！

- ☑ 木造の建築物には耐力壁が必要　地震や風などに対抗するためです
- ☑ 必要な量の算定には、地震力用と風圧力用の２つがある　算定方法を覚える
- ☑ それぞれ求めて、量が多い方を採用する
- ☑ そして、この計算は、張り間方向とけた行方向ともに行なう
- ☑ 耐力壁は、種類（強さ）によって倍率が定められている
- ☑ ２倍強い壁を用いると、壁量は２倍になる　逆に言うと半分で済む

＊ 構造耐力上必要な軸組等　令46条

木造の建築物は、それぞれの方向について、耐力壁をバランスよく配置させなさいと言っています。

（構造耐力上必要な軸組等）

第46条　構造耐力上主要な部分である壁、柱及び横架材を木造とした建築物にあつては、すべての方向の水平力に対して安全であるように、各階の張り間方向及びけた行方向に、それぞれ壁を設け又は筋かいを入れた軸組を釣合い良く配置しなければならない。

……略……

４　階数が２以上又は延べ面積が 50 m² を超える木造の建築物においては、第１項の規定によつて各階の張り間方向及びけた行方向に配置する壁を設け又は筋かいを入れた軸組を、それぞれの方向につき、次の表１の軸組の種類の欄に掲げる区分に応じて当該軸組の長さに同表の倍率の欄に掲げる数値を乗じて得た長さの合計が、その階の床面積……に次の表２に掲げる数値……を乗じて得た数値以上で、かつ、その階（その階より上の階がある場合においては、当該上の階を含む。）の見付面積（張り間方向又はけた行方向の鉛直投影面積をいう。以下同じ。）からその階の床面からの高さが 1.35 m以下の部分の見付面積を減じたものに次の表３に掲げる数値を乗じて得た数値以上となるように、国土交通大臣が定める基準に従つて設置しなければならない。

一度読んだくらいではちょっと頭に入ってこないですね、まずは、表 1 から順に確認していきましょう。表 1 は軸組の種類とその倍率です。

表 1

	軸組の種類	倍率
(1)	土塗壁又は木ずりその他これに類するものを柱及び間柱の片面に打ち付けた壁を設けた軸組	0.5
(2)	木ずりその他これに類するものを柱及び間柱の両面に打ち付けた壁を設けた軸組	1
	厚さ 1.5 cm 以上で幅 9 cm 以上の木材又は径 9㎜以上の鉄筋の筋かいを入れた軸組	
(3)	厚さ 3cm 以上で幅 9 cm 以上の木材の筋かいを入れた軸組	1.5
(4)	厚さ 4.5cm 以上で幅 9 cm 以上の木材の筋かいを入れた軸組	2
(5)	9 cm 角以上の木材の筋かいを入れた軸組	3
(6)	(2) から (4) までに掲げる筋かいをたすき掛けに入れた軸組	(2) から (4) までのそれぞれの数値の 2 倍
(7)	(5) に掲げる筋かいをたすき掛けに入れた軸組	5
(8)	その他 (1) から (7) までに掲げる軸組と同等以上の耐力を有するものとして国土交通大臣が定めた構造方法を用いるもの又は国土交通大臣の認定を受けたもの	0.5 から 5 までの範囲内において国土交通大臣が定める数値
(9)	(1) 又は (2) に掲げる壁と (2) から (6) までに掲げる筋かいとを併用した軸組	(1) 又は (2) のそれぞれの数値と (2) から (6) までのそれぞれの数値との和

表 1 のポイント!

1 倍率が 2 の軸組は壁量が 2 倍になる
2 筋かいは、たすき掛けにすると 2 倍になる
3 軸組を併用すると、倍率も足すことができる
4 倍率は 5 が限度　5 を超えると 5 になる

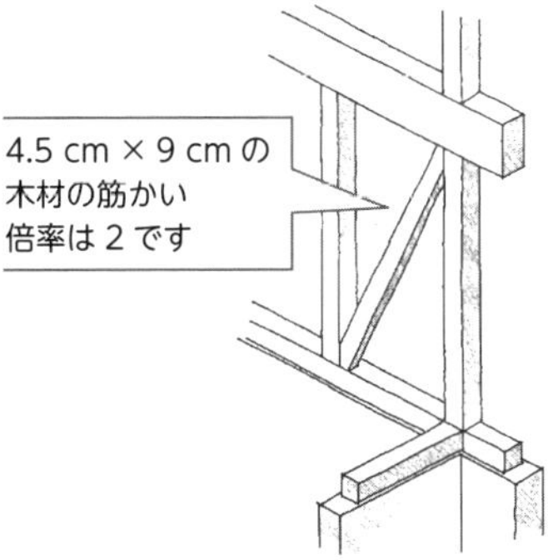

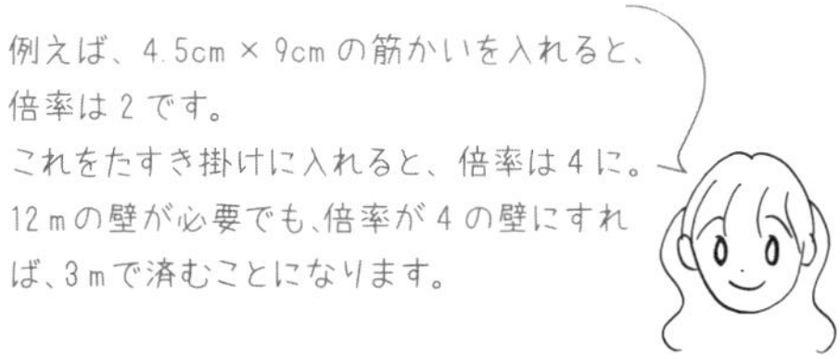

例えば、4.5cm × 9cm の筋かいを入れると、
倍率は 2 です。
これをたすき掛けに入れると、倍率は 4 に。
12 m の壁が必要でも、倍率が 4 の壁にすれば、3 m で済むことになります。

壁の倍率はわかりました。次は、必要な壁の長さです。表２を見てみます。

表２

建築物	階の床面積に乗ずる数値（単位　cm/m²）					
	階数が１の建築物	階数が２の建築物の１階	階数が２の建築物の２階	階数が３の建築物の１階	階数が３の建築物の２階	階数が３の建築物の３階
第 43 条第１項の表の（1）又は（3）に掲げる建築物	15	33	21	50	39	24
第 43 条第１項の表の（2）に掲げる建築物	11	29	15	46	34	18
この表における階数の算定については、地階の部分の階数は、算入しないものとする。						

（1）は重たい建物、（3）は瓦葺（重たい屋根）の建物などです。
（2）はスレート葺きなど、軽い屋根の建物になります。

例えば、木造２階建てスレート葺きの建物の１階部分に必要な壁量は、上の表２より、床面積に乗ずる数値が 29（cm/m²）となっていますので、１階の床面積を仮に 50 m² とすると、**50 m² × 29 cm/m² = 1,450 cm**　となります。
倍率が２の軸組を使用すると、半分の 725 cm となり、さらに倍率が最大の５の軸組を使用すると、1/5 の 290 cm となります。

表２の数値は、水平力のうち地震力に対しての必要な軸組となっています。
ポイントをまとめておきます。

表２のポイント！

- ☑ 求めた壁量は、張り間方向、けた行方向それぞれに適用される
- ☑ よって、必要な壁量は、張り間方向、けた行方向ともに同じ値になる
- ☑ 重たい建物の方が、表２の数値が大きい。つまり、多くの壁が必要
- ☑ 階数が２や３の場合は、下の階ほど数値が大きくなる

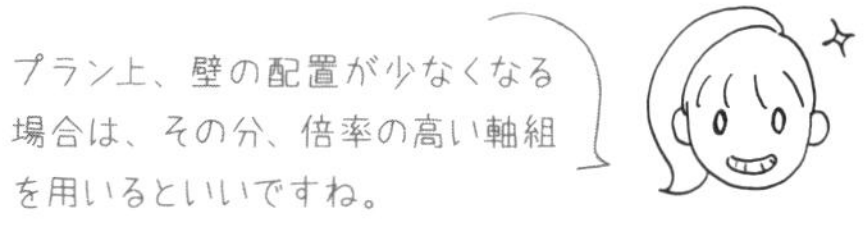

プラン上、壁の配置が少なくなる
場合は、その分、倍率の高い軸組
を用いるといいですね。

最後は表 3 です。先ほどは地震力に対する壁量でしたが、今度は、風圧力に対する壁量です。風圧力に対する壁量は、張り間方向とけた行方向で違う値になってきますよ。

表 3

	区域	**見付面積に乗ずる数値（単位　cm/m²）**
（1）	特定行政庁がその地方における過去の風の記録を考慮してしばしば強い風が吹くと認めて規則で指定する区域	50 を超え、75 以下の範囲内において特定行政庁がその地方における風の状況に応じて規則で定める数値
（2）	（1）に掲げる区域以外の区域	50

ここで、もう一度条文を見てみると、

> その階（その階より上の階がある場合においては、当該上の階を含む。）の見付面積（張り間方向又はけた行方向の鉛直投影面積をいう。以下同じ。）からその階の床面からの高さが 1.35 m 以下の部分の見付面積を減じたものに次の表 3 に掲げる数値を乗じて得た数値以上……

式にするとこうなります。

けた行方向の壁量　= **張り間方向の見付面積**（床から 1.35 mより上）**×表 3 の数値**
張り間方向の壁量　= **けた行方向の見付面積**（床から 1.35 mより上）**×表 3 の数値**

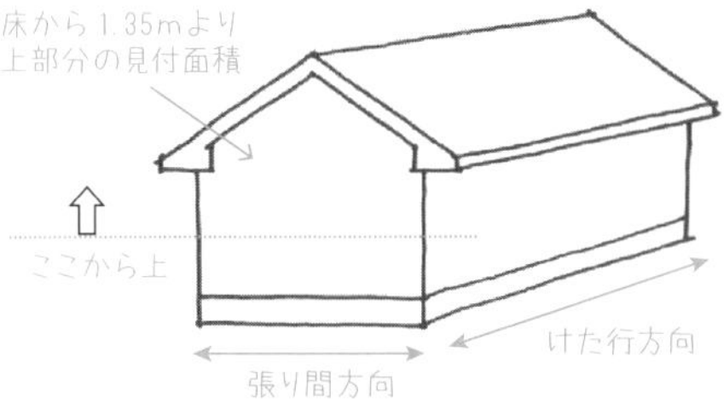

張り間方向の面に当
たる風は、けた行
方向の壁で抵抗する
んですね。

水平力のうち風圧力に対しての必要な軸組のポイントです。

表 3 の ポイント!

☑ けた行方向に必要な壁は、張り間方向の見付面積により求める
☑ 張り間方向に必要な壁は、けた行方向の見付面積により求める
☑ 必要な壁量は、張り間方向とけた行方向で違う
見付面積が違うため
☑ 通常は、張り間方向の壁量が多くなる
けた行の方が見付面積が大きいため

問題1 ［2018－Ⅱ－問6］

図のような立面を有する瓦葺屋根の木造2階建て、延べ面積140 m^{2}の建築物に設ける構造耐力上必要な軸組を、厚さ4.5 cm×幅9 cmの木材の筋かいを入れた軸組とする場合、1階の張り間方向の当該軸組の長さの合計の最小限必要な数値として、建築基準法上、**正しい**ものは、次のうちどれか。ただし、小屋裏等に物置等は設けず、区域の地盤及び風の状況に応じた「地震力」及び「風圧力」に対する軸組の割増はないものとし、国土交通大臣が定める基準に従った構造計算は行わないものとする。

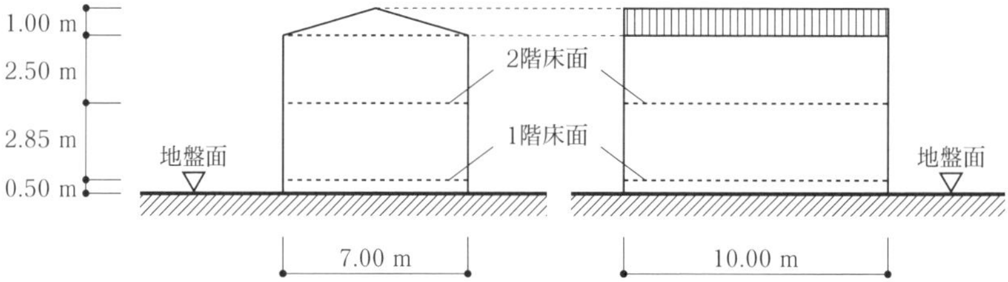

1. 1,015.0 cm
2. 1,155.0 cm
3. 1,250.0 cm
4. 1,375.0 cm
5. 1,587.5 cm

問題 2 [2017－II－問 6]

図のような平面を有する木造平家建ての倉庫の構造耐力上必要な軸組の長さを算定するに当たって、張り間方向と桁行方向における「壁を設け又は筋かいを入れた軸組の部分の長さに所定の倍率を乗じて得た長さの合計 (構造耐力上有効な軸組の長さ)」の組合せとして、建築基準法上、**正しい**ものは、次のうちどれか。

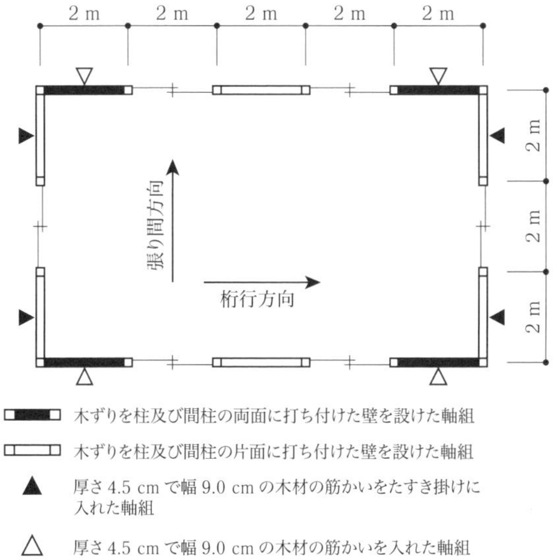

	構造耐力上有効な軸組の長さ	
	張り間方向	桁行方向
1.	20 m	42 m
2.	24 m	40 m
3.	32 m	18 m
4.	36 m	26 m
5.	40 m	24 m

解説 **問題 1** [2018－II－問 6] **《正解 3》**

令 46 条 4 項より、必要な軸組の長さは、地震力によるものと風圧力によるものを計算して比較し、その値の大きい方が、必要な軸組の長さとなります。
軸組は、厚さ 4.5 cm ×幅 9 cm の木材の筋かいなので、表 1（4）より倍率は 2 です。
2 倍の倍率なので、壁の長さは半分で済みます。

地震力による必要な軸組の長さ

表 2 より 1 階の床面積に 33 を乗じます。
70 m^2 × 33 cm/m^2 ＝ 2,310 cm　　これが半分になりますので、1,155 cm
この長さは張り間方向もけた行方向も同じです。

風圧力による必要な軸組の長さ

張り間方向に必要な軸組の長さなので、けた行方向（右側）の図の見付面積を求めます。
（1 ＋ 2.5 ＋ 2.85 − 1.35）× 10 ＝ 50m^2　床から 1.35 mより上の部分です。
この 50 m^2 に、表 3（2）の数値である 50 を乗じます。
50m^2 × 50 cm/m^2 ＝ 2,500 cm　これを半分にしますので、1,250 cm

1,155 cm と 1,250 cm を比べて大きい方が必要な軸組となりますので、1,250 cm が必要な軸組の長さとなります。

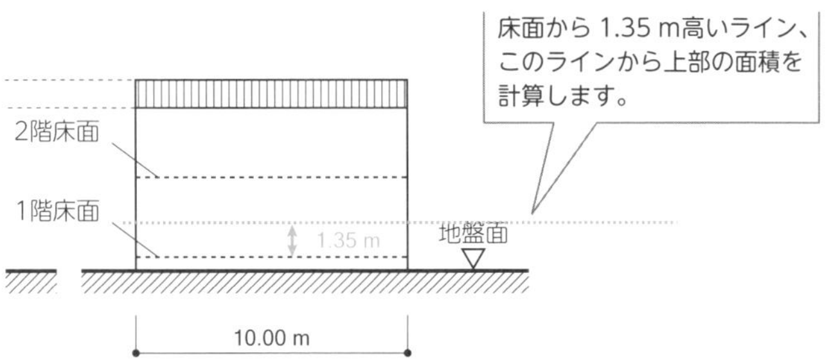
床面から 1.35 m高いライン、
このラインから上部の面積を
計算します。
2階床面
1階床面
1.35 m
地盤面
10.00 m

118 ページと 119 ページのポイントは、
構造の問題でも出てきますので、
覚えておいてください。

解説 **問題 2** [2017 - II - 問 6] 《正解 4》

令 46 条 4 項より、構造耐力上有効な軸組の長さは、**軸組の長さ × 倍率** です。
倍率は、表 1 より確認することができます。
また、軸組を併用した場合は、それぞれの数値の和とすることができます（最大は 5)。

A：木ずりを柱及び間柱の両面に打ち付けた壁を設けた軸組の倍率は、1.0
B：木ずりを柱及び間柱の片面に打ち付けた壁を設けた軸組の倍率は、0.5
C：D の筋かいをたすき掛けに入れた軸組の倍率は、4.0
D：厚さ 4. 5 cm で幅 9. 0 cm の木材の筋かいを入れた軸組の倍率は、2.0

張り間方向の構造耐力上有効な軸組の長さ
B と C を併用した壁（壁倍率の合計は 4.5）が合計 8 m ありますので
8 m × 4.5 = 36 m

けた行方向の構造耐力上有効な軸組の長さ
A と D を併用した壁（壁倍率の合計は 3.0）が合計 8 m なので
8 m × 3 = 24 m
B の壁（壁倍率 0.5）が合計 4 m なので、4 m × 0.5 = 2 m
合計 26 m

従って、正しい組み合わせは 4 となります。

内装制限 ……受けないものは次のもの以外って!?

「壁紙はおしゃれなデザインにしたいのに。」いえいえ、内装制限というのは、そこが制限されるわけではありません。燃えにくい材料を使ってください。ということです。特に、人が集まるところ、そして、火災が起きやすかったり、大きな火災につながりそうな建物が対象です。

学習のポイント!
- ☑ 内装制限を受ける建物かそうでないかの判断ができるようになる
- ☑ 使用しなければならない材料の判断ができるようになる
  準不燃か難燃か

＊ 特殊建築物等の内装 法35条の2

（特殊建築物等の内装）
第35条の2 別表第1（い）欄に掲げる用途に供する特殊建築物、階数が3以上である建築物、政令で定める窓その他の開口部を有しない居室を有する建築物、延べ面積が1,000 m² をこえる建築物又は建築物の調理室、浴室その他の室でかまど、こんろその他火を使用する設備若しくは器具を設けたものは、政令で定めるものを除き、政令で定める技術的基準に従つて、その壁及び天井（天井のない場合においては、屋根）の室内に面する部分の仕上げを防火上支障がないようにしなければならない。

令128条の4（制限を受けない建築物）⇒○○

別表第1（い）欄に掲げるとか、階数が3以上とか、延べ面積が1,000 m² を超える建築物とか書かれていますが、問題を解く時にこの条文を見ることはほとんどありません。政令で定めるものを除き、と書かれたこの政令（令128条の4）を開けるようにしてください。

令128条の4にはインデックスシールが貼ってありますよね。内装制限の問題だと思ったら、すぐにそのインデックスに手を掛けましょう。

＊ 内装制限を受けない特殊建築物等　令128条の4

ここに掲げるもの以外が受けないので、ここに書いてあるものが、内装制限を受けると考えてください。

（制限を受けない特殊建築物等）

第128条の4　法第35条の2の規定により政令で定める特殊建築物は、次に掲げるもの以外のものとする。

一　次の表に掲げる特殊建築物

構造／用途		主要構造部を耐火構造とした建築物又は法第二条第九号の三イに該当する建築物（一時間準耐火基準に適合するものに限る。）	法第二条第九号の三イ又はロのいずれかに該当する建築物（一時間準耐火基準に適合するものを除く。）	その他の建築物
(1)	法別表第1（い）欄（1）項に掲げる用途	客席の床面積の合計が400 m^2 以上のもの	客席の床面積の合計が100 m^2 以上のもの	客席の床面積の合計が100 m^2 以上のもの
(2)	法別表第一（い）欄（2）項に掲げる用途	当該用途に供する三階以上の部分の床面積の合計が300 m^2 以上のもの	当該用途に供する二階の部分（病院又は診療所については、その部分に患者の収容施設がある場合に限る。）の床面積の合計が300 m^2 以上のもの	当該用途に供する部分の床面積の合計が200 m^2 以上のもの
(3)	法別表第一（い）欄（4）項に掲げる用途	当該用途に供する三階以上の部分の床面積の合計が1,000 m^2 以上のもの	当該用途に供する二階の部分の床面積の合計が500 m^2 以上のもの	当該用途に供する部分の床面積の合計が200 m^2 以上のもの

二　自動車車庫又は自動車修理工場の用途に供する特殊建築物

三　地階又は地下工作物内に設ける居室その他これらに類する居室で法別表第一（い）欄（1）項、(2) 項又は（4）項に掲げる用途に供するものを有する特殊建築物

二号と三号については、用途だけ書かれています。床面積は関係ありません。

ここも、以外のものです。つまり、2 項では、階数が 3 で延べ面積が 500 m^2 を超えるものが内装制限の規定を受けるということです。ただし、学校については、内装の制限を受けません。

2　法第 35 条の 2 の規定により政令で定める階数が 3 以上である建築物は、延べ面積が 500m^2 を超えるもの（学校等の用途に供するものを除く。）以外のものとする。

3　法第 35 条の 2 の規定により政令で定める延べ面積が 1,000 m^2 を超える建築物は、階数が 2 で延べ面積が 1,000 m^2 を超えるもの又は階数が 1 で延べ面積が 3,000 m^2 を超えるもの（学校等の用途に供するものを除く。）以外のものとする。

4　法第 35 条の 2 の規定により政令で定める建築物の調理室、浴室その他の室でかまど、こんろその他火を使用する設備又は器具を設けたものは、階数が 2 以上の住宅（住宅で事務所、店舗その他これらに類する用途を兼ねるものを含む。以下この項において同じ。）の用途に供する建築物（主要構造部を耐火構造としたものを除く。）の最上階以外の階又は住宅の用途に供する建築物以外の建築物（主要構造部を耐火構造としたものを除く。）に存する調理室、浴室、乾燥室、ボイラー室、作業室その他の室でかまど、こんろ、ストーブ、炉、ボイラー、内燃機関その他火を使用する設備又は器具を設けたもの（次条第 6 項において「内装の制限を受ける調理室等」という。）以外のものとする。

最上階でない住宅の台所、そして、住宅以外の調理室（他、火を使用する室）は、内装制限を受けることになります。

結局、令 128 条の 4 に書かれているものは、内装制限を受けるということになりますね。ほとんどの場合で、〇〇 m^2 以上や超えるという表現になっていますので、制限がかかる方だと考えていいと思います。

✱ 特殊建築物等の内装　令 128 条の 5

令 128 条の 4 は、内装制限がかかる建物でしたが、令 128 条の 5 では、内装の材料についての規定が書かれています。

（特殊建築物等の内装）

第 128 条の 5　前条第 1 項第一号に掲げる特殊建築物は、当該各用途に供する居室（法別表第 1（い）欄（2）項に掲げる用途に供する特殊建築物が主要構造部を耐火構造とした建築物又は法第二条第九号の三イに該当する建築物である場合にあつては、当該用途に供する特殊建築物の部分で床面積の合計 100 m^2（共同住宅の住戸にあつては、200 m^2）以内ごとに準耐火構造の床若しくは壁又は法第 2 条第九号の二ロに規定する防火設備で区画されている部分の居室を除く。）の壁（床面からの高さが 1.2 m 以下の部分を除く。第 4 項において同じ。）及び天井（天井のない場合においては、屋根。以下この条において同じ。）の室内に面する部分（回り縁、窓台その他これらに類する部分を除く。以下この条において同じ。）の仕上げを第一号に掲げる仕上げと、当該各用途に供する居室から地上に通ずる主たる廊下、階段その他の通路の壁及び天井の室内に面する部分の仕上げを第二号に掲げる仕上げとしなければならない。

一　次のイ又はロに掲げる仕上げ

イ　難燃材料（三階以上の階に居室を有する建築物の当該各用途に供する居室の天井の室内に面する部分にあつては、準不燃材料）でしたもの

ロ　イに掲げる仕上げに準ずるものとして国土交通大臣が定める方法により国土交通大臣が定める材料の組合せによつてしたもの

二　次のイ又はロに掲げる仕上げ

イ　準不燃材料でしたもの

ロ　イに掲げる仕上げに準ずるものとして国土交通大臣が定める方法により国土交通大臣が定める材料の組合せによつてしたもの

居室部分と居室から外へ出るまでの通路部分で材料が違っています。
通路部分の方が、燃えにくい材料にする必要があります。
また、別表（2）項の耐火建築物や準耐火建築物で防火区画されたものは除かれています。そして、壁については、床から 1.2 m の部分も除かれていますね。

不燃＞準不燃＞難燃（不燃が一番燃えにくい）
この関係は知っておいてください。
難燃材料のところを準不燃材料にすることは
もちろん OK です。

問題 1［2019－Ⅱ－問 11］

次の建築物のうち、その構造及び床面積に関係なく建築基準法第 35 条の 2 の規定による**内装の制限を受ける**ものはどれか。ただし、自動式の消火設備及び排煙設備は設けられていないものとする。

1. 病院
2. 学校
3. 物品販売業を営む店舗
4. 自動車修理工場
5. 観覧場

問題 2［2018－Ⅱ－問 11］

建築基準法第 35 条の 2 の規定による内装の制限に関する次の記述のうち、建築基準法上、**誤っている**ものはどれか。ただし、準不燃材料に準ずるものとして国土交通大臣が定める方法により国土交通大臣が定める材料の組合せによってしたものは使用せず、居室は、内装の制限を受ける「窓その他の開口部を有しない居室」に該当しないものとする。また、自動式の消火設備及び排煙設備は設けないものとし、耐火性能検証法、防火区画検証法、階避難安全検証法、全館避難安全検証法及び国土交通大臣の認定による安全性の確認は行わないものとする。

1. 地階に物品販売業を営む店舗（床面積が 50 m^2）が設けられた特殊建築物は、内装の制限を受ける。
2. 自動車修理工場の用途に供する部分の壁及び天井の室内に面する部分の仕上げは、準不燃材料としなければならない。
3. 主要構造部を耐火構造とした 2 階建ての店舗併用住宅の 1 階にある火を使用する設備を設けた調理室は、内装の制限を受けない。
4. 耐火建築物である病院の 3 階にある内装の制限を受ける病室（床面積の合計 100 m^2 以内ごとに準耐火構造の壁等で区画されていないものとする。）の壁の室内に面する部分にあっては、準不燃材料としなければならない。
5. 内装の制限を受ける居室の天井の回り縁は、内装の制限の対象とはならない。

解説
動画

問題 3［2020－Ⅱ－問 11］

建築基準法第 35 条の 2 の規定による内装の制限に関する次の記述のうち、建築基準法上、**誤っている**ものはどれか。ただし、内装の制限を受ける「窓その他の開口部を有しない居室」及び「内装の制限を受ける調理室等」はないものとする。また、自動式の消火設備及び排煙設備は設けないものとする。

1. 内装の制限を受ける居室の天井の回り縁は、内装の制限の対象とはならない。
2. 自動車車庫は、その構造及び規模にかかわらず、内装の制限を受ける。
3. 地階に設ける居室で飲食店の用途に供するものを有する特殊建築物は、その構造及び規模にかかわらず、内装の制限を受ける。
4. 延べ面積 250 m^2 の障害者支援施設で、当該用途に供する部分の床面積の合計が 180 m^2 のものは、内装の制限を受けない。
5. 主要構造部を耐火構造とした 3 階建て、延べ面積 600 m^2 の学校は、内装の制限を受ける。

問題 4［2017－Ⅱ－問 11］

建築基準法第 35 条の 2 の規定による内装の制限に関する次の記述のうち、建築基準法上、**誤っている**ものはどれか。ただし、居室は、内装の制限を受ける「窓その他の開口部を有しない居室」に該当しないものとする。また、自動式の消火設備及び排煙設備は設けないものとし、耐火性能検証法、防火区画検証法、階避難安全検証法、全館避難安全検証法及び国土交通大臣の認定による安全性の確認は行わないものとする。

1. 内装の制限を受ける 2 階建ての有料老人ホームの当該用途に供する居室の壁及び天井の室内に面する部分の仕上げには、難燃材料を使用することができる。
2. 患者の収容施設がある 2 階建ての準耐火建築物の診療所で、当該用途に供する部分の床面積の合計が 200 m^2 のものは、内装の制限を受けない。
3. 平家建て、延べ面積 25 m^2 の自動車車庫は、内装の制限を受けない。
4. 木造 3 階建て、延べ面積 150 m^2 の一戸建て住宅の 3 階にある火を使用する設備を設けた調理室は、内装の制限を受けない。
5. 主要構造部を耐火構造とした学校は、その規模にかかわらず、内装の制限を受けない。

解説 **問題１** [2019－Ⅱ－問 11] **《正解４》**

1. 令 128 条の４第１項一号表（2）

   病院は、法別表第１(い) 欄 (2) 項の用途に供する特殊建築物です。構造及び床面積によって内装制限を受けます。

   問題は、構造及び床面積に関係なく受けるものなので、該当しません。

2. 令 128 条の４第１項～３項

   学校は、令 128 条の４第１項一号の特殊建築物に該当しません。また、学校等は、令 128 条の４第２項及び第３項から除かれていますので、内装制限を受けません。

   学校は、令 126 条の２第１項二号より学校等に含まれます。

3. 令 128 条の４第１項一号表（3）

   物品販売業を営む店舗は、令 115 条の３第三号より、法別表第１(い) 欄 (4) 項の用途に類する特殊建築物です。構造及び床面積によって内装制限を受けます。

4. 令 128 条の４第１項二号

   自動車修理工場は、その構造及び床面積に関係なく、原則として、内装制限を受けます。

5. 令 128 条の４第１項一号表 (1)

   観覧場は、法別表第１(い) 欄 (1) 項の用途に供する特殊建築物です。建築物の構造に応じて、床面積が一定以上のものは内装制限を受けます。

○○㎡以上が受ける。という場合は、面積に関係していますので、答えにはならないですよ。

解説 **問題2** [2018－Ⅱ－問11] 《正解4》

1. 令128条の4第1項三号
地階の居室で、法別表第1（い）欄（1）項、（2）項又は（4）項に掲げる用途に供するものを有する特殊建築物は、内装制限を受けます。正しい。
物品販売業を営む店舗（床面積が10 m^{2}以内のものを除く。）は、令115条の3第三号により、別表第1(い)欄(4)項に掲げる特殊建築物。
2. 令128条の5第2項
前条1項二号に掲げる建築物（自動車車庫又は自動車修理工場）は、地上に通ずる通路の壁及び天井の室内に面する部分の仕上げについて、前項二号に掲げる仕上げとしなければなりません。正しい。
3. 令128条の4第4項のかっこ書き
主要構造部を耐火構造とした住宅や店舗などは、内装の制限を受ける調理室から除かれていますので、内装の制限は受けません。
4. 令128条の5第1項
設問の病院の病室は、その壁及び天井の室内に面する部分の仕上げを、同項一号イ（難燃材料でしたもの）又はロ（イに掲げる仕上げに準ずるものとして国土交通大臣が定める方法により国土交通大臣が定める材料の組合せによってしたもの）に掲げる仕上げとしなければなりません。準不燃材料とはしなくてもいいので誤りです。なお、設問は、3階建てなので、同号イかっこ書により、天井の室内に面する部分にあっては、準不燃材料としなければなりません。
病院は、法別表第1（い）欄（2）項に掲げる特殊建築物。
5. 令128条の5第1項のかっこ書き
回り縁は除かれています。したがって、内装制限の対象とはなりません。

解説 **問題 3** [2020－Ⅱ－問 11] **《正解 5 》**

1. 令 128 条の 5 第 1 項かっこ書き
   回り縁は、内装制限を受ける天井の室内に面する部分から除かれています。
2. 令 128 条の 4 第 1 項二号
   自動車車庫は、その構造及び規模にかかわらず、原則として、内装制限を受けます。
3. 令 128 条の 4 第 1 項三号
   飲食店は、法別表第 1（4）項の用途に供する特殊建築物です。したがって、地階に設ける当該特殊建築物は、その構造及び規模にかかわらず、内装制限を受けます。
4. 令 128 条の 4 第 1 項一号表（2）
   障害者支援施設は、令 19 条 1 項の児童福祉施設等に該当し、令 115 条の 3 第一号より、法別表第 1（2）項に類する特殊建築物です。したがって、令 128 条の 4 第 1 項一号表（2）に該当しますが、設問の施設の規模は 180 m^2 なので、内装制限を受けません。
   設問の内容からは構造がわかりませんが、最小が 200 m^2 なので、受けないと判断することができます。
5. 令 128 条の 4 第 1 項～ 3 項
   学校等は、令 128 条の 4 第 1 項一号の特殊建築物に該当せず、また同条 2 項及び 3 項の規模の建築物からも除かれていますので、内装制限は受けません。誤り。

解説 **問題4** [2017 - II - 問 11] **《正解 3》**

1. 令 128 条の 5 第 1 項一号イ
   有料老人ホームは、法別表第 1（い）欄（2）項の用途に供する特殊建築物です。居室の壁及び天井は、難燃材料とする必要があります。
2. 令 128 条の 4 第 1 項一号の表
   患者の収容施設がある診療所は、法別表第 1（い）欄（2）項の用途に供する特殊建築物ですが、設問の建築物は準耐火建築物なので、300 m^2 以上が内装制限を受けます。したがって、正しい。準耐火建築物は、128 条の 4 第 1 項の表の真ん中の列です。
3. 令 128 条の 4 第 1 項二号
   自動車車庫は、面積にかかわらず内装の制限を受けます。誤り。
4. 令 128 条の 4 第 4 項
   階数が 2 以上の住宅の最上階にある調理室は、内装制限を受けません。
5. 令 128 条の 4 第 1 項～ 3 項
   学校等は、第 1 項の特殊建築物に該当していません。また 2 項及び 3 項からも除かれていますので、内装の制限は受けません。

学校が内装制限を受けないということは、問題をいくつか問いてみると、勝手に覚えてしまいますね。
それと、自動車車庫と自動車修理工場は、面積にかかわらず受ける、ということも覚えておくといいです。

法令集 その2　**読み方**

第１条はない!?

条文は、「第１条１項一号」という構成になっています。号だけ漢数字です。また、２項や３項には、２、３という数字がありますが、１項にはありません。これは、第１項がないのではなく、１という数字が省略されているのです。

第６条　〇〇〇〇〇〇
　一　〇〇〇〇〇〇　⇒　第６条１項一号
　二　〇〇〇〇〇〇
　三　〇〇〇〇〇〇

２　〇〇〇〇〇〇　⇒　第６条２項

３　〇〇〇〇〇〇
　一　〇〇〇〇〇〇
　二　〇〇〇〇〇〇
　三　〇〇〇〇〇〇　⇒　第６条３項三号

第７条　〇〇〇〇〇〇

「以上」と「超える」の違い

「100 m^2 以上」の場合は、100 m^2 を含み、「100 m^2 を超える」の場合は、100 m^2 を含みません。以下と未満も同じで、以下は 100 m^2 を含み、未満の場合は 100 m^2 を含みません。

「かつ」というのは、両方が満たされているということです。「A かつ B」の場合は、A にも B にも該当している必要があります。

条文には以上と超えるが混在しています。
きちんと判断しないと問題を解く時に間違えてしまいますので、気を付けてください。

第三章

学科Ⅲ（構造）のつまずきポイント

断面係数とは何なのか、断面二次モーメントを求める公式はどうして$bh^3/12$になるのか、座屈荷重になぜヤング係数が関係しているのか。これらは、構造の専門家を目指す人は別ですが、この試験に合格するためだけでしたら、理解する必要はありません。
この問題は何を求めているのか、それを求めるにはどのような公式を使って、どのような手順で解けばいいのか、それだけ覚えれば、正解を導き出すことはできます。この試験はマークシートです。５つの選択肢の中から答えを１つ選ぶことができれば得点できます。構造力学については特に、そのことを意識してください。
問題に慣れてくると、その問題に掲載されている図と５つの選択肢を見るだけで、その問題の内容がわかり、答えを導き出すことができるようになります。

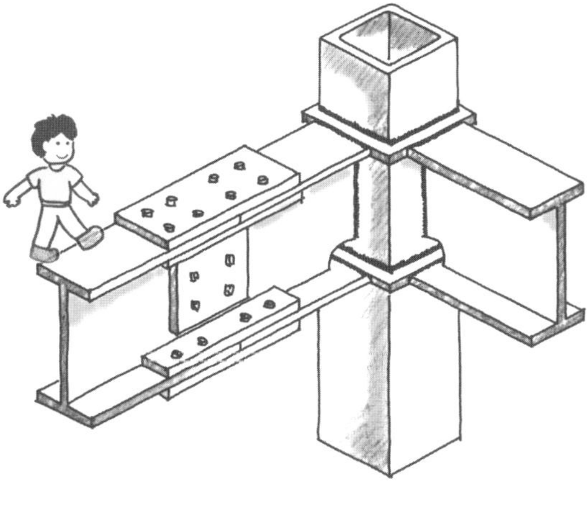

木構造の壁 ⋯⋯ 4 分割法を知る

地震力や風圧力などの水平力に対して、建物が倒れないようにするにために耐力壁を設けましょうという規定が施行令 46 条に定められています。どのくらいの耐力壁が必要であるかが具体的に示されていますが、耐力壁は必要な分を設ければそれでいいという訳ではありません。バランスよく配置させることが必要です。その確認を 4 分割法によって行ないます。4 分割法は告示で定められています。

学習のポイント！

- ☑ 建物には耐力壁が必要　その量は法令で定められている
- ☑ 必要な耐力壁は、張り間方向とけた行方向それぞれ求める
- ☑ 耐力壁は、偏って配置させるのは好ましくない　建物がねじれる
- ☑ そのため、4 分割法によってバランスを確認する
- ☑ 4 分割法の仕組み（考え方）を理解し、方法を覚える
- ☑ 途中で出てくる専門用語は、覚えなくても大丈夫

＊ 4 分割法のやり方

Step 1　建物を 4 等分する。

けた行方向の長さ ÷ 4　と　張り間方向の長さ ÷ 4

Step 2　必要壁量を求める。4 等分したうちの両端の 2 つについて

必要壁量とは、令 46 条で定められる必要な壁量

令 46 条の数値は覚えてなくても、問題は解けます。

Step 3　存在壁量を求める。

存在壁量とは、実際に存在している壁量（問題で設定されます）

Step 4　充足率を求める。

充足率とは、必要な量に対して、どれだけ充たされているか。

計算式は、**存在壁量 / 必要壁量**

Step 5　壁率比（バランス）を求める。

壁率比とは、2 つの充足率の比。大きい方を分母にする。**壁率比（小）/ 壁率比（大）**

Step 6　壁率比が 1/2 以上であることを確かめる。

倍以上の差があると、バランスが取れていないということです。

ただし、充足率が 1 以上の場合は、必要な壁量以上取れていますので、壁率比は 1/2 以下となっても構いません。

✱ 4分割法をやってみる

次の建物において、張り間方向の耐力壁の計画が適切か適切でないかを判断します。

1 マスは 1.8 m × 1.8 m

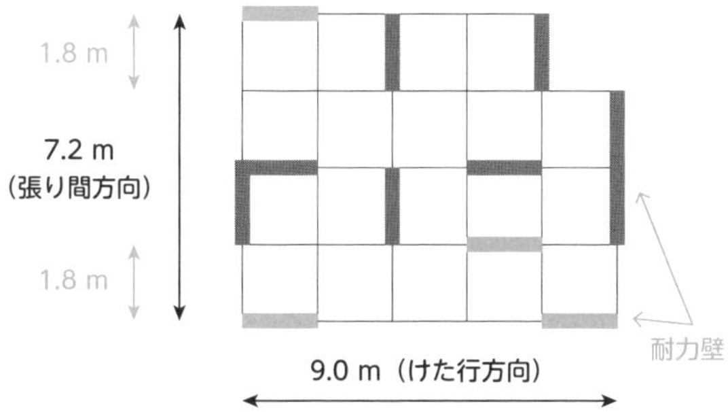

Step 1　建物を 4 等分する

張り間方向の 1/4 は 1.8 m

ちなみに、けた行方向は 2.25 m となります。

Step 2　必要壁量を求める

必要壁量は、面積に応じて求めます。例えば、床面積 1 m^2 に対して 0.15 m などです。0.15 m / m^2 は、平家で瓦葺き屋根の場合

上の水色部分について、必要な壁量は、

1.8 m × 7.2 m × 0.15 m/m^2 **= 1.944 m**

下の水色部分は、**1.8 m × 9 m ×** 0.15 m /m^2 **= 2.43 m**

Step 3　存在壁量を求める　図の水色の壁

上の水色部分の存在壁量は、**1.8 m × 1 つ分= 1.8 m**

下の水色部分の存在壁量は、**1.8 m × 3 つ分= 5.4 m**

Step 4　充足率を求める

上部分の充足率は、**1.8 m/1.944 m = 0.92**

下部分の充足率は、**5.4 m/2.43 m = 2.22**

この充足率が両方 1 以上あると、1/4 部分に壁が必要以上あるということなので、壁率比は確認する必要はありませんが、0.92 なので、壁率比を確認します。

Step 5　壁率比を求める

0.92/2.22 = 0.41

Step 6　壁率比が 1/2 以上かどうか

0.41 は、1/2（0.5）以下なので、適切ではないということになります。

仮に、下の部分の存在壁量が 2 つ分で 3.6 m だと、充足率は、3.6 m/2.43 m = 1.48

壁率比は、0.92/1.48 = 0.62 で、OK ということになります。

この問題は、割合やバランスを考える問題なので、0.15 という数字は、0.15 でなくても最終結果は同じですよ。

問題1 ［2017－Ⅲ－問11］

木造軸組工法による平家建ての建築物（屋根は日本瓦葺きとする。）において、図に示す平面の耐力壁（図中の太線）の配置計画として、**最も不適当な**ものは、次のうちどれか。ただし、全ての耐力壁の倍率は1とする。

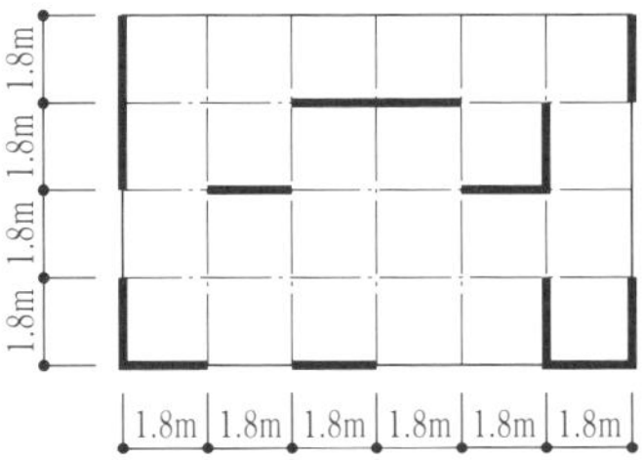

1.

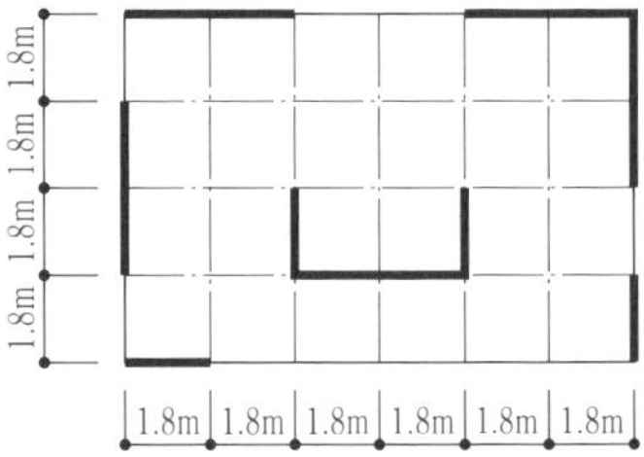

2.

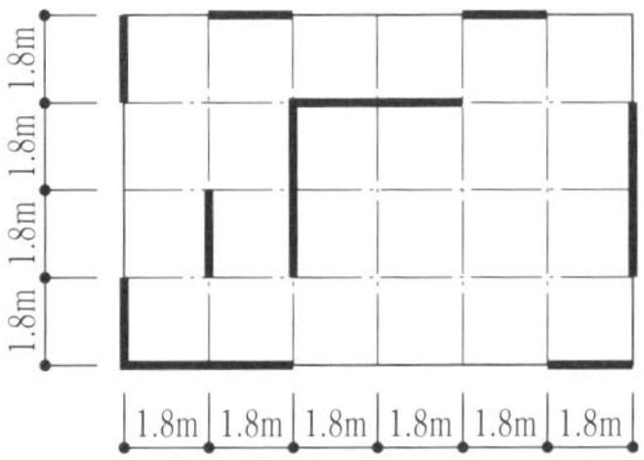

3.

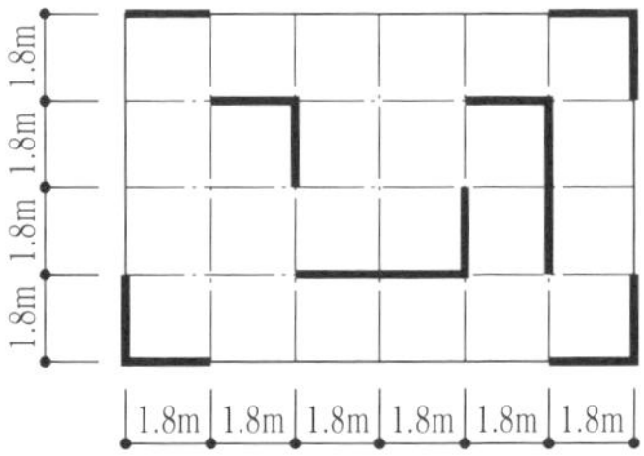

4.

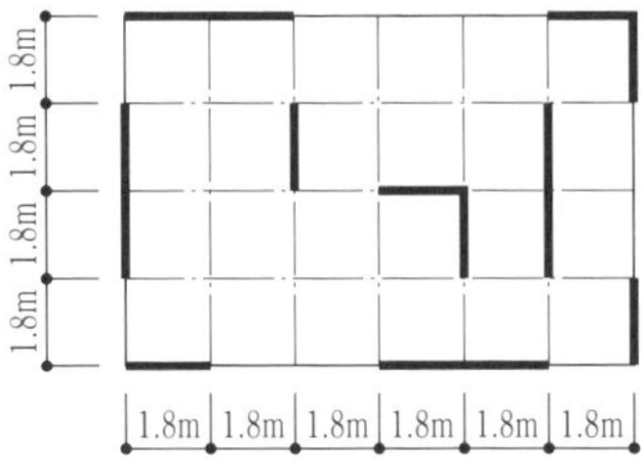

5.

解説
動画

問題 2［2014－Ⅲ－問 11］

木造軸組工法による平家建の建築物（屋根は日本瓦葺きとする。）において、図に示す平面の耐力壁（図中の太線）の配置計画として、**最も不適当な**ものは、次のうちどれか。ただし、全ての耐力壁の倍率は 1 とする。

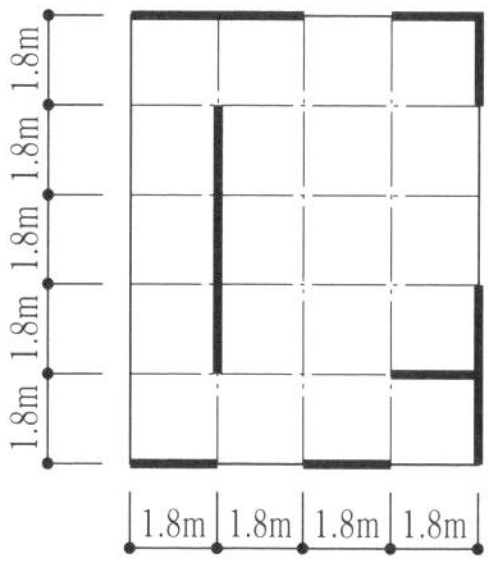

1.

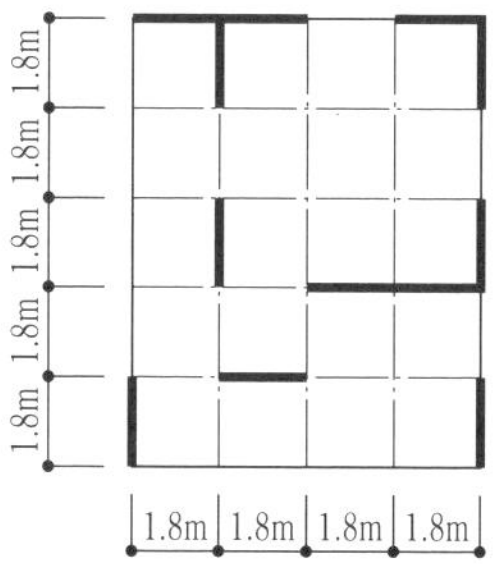

2.

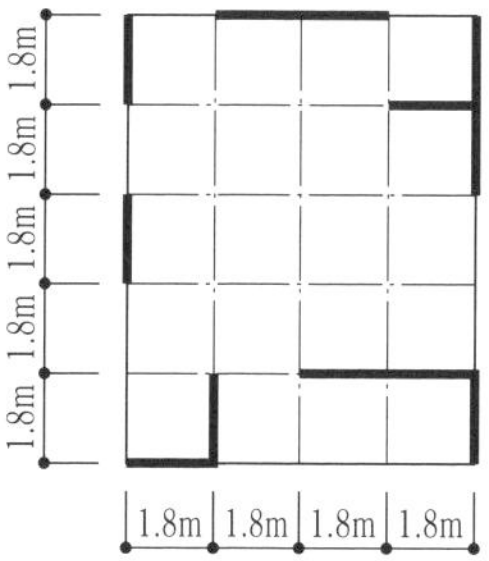

3.

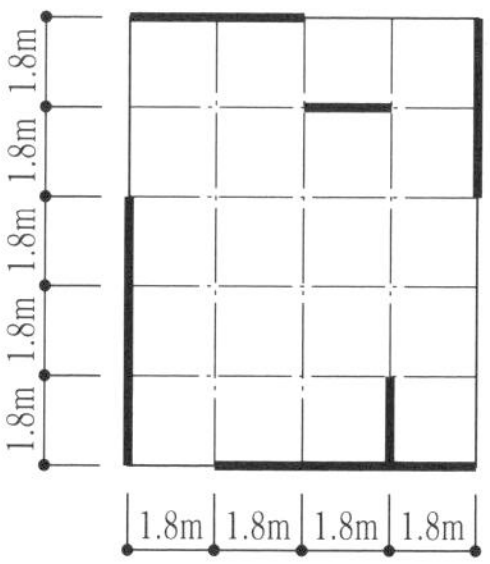

4.

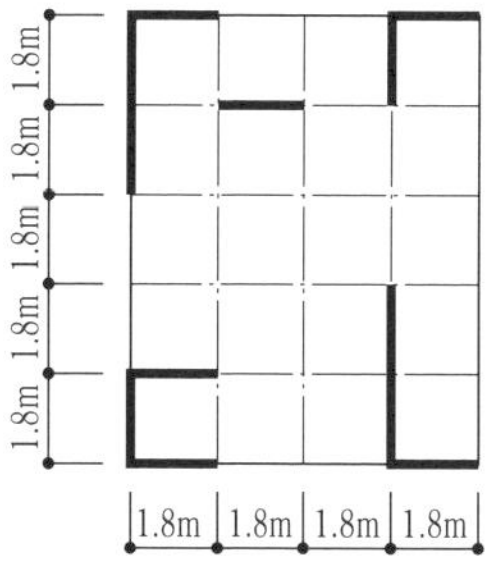

5.

解説 **問題１** ［2017－Ⅲ－問 11］ **《正解４》**

選択肢４の張り間方向（縦方向）の耐力壁について確認してみます。

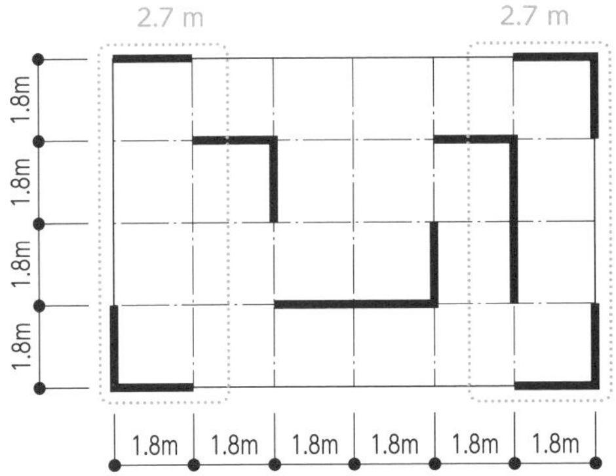

Step 1　建物を４等分する
けた行方向を 1/4 にします。
10.8 m ÷ 4 = 2.7 m

4.

Step 2　必要壁量を求める

必要壁量は、仮に t（m/m²）としておきます。

瓦葺の平家建てなので、実際に必要な数値は 0.15（m/m²）です。

左部分について必要な壁量は、**7.2 m × 2.7 m ×** t（m/m²） **= 19.44** t **m**

右部分も面積が同じなので、19.44 t m

Step 3　存在壁量を求める　張り間方向なので、縦になっている壁

左部分の存在壁量は、**1.8 m × 1 つ分 = 1.8 m**

右部分の存在壁量は、**1.8 m × 4 つ分 = 7.2 m**

Step 4　充足率を求める

左部分の充足率は、**1.8 m/19.44** t **m = 0.0925/**t

右部分の充足率は、**7.2 m/19.44** t **m = 0.37/**t

Step 5　壁比率を求める

$$\frac{\frac{0.0925}{t}}{\frac{0.37}{t}} = 0.25 \Rightarrow \frac{1}{4}$$

ここで t がなくなりますが、はじめからなくても同じ結果になります。0.25 です。

Step 6　壁比率が 1/2 以上かどうか

0.25 は、1/2（0.5）以下なので、適切ではないということになります。

他の選択肢については、張り間方向とけた行方向それぞれ適切に配置されています。

解説 **問題 2** [2014 - III - 問 11]　　**《正解 3》**

選択肢 2 の横方向の耐力壁について確認してみます。

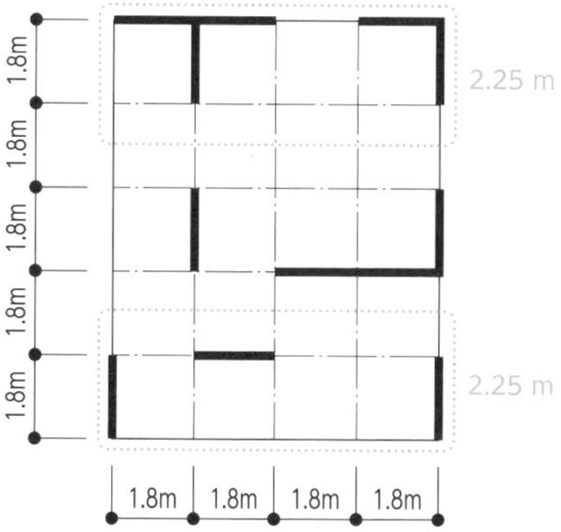

2.

Step 1　建物を 4 等分する
縦方向を 1/4 にします。9.0 m ÷ 4 = 2.25 m

Step 2　必要壁量を求める

問題 1 では仮に t（m/m²）としておきましたが、今回はなしでいきます。

上部分について必要な壁量は、**2.25 m × 7.2 m = 16.2 m**

下部分も同じで、**16.2 m**

Step 3　存在壁量を求める　横向きの壁です

上の部分の存在壁量は、**1.8 m × 3 つ分 = 5.4 m**

下の部分の存在壁量は、**1.8 m × 1 つ分 = 1.8 m**

Step 4　充足率を求める

上部分の充足率は、**5.4 m/16.2 m = 0.333**

下部分の充足率は、**1.8 m/16.2 m = 0.111**

Step 5　壁比率を求める

$$\frac{0.111}{0.333} = 0.333 = \frac{1}{3}$$

比べている面積が同じなので、結局、ここで存在壁量の割合になってしまいます。

Step 6　壁比率が 1/2 以上かどうか

1/2 以下なので、適切ではないということになります。

他の選択肢については、張り間方向とけた行方向それぞれ適切に配置されています。

力のつり合い……力学の基本です！

シーソーに乗って遊んだ経験、誰しもありますよね。もちろん、重たい人が乗った方が下がってしまうのですが、そんな重たい人でも、シーソーの前の方に移動して行くと、シーソーは軽い人の方に傾いていきますよね。そして、あるところではつり合ってしまいます。この考え方が、力のつり合いの基本となります。

学習のポイント！

- ☑ 力には鉛直（上下）方向の力と水平（左右）方向の力、それから回転する力（モーメント）がある。
- ☑ 静止している物体は、それら全ての力のつり合いが取れている。

＊ モーメントとは

スパナでナットを締めるように、ものを回転させる力をモーメントと言います。ナットは、力のある人が締めるほどより強く締まりますし、同じ力でもスパナを持つ位置をナットから離すほど強く締まります。つまり、モーメントは、かける力とその力が作用する位置に関係しています。

モーメント ＝ 力 × 距離

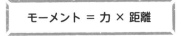

単位は、力の単位 N（ニュートン）と距離の単位 m を掛け合わせて、N・m となります。（又は kN･m）

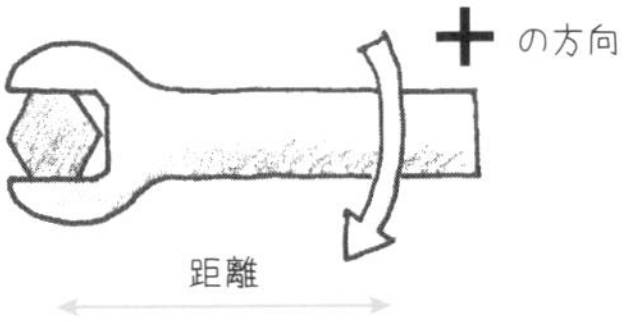

ナットを締める方向（時計回り）をプラス（＋）の方向とします。

例えば下図のような力が A 点に作用している場合、P_1 のモーメントは、20 kN･m で、P_2 のモーメントは－6 kN･m となります。

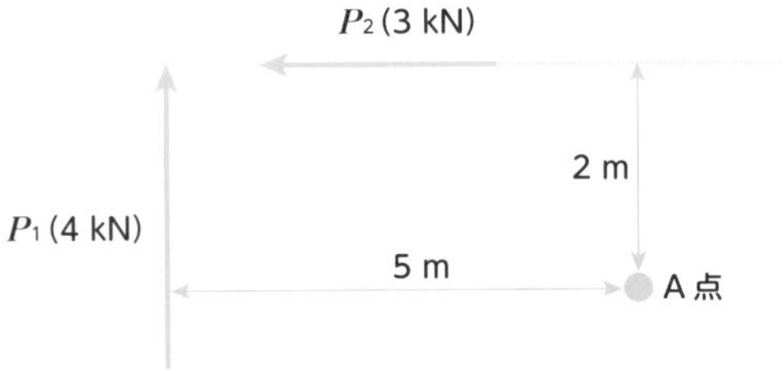

P_2 に対しては、反時計回りなので符号はマイナス（－）となります。また、距離は、その力が作用する線に対して、最短距離（直角）となります。

✱ 力のつり合い方程式

ある物体にいくつかの鉛直方向の力や水平方向の力が作用している場合、物体が静止している以上、それらの力はつり合っていることになります。そして、力のつり合いを式で表すと次のようになります。

$\Sigma X = 0$　水平方向の力のつり合い
$\Sigma Y = 0$　鉛直方向の力のつり合い
$\Sigma M = 0$　モーメントのつり合い

この3つを「力のつり合い方程式」と言います。
Σ（シグマ）は、合計という意味がありますよ。
力がつり合っているということは、合計すると
0になるということです。

下図のように、ある物体にいくつかの力が作用しているケースについて、つり合いを考えてみます。

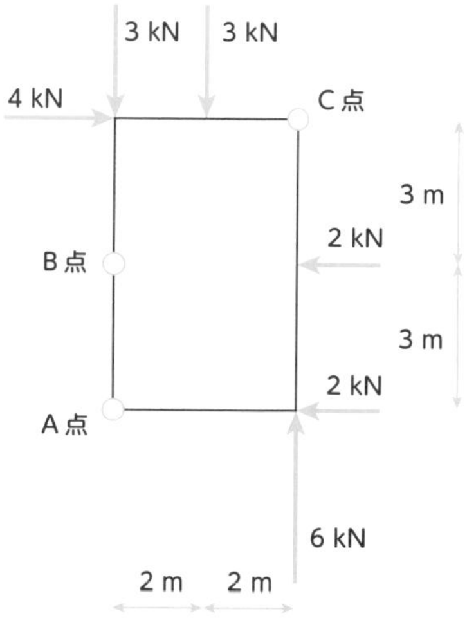

モーメントは、B点を基準に考えても合計は0になりまし、C点を基準に考えても0になります。試してみてください。

$\Sigma X = 0$　水平方向の力のつり合い
左から4 kNの力が作用していて、右からは2 kNの力が2つ作用しています。これを式で表すとこうなります。$4\,\text{kN} - 2\,\text{kN} - 2\,\text{kN} = 0\,\text{kN}$
左から右に向かう力を＋、左向きの力を－とします。
合計が0なのでつり合っています。

$\Sigma Y = 0$　鉛直方向の力のつり合い
上から下に3 kNの力が2つ作用していて、下から上へは6 kNの力が作用しています。式で表すと

$$-3\,\text{kN} - 3\,\text{kN} + 6\,\text{kN} = 0\,\text{kN}$$

上向きの力を＋、下向きの力を－とします。
同じく、合計が0なのでつり合っています。

$\Sigma M = 0$　モーメントのつり合い
A点を基準にモーメントを考えてみます。作用している力は6つありますので、それぞれの力についてモーメントを求めて合計します。

$$4 \times 6 + 3 \times 2 - 2 \times 3 - 6 \times 4 = 0\,\text{kN·m}$$

合計が0になりました。モーメントもつり合っているということになります。
（力の作用線がA点と重なっている場合は、距離が0 mになりますので、モーメントも0になります。したがって、計算式には入っていません。）

問題１［2006－Ⅲ－問 1］

図のような平行な二つの力 P_1、P_2 によるA、B、Cの各点におけるモーメント M_A、M_B、M_C の値の組合せとして、**正しい**ものは、次のうちどれか。ただし、モーメントの符号は、時計回りを正とする。

	M_A	M_B	M_C
1.	24 kN･m	24 kN･m	24 kN･m
2.	24 kN･m	24 kN･m	48 kN･m
3.	24 kN･m	− 24 kN･m	48 kN･m
4.	− 24 kN･m	− 24 kN･m	− 24 kN･m
5.	− 24 kN･m	− 24 kN･m	− 48 kN･m

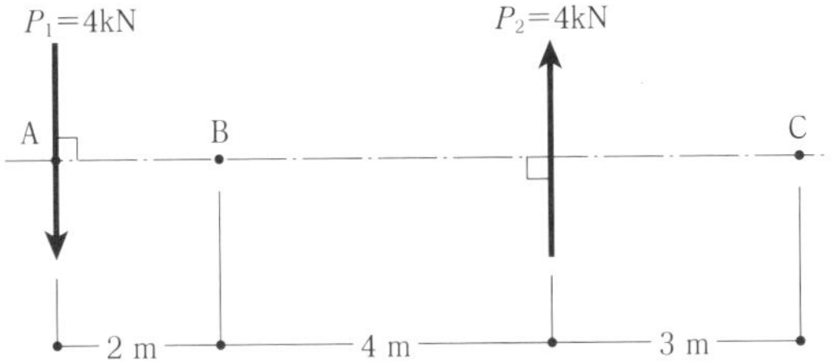

解説
動画

問題２［2007－Ⅲ－問 1］

図のような四つの力 P_1 ～ P_4 が釣り合っているとき、P_4 の値として、**正しい**ものは、次のうちどれか。

1. 2 kN
2. 3 kN
3. 4 kN
4. 5 kN
5. 6 kN

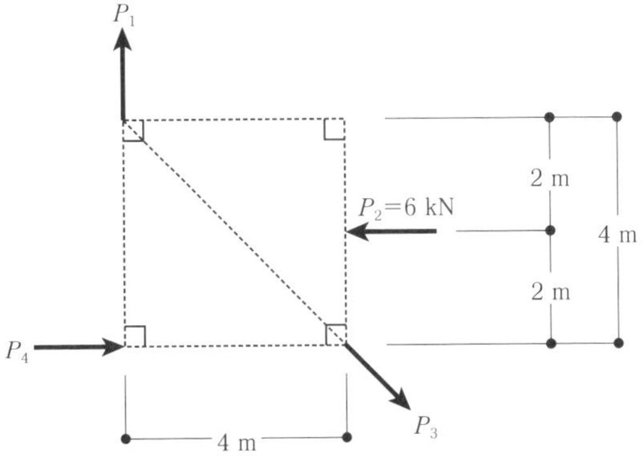

解説
動画

※練習として、P_1 と P_3 の値も求めてみましょう。

問題 3 ［2009 - Ⅲ - 問 1］

図のような平行な二つの力 P_1、P_2 による A、B、C の各点におけるモーメント M_A、M_B、M_C の値の組合せとして、**正しい**ものは、次のうちどれか。ただし、モーメントの符号は、時計回りを正とする。

	M_A	M_B	M_C
1.	+ 27 kN·m	− 3 kN·m	+ 27 kN·m
2.	− 27 kN·m	− 3 kN·m	+ 45 kN·m
3.	+ 27 kN·m	+ 27 kN·m	+ 27 kN·m
4.	+ 27 kN·m	− 27 kN·m	+ 27 kN·m
5.	− 27 kN·m	− 27 kN·m	− 27 kN·m

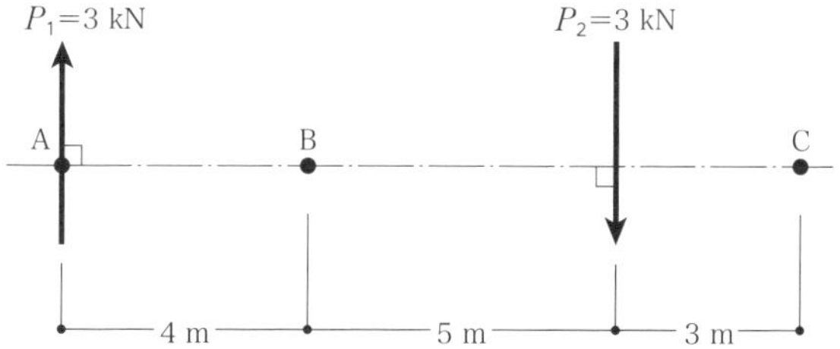

問題 4 ［2008 - Ⅲ - 問 1］

図のような四つの力 P_1 ～ P_4 が釣り合っているとき、P_2 の値として、**正しい**ものは、次のうちどれか。

1. 30 kN
2. 24 kN
3. 18 kN
4. 12 kN
5. 6 kN

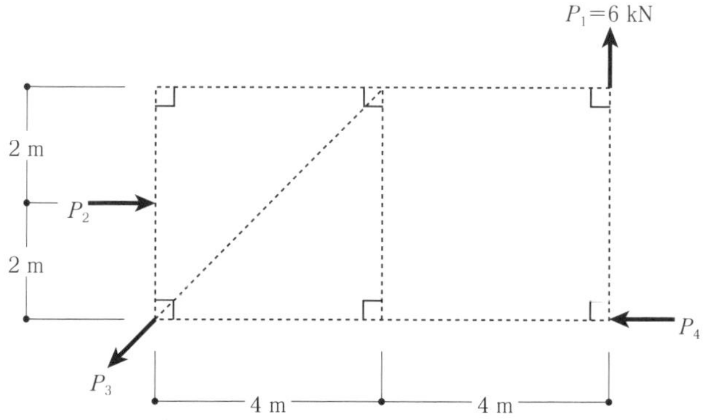

※練習として、P_3 と P_4 の値も求めてみましょう。

解説 **問題1** [2006 - III - 問1] 《正解4》

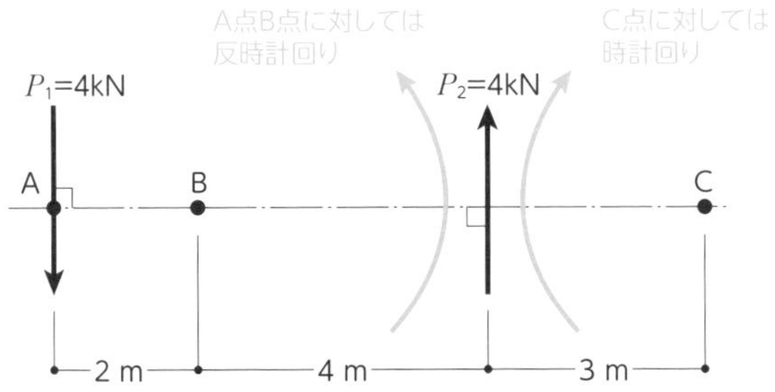

A点やB点を基準に考えると、P_2の力は、反時計回りの方向に力が作用しています。
ですが、C点を基準にすると、P_2の力は時計回りです。

A点におけるモーメント

－4 kN × 6 m＝－24kN·m

P_1については、距離が0 mなので、モーメントも0になります。
P_2は、A点から見ると反時計回りなので、符号が－となります。

B点におけるモーメント

－4 kN × 2 m－4 kN × 4 m＝－24 kN·m

P_1もP_2もB点を基準にすると反時計回りなので、符号は－です。

C点におけるモーメント

－4 kN × 9 m＋4 kN × 3 m＝－24 kN·m

P_1は反時計回りなので－、P_2は時計回りなので＋となります。

この問題、全てのモーメントが同じになりましたが、これは偶然ではありません。P_1とP_2は、作用線が平行で力の大きさが等しく、向きが反対になっています。このような力を偶力と言いますが、偶力が作用している場合は、どの点においてモーメントを求めても値は同じになります。

解説 **問題 2** [2007 - III - 問 1] 《正解 2》

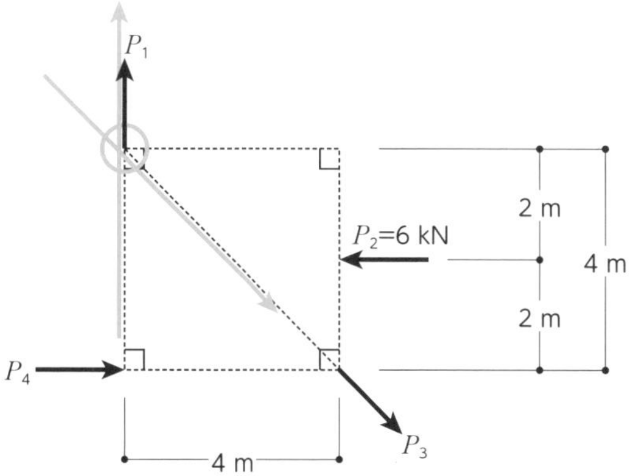

青丸の位置が Step 1 で決める点になります。
この点を基準にモーメントを考えると、P_1 と P_3 は、距離が 0 mなので、モーメントも 0 になりますよ。

解き方のポイント!

Step 1　この問題においては、P_1 から P_4 まで 4 つの力があります。このうち、値がわかっている力 P_2 と求めたい力 P_4 の力はおいといて、残りの 2 つの力、P_1 と P_3 の交点を見つけます。

Step 2　次にその点におけるモーメントを求めます。設問より、つり合っていますので、モーメントは 0 になります。

Step 3　方程式を解きます。

P_4 を求める

Step 1　P_1 と P_3 の交点（青丸の位置）を見つけます。

Step 2　青丸を基準にモーメントを求める。つり合っているので、合計は 0 になります。

$$6\ \mathrm{kN} \times 2\ \mathrm{m} - P_4 \times 4 = 0$$

Step 3　方程式を解くと、$P_4 = 3\ \mathrm{kN}$　となります。

P_1 を求める

P_3 と P_4 が交わる点を基準にモーメントを求めます。

$$P_1 \times 4\ \mathrm{m} - 6\ \mathrm{kN} \times 2\ \mathrm{m} = 0 \quad \Rightarrow \quad P_1 = 3\ \mathrm{kN}$$

P_3 を求める

P_1 と P_4 が交わる点を基準にモーメントを求めます。

$$-6\ \mathrm{kN} \times 2\ \mathrm{m} + P_3 \times 2\sqrt{2}\ \mathrm{m} = 0 \quad \Rightarrow \quad P_3 = 3\sqrt{2}\ \mathrm{kN}$$

P_3 までの距離は $2\sqrt{2}$ m となります。

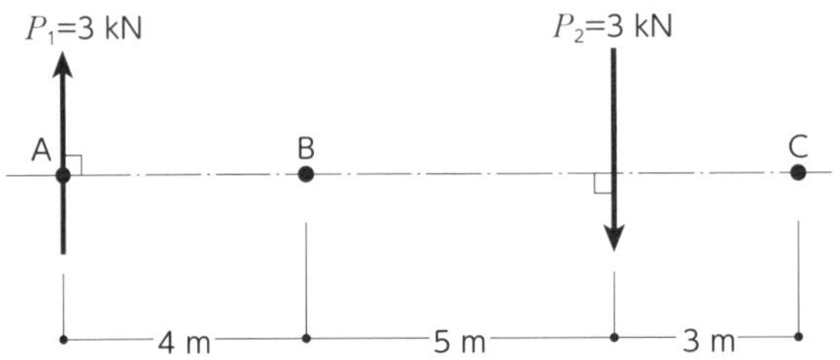

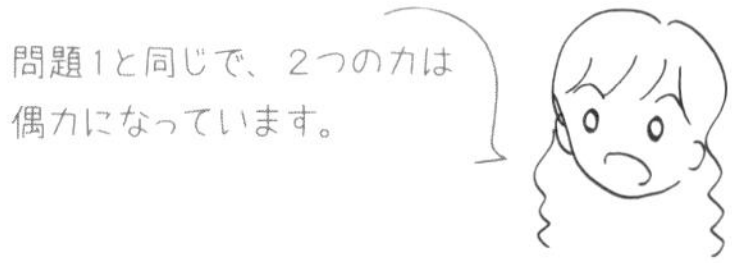
問題1と同じで、2つの力は
偶力になっています。

A点におけるモーメント

3 kN × 9 m = 27 kN·m

P_1 については、距離が 0 m なので、モーメントも 0 になります。

P_2 は、A 点から見ると時計回りなので、符号は＋です。

B点におけるモーメント

3 kN × 4 m + 3 kN × 5 m = 27 kN·m

P_1 も P_2 もB点を基準にすると時計回りなので、符号は＋です。

C点におけるモーメント

3 kN × 12 m － 3 kN × 3 m = 27 kN·m

P_1 は時計回りなので ＋、P_2 は反時計回りなので － となります。

問題 1 と同じで、2つの力は偶力（作用線が平行で、大きさが等しく、向きが反対の力）になっていますので、モーメントは全ての点において等しくなります。つまり3か5であることは、計算しなくても判断することができます。

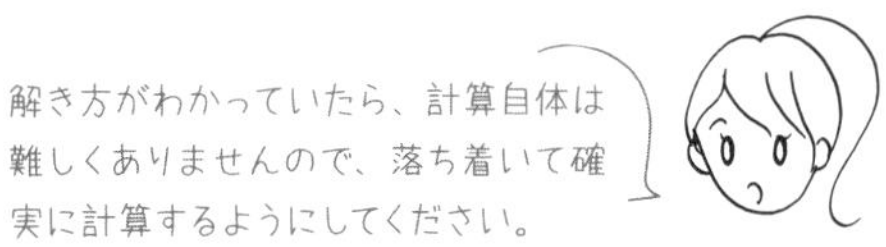
解き方がわかっていたら、計算自体は
難しくありませんので、落ち着いて確
実に計算するようにしてください。

 《正解2》

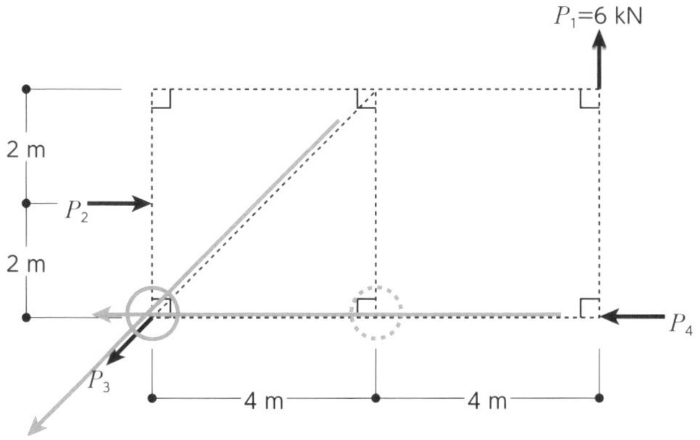

P_2を求める

Step 1　P_3とP_4（値がわかっているP_1と求めたいP_2以外の力）の交点（青丸の位置）を見つけます。

Step 2　青丸を基準にモーメントを求める。つり合っているので、合計は0になります。

$$P_2 \times 2 - 6 \times 8 = 0$$

Step 3　方程式を解くと、$P_2 = 24$ kN　となります。

P_3を求める

P_2とP_4が交わる点を基準にしたいところですが、平行なので交わりません。ただ、P_2の値は求まりましたので、P_4の作用線上のどこかを基準にすれば求まります。点線の青丸の位置を基準にモーメントを考えてみましょう。P_3までの距離は$2\sqrt{2}$ mです。

$$-6\text{ kN} \times 4\text{ m} + 24\text{ kN} \times 2\text{ m} - P_3 \times 2\sqrt{2}\text{ m} = 0 \quad \Rightarrow \quad P_3 = 6\sqrt{2}\text{ kN}$$

P_4を求める

P_2とP_3が交わる点を基準にモーメントを求めます。

$$-6\text{kN} \times 6\text{ m} + P_4 \times 2\text{ m} = 0 \quad \Rightarrow \quad P_4 = 18\text{ kN}$$

ちなみに、斜め45°のP_3（$6\sqrt{2}$ kN）の力は、下方向に6 kN、左方向に6 kNの力に分解することができます。$\Sigma X = 0$のつり合い（P_2とP_3の横成分とP_4）を考えると、-24 kN + 6 kN + 18 kN = 0 kNとなり、つり合っていることになります。
もちろん、縦方向（$\Sigma Y = 0$）もつり合います。
$\Sigma Y = 6$ kN − 6 kN = 0 kN

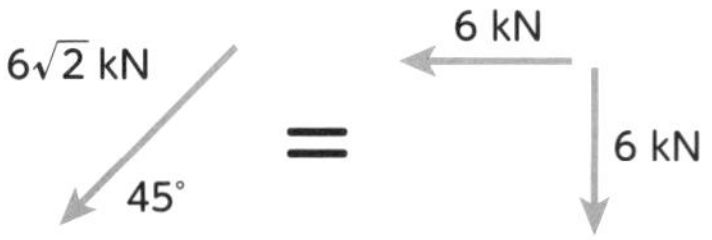

静定梁の応力 ……… 梁にかかる力と支点

梁に対して力（外力）が作用した時、その部材にかかる力をつり合わせるために反力が発生します。ここでは、その反力の求め方について学びます。基本となる考え方は、前項で学習した「力のつり合い」となりますので、力のつり合いはきちんと理解をしておいてください。

学習のポイント!

- ☑ 梁などの部材に外力が生じた場合、反力が発生する。
- ☑ 反力には、鉛直反力と水平反力とモーメントの３つがある。
- ☑ 外力と反力、全ての力はつり合っている。
- ☑ 前項の「つり合い方程式」を利用すれば、反力を求めることができる。

＊ 反力の種類

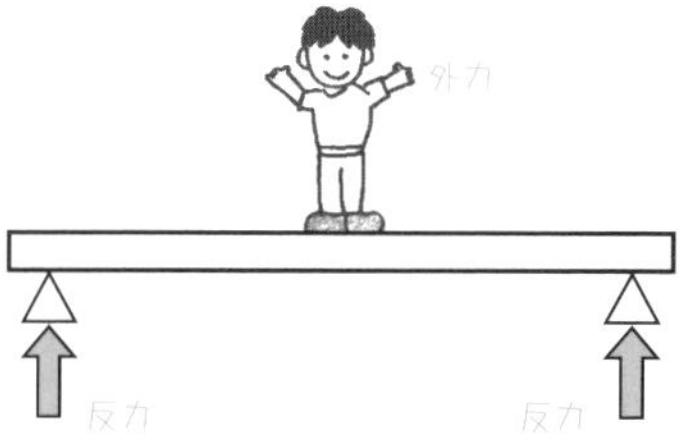

梁に対し上から下へ荷重がかかると、つり合わせるために反力が発生します。
この場合、外力と２つの反力の合計は等しくなります。

つり合い方程式　$\Sigma Y = 0$

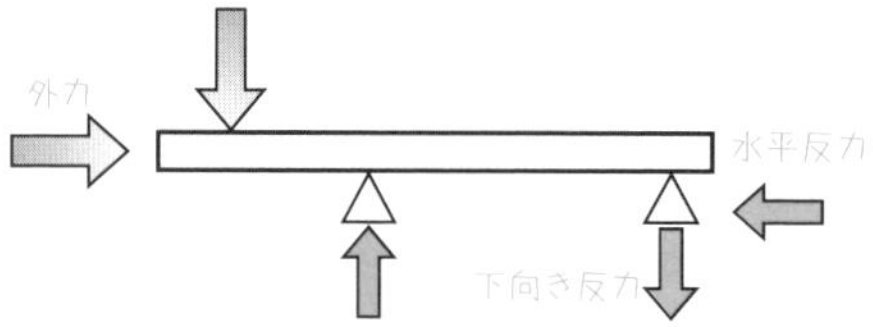

外力が横から作用した場合は、横向きの反力が発生します。
また、支点や外力の位置によっては、反力の向きが下向きになる場合もあります。

つり合い方程式　$\Sigma X = 0$

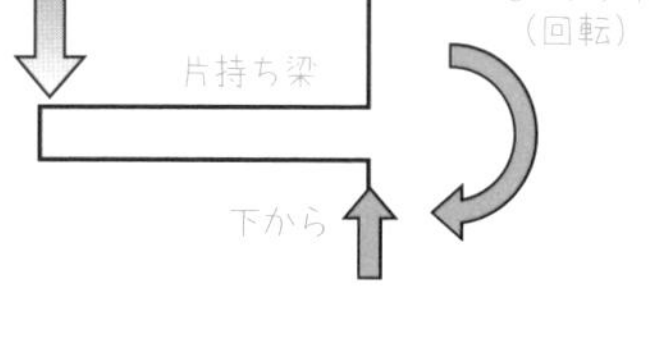

片持ち梁の場合は、モーメントに対しても反力が発生することになります。

つり合い方程式　$\Sigma M = 0$

支点の種類

梁を支える反力が発生する部分、これを支点と言いますが、支点には 3 つの種類があります。それぞれの支点の記号と反力の向きを覚えて下さい。

	ローラー	ピン	固定
動き	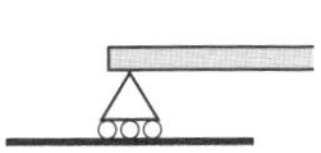	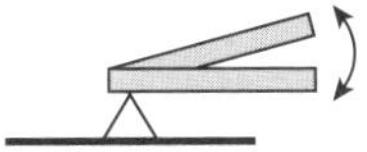	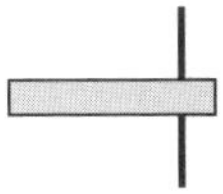
反力の方向	上または下 横移動が可能なので、横向きの反力はありません。	上下と左右 鉛直と水平方向は固定です。ピンを軸に回転することができます。	上下左右そしてモーメント 回転に対しても抵抗することができます。
記号			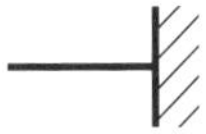

力の分解

斜めに作用する力は、縦方向と横方向の力に分解することができます。
斜めの力（矢印）を包含する長方形を作り、その長方形の縦の長さと横の長さを求めます。

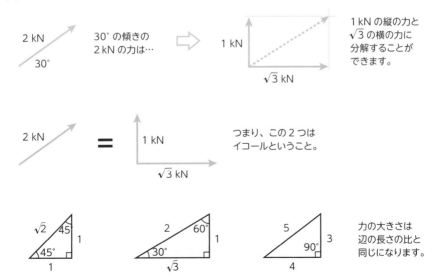

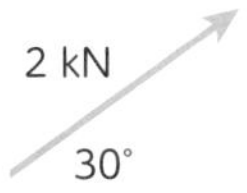

30° の傾きの
2 kN の力は…

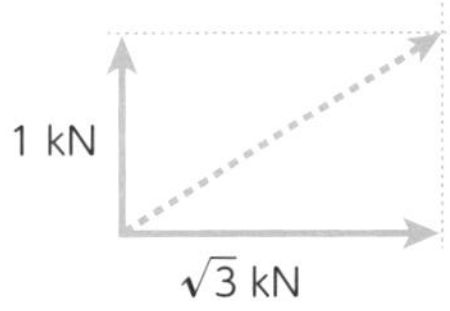

1 kN の縦の力と
√3 の横の力に
分解することが
できます。

=

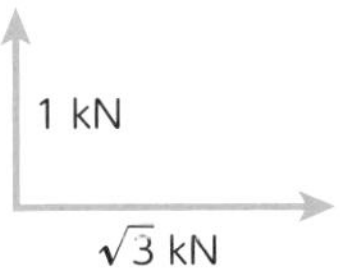

つまり、この 2 つは
イコールということ。

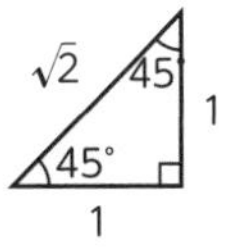

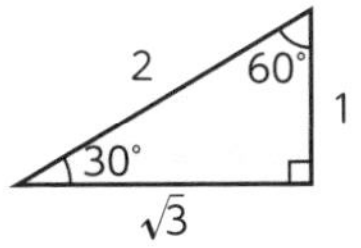

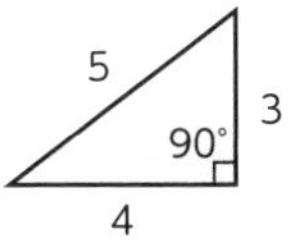

力の大きさは
辺の長さの比と
同じになります。

✱ 力の置き換え

梁にかかる荷重は一点にかかる場合だけではありません。ある範囲にわたって連続してかかる場合もあります。これを分布荷重と言い、かかる荷重が均等の場合は特に等分布荷重と言います。

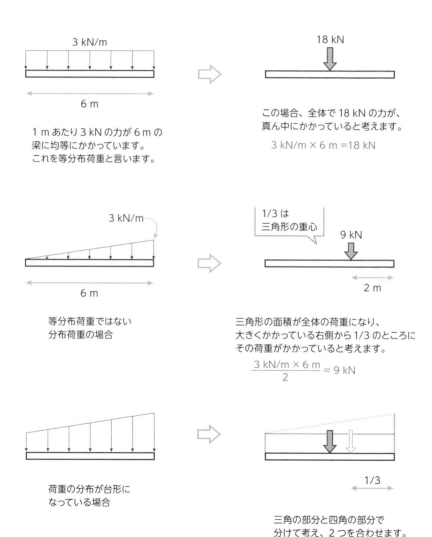

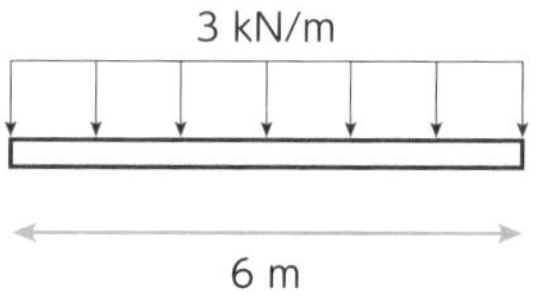

1 m あたり 3 kN の力が 6 m の梁に均等にかかっています。
これを等分布荷重と言います。

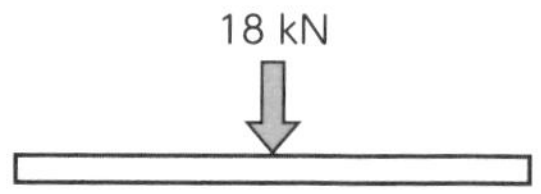

この場合、全体で 18 kN の力が、真ん中にかかっていると考えます。

3 kN/m × 6 m =18 kN

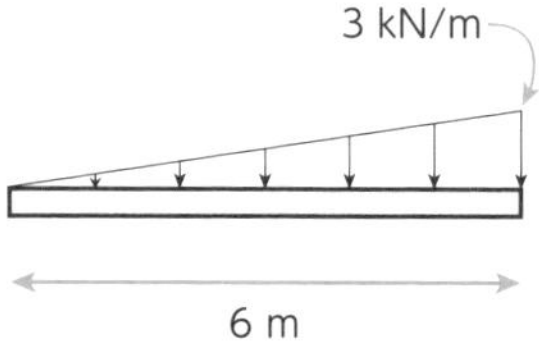

等分布荷重ではない
分布荷重の場合

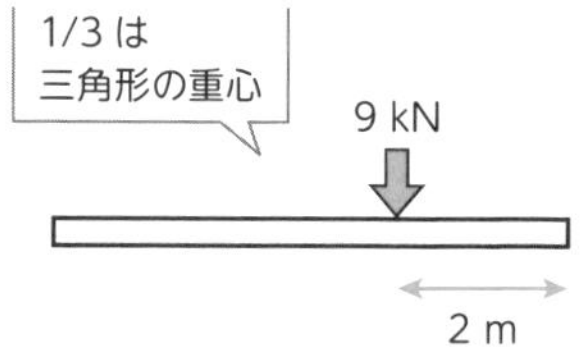

三角形の面積が全体の荷重になり、大きくかかっている右側から 1/3 のところにその荷重がかかっていると考えます。

$$\frac{3\ \text{kN/m} \times 6\ \text{m}}{2} = 9\ \text{kN}$$

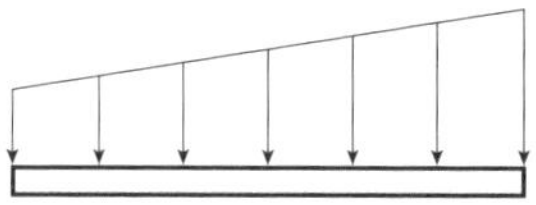

荷重の分布が台形に
なっている場合

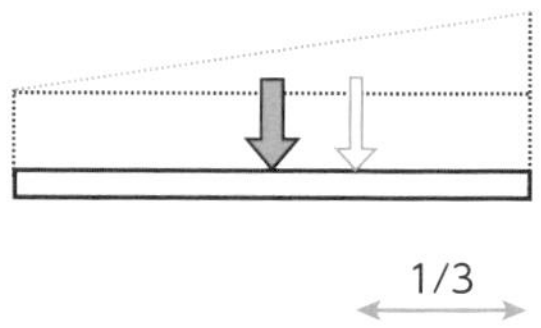

三角の部分と四角の部分で分けて考え、2 つを合わせます。

✱ 反力の求め方

下図のような荷重を受けている梁の反力を求めてみます。

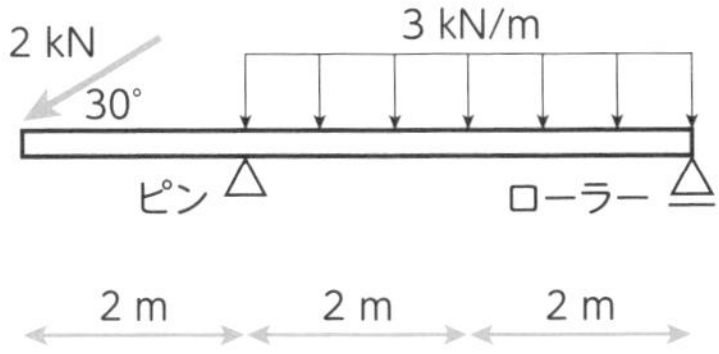

左のような梁に、斜めの力と等分布荷重の 2 つの外力が作用しています。
支点は、左側がピンで、右側がローラーです。
反力の方向は、ピンが上下と左右、ローラーは上下のみです。

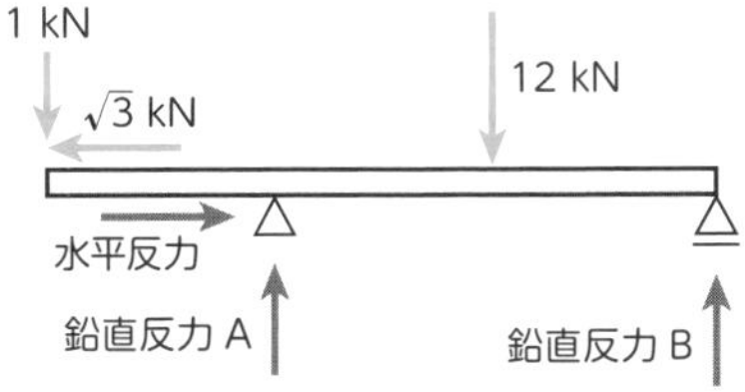

斜めの荷重は、30° に作用していますので、$1:2:\sqrt{3}$ の割合で分解します。
下向きに 1 kN、左向きに $\sqrt{3}$ kN です。
等分布荷重に関しては、**12 kN**（3 kN/m × 4 m）の力が、その中心に作用している集中荷重に置き換えることができます。
梁に作用している荷重の状態は左図のようになります。

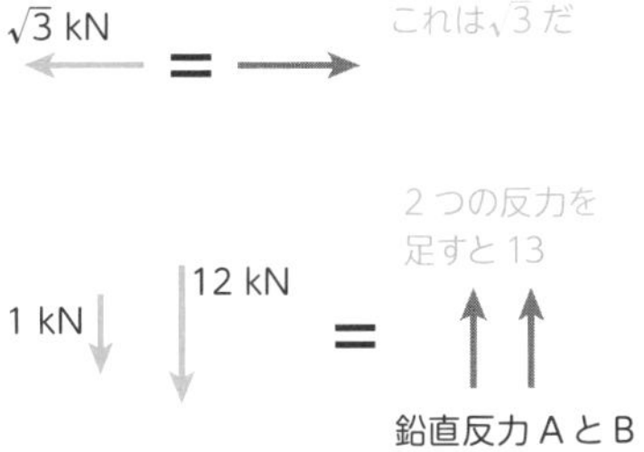

矢印（外力と反力）に着目します。
つり合い方程式 $\Sigma X = 0$ より、ピンに生じる水平反力は、$\sqrt{3}$ kN であることがわかります。
鉛直方向は、つり合い方程式 $\Sigma Y = 0$ より、
$-1-12+$反力 A $+$反力 B $=0$　となりますが、未知数が 2 つありますので、求めることができません。

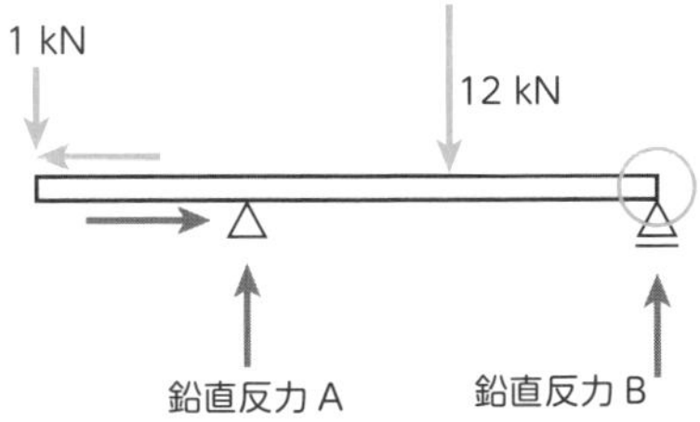

ここでつり合い方程式 $\Sigma M = 0$ を考えます。
青丸が付いているローラーの点を基準にモーメントを計算します。
−1kN × 6m + 反力 A × 4m − 12kN × 2m = 0
反力 A は、7.5 kN になります。
水平方向の力は、青丸部分に作用していますので距離は 0 です。モーメントは 0 になります。
$\Sigma Y = 0$ より、
7.5 kN ＋反力 B − 1 − 12 ＝ 0
反力 B は、5.5 kN です。

問題1［2011－Ⅲ－問1］

図のような分布荷重の合力の作用線からA点までの距離として、**正しい**ものは、次のうちどれか。

1．1.6 m
2．2.2 m
3．2.6 m
4．2.8 m
5．3.4 m

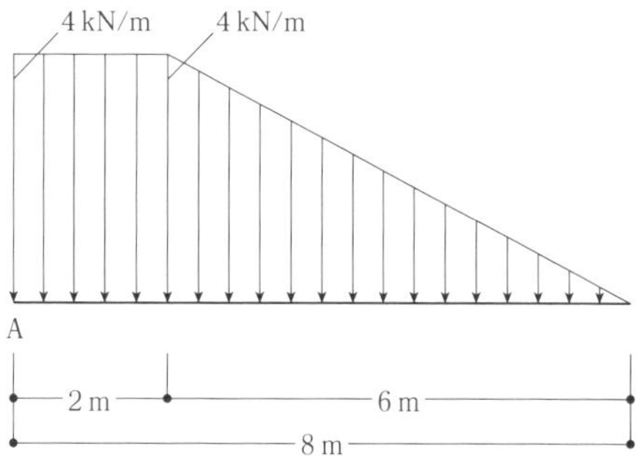

解説
動画

問題2

図のような荷重を受ける単純梁のA点における反力の大きさとして、**正しい**ものは、次のうちどれか。

1．4 kN
2．6 kN
3．8 kN
4．10 kN
5．12 kN

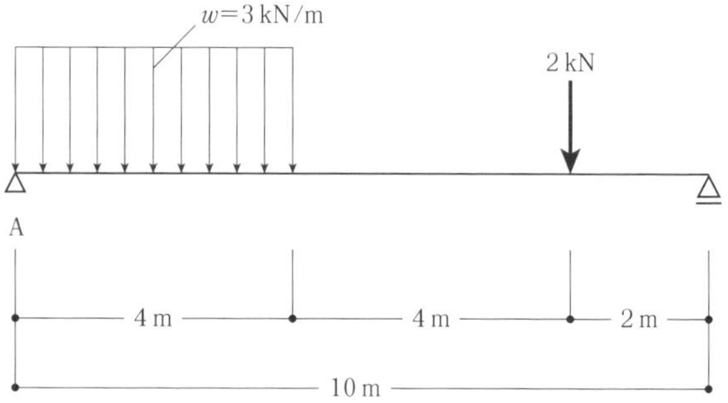

解説
動画

問題 3 ［1998－Ⅲ－問 4］

図のような単純ばりにおける荷重の比を P_1:P_2 ＝ 5:4 としたとき、支点反力の比（V_A:V_B）として、**正しい**ものは、次のうちどれか。

	V_A : V_B
1.	2 : 1
2.	2 : 3
3.	3 : 2
4.	4 : 3
5.	5 : 4

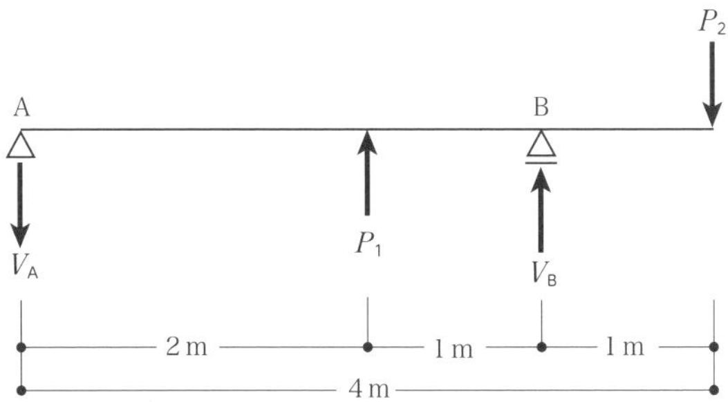

解説
動画

問題 4 ［2000－Ⅲ－問 5］

図のような荷重を受ける骨組の支点 A、B に生じる鉛直反力 R_A、R_B の値の組合せとして、**正しい**ものは、次のうちどれか。ただし、鉛直反力の方向は、上向きを「＋」下向きを「－」とする。

	R_A	R_B
1.	－ 1.0 kN	＋ 3.0 kN
2.	－ 0.5 kN	＋ 2.5 kN
3.	0 kN	＋ 2.0 kN
4.	＋ 0.5 kN	＋ 1.5 kN
5.	＋ 1.0 kN	＋ 1.0 kN

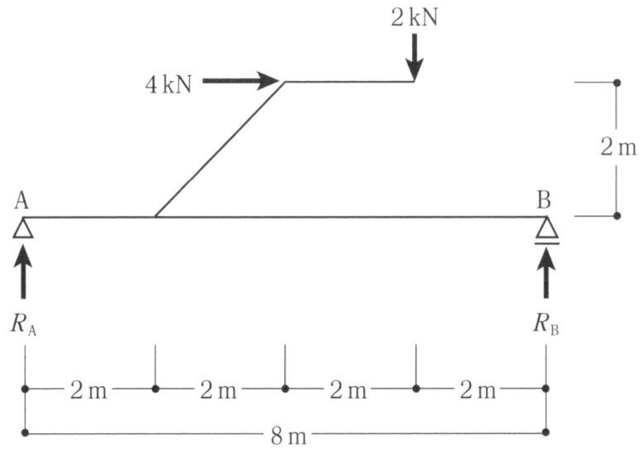

解説
動画

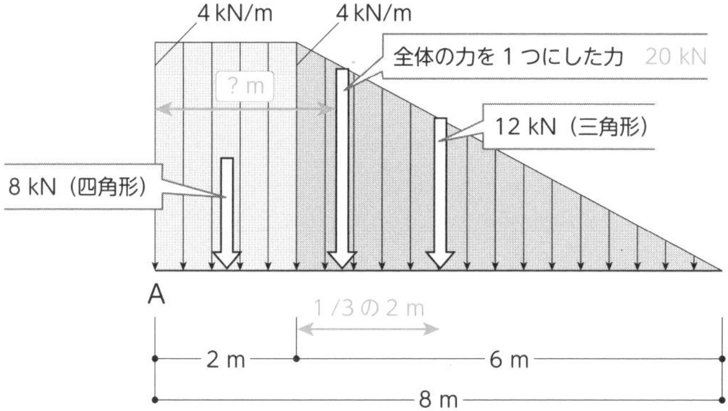

モーメントの公式（モーメント＝力×距離）と 152 ページの「✱ **力の置き換え**」を利用して解きます。
荷重の分布が台形になっていますので、四角い等分布荷重と三角の部分に分けて考えます。

四角い部分

全体の荷重は、4kN/m × 2 m ＝ 8 kN
この 8 kN が四角い部分の中央にかかっています。
A 点からのモーメントは、**8 kN × 1 m ＝ 8 kN·m**　となります。

三角形の部分

一点に置き換える場合は、三角形の面積を求めます。 $\dfrac{4\ \mathrm{kN/m} \times 6\ \mathrm{m}}{2} = 12\ \mathrm{kN}$

この 12 kN が三角形の重心位置（左から 1/3 のところ）にかかっていると考えます。
A 点からのモーメントは、**12 kN × 4 m ＝ 48 kN·m**　となります。
この 2 つのモーメントを合わせると、全体（台形部分）のモーメントと等しくなります。
全体（台形部分）のモーメントは、8 kN·m ＋ 48 kN·m で、56 kN·m です。
四角形と三角形を合わせた力は、8 kN ＋ 12 kN で、20 kN ですね。
全体のモーメントを求める場合も同じく力×距離で求めますので、
全体のモーメント ＝ 20 kN ×距離 ＝ 56 kN·m　となります。
したがって距離は、2.8 m と求めることができます。

解説 **問題 2** [2011 - Ⅲ - 問 4]　　　　　　　　　　　　　　　　　　　　　　　　**《正解 4》**

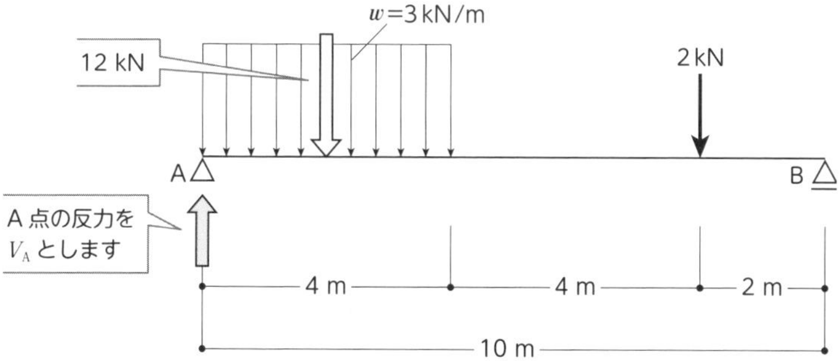

解き方のポイント!
Step 1　分布荷重がある場合は、集中荷重に置き換える。
Step 2　斜めに作用している外力がある場合は、縦と横に分解する。
Step 3　つり合い方程式（$\Sigma M = 0$）を利用して反力を求める。
基準とする点は、反力を求める支点とは反対の支点となります。

Step 1　3 kN/m の等分布荷重が 4 m にわたってありますので、集中荷重に置き換えると
3 kN/m × 4 m = 12 kN になります。

Step 2　斜めに作用している外力はありません。

Step 3　B 点（反力を求めたい A 点とは違う支点）を基準にモーメントを考えます。
$\Sigma M = V_A \times 10\ \mathrm{m} - 12\ \mathrm{kN} \times 8\ \mathrm{m} - 2\ \mathrm{kN} \times 2\ \mathrm{m} = 0$
$V_A = 10\ \mathrm{kN}$　となります。

B 点の反力を求める場合は、A 点を基準にモーメントを考えてもいいですし、つり合い方程式 $\Sigma Y = 0$ を使って求めることもできます。
$\Sigma Y = 10\mathrm{kN} - 12\mathrm{kN} - 2\mathrm{kN} + V_B = 0 \Rightarrow V_B = 4\ \mathrm{kN}$

解説 **問題 3**［1998－Ⅲ－問 4］ **《正解 3》**

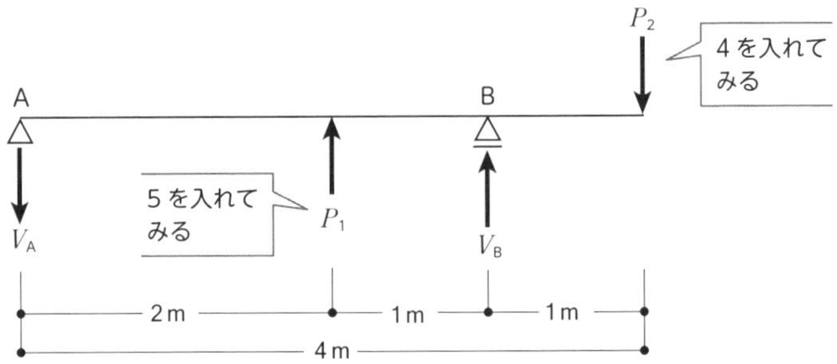

少し応用が必要な問題となっていますが、それほど難しくはありません。
P_1 と P_2 に、割合である 5 と 4 を入れてモーメントを考えてみます。

V_A と V_B、どちらからでもいいのですが、とりあえず、B 点を基準に V_A を求めてみることにします。

$\Sigma M = -V_A \times 3\,\mathrm{m} + 5\,\mathrm{kN} \times 1\,\mathrm{m} + 4\,\mathrm{kN} \times 1\,\mathrm{m} = 0$ ➡ V_A は 3 kN ですね。

V_A の矢印は下を向いていますので注意して下さい。計算における符号は－となります。そして、計算結果は＋3 となりましたので、V_A の反力は、そのまま下向きに作用していることになります。（仮に、V_A の計算結果が－の場合は、V_A は矢印とは反対の上向きに作用していることになります。）

次に V_B を求めますが、A 点を基準にモーメントを考えてもいいですし、力のつり合い $\Sigma Y = 0$ を使っても求めることができます。

A 点を基準にモーメントを考えた場合

$\Sigma M = -5\,\mathrm{kN} \times 2\,\mathrm{m} - V_B \times 3\,\mathrm{m} + 4\,\mathrm{kN} \times 4\,\mathrm{m} = 0$ ➡ V_B は 2 kN となります。

力のつり合い $\Sigma Y = 0$ を用いた場合

$\Sigma Y = -3\,\mathrm{kN} + 5\,\mathrm{kN} + V_B - 4\,\mathrm{kN} = 0$ ➡ $V_B = 2\,\mathrm{kN}$ です。同じ結果となりました。

V_A が 3、V_B が 2 となりましたので、割合もそのまま 3：2 となります。

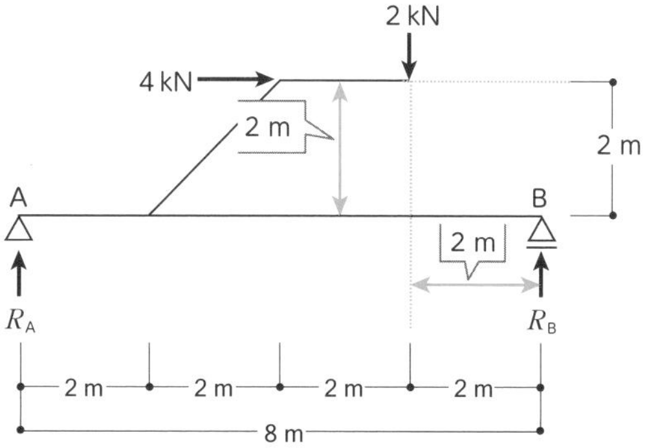

外力のかかり方が一見ややこしそうですですが、複雑に考える必要はありません。あくまで基本通りに考えてください。モーメントの基本は**力×距離**です。

力（矢印）の位置が離れると、距離を間違えやすいので注意してください。距離は力の作用線に対して直角（最短距離）です。

R_A を求める

B 点を基準にモーメントを考えます。

$$\Sigma M = R_A \times 8\,\mathrm{m} + 4\ \mathrm{kN} \times 2\ \mathrm{m} - 2\ \mathrm{kN} \times 2\ \mathrm{m} = 0 \ \Rightarrow \ R_A = -0.5\mathrm{kN}$$

答えが－になりましたので、力の向きは図の反対で下向きになります。

R_B を求める

力のつり合い方程式 $\Sigma Y = 0$ を使って R_B を求めます。

$$\Sigma Y = -0.5\ \mathrm{kN} - 2\ \mathrm{kN} + R_B = 0 \ \Rightarrow \ R_B = 2.5\ \mathrm{kN}$$

A 点を基準にモーメントを考える。

$$\Sigma M = 4\ \mathrm{kN} \times 2\ \mathrm{m} + 2\ \mathrm{kN} \times 6\ \mathrm{m} - R_B \times 8\ \mathrm{m} = 0 \ \Rightarrow \ R_B = 2.5\ \mathrm{kN}$$

同じ値になりました。どちらを使っても OK です。

曲げモーメントとせん断力の求め方 ……1つ解ければあとは同じ

外力が加わることによって部材に及ぼされる力には何があるでしょうか。1つは、押されたり引っ張られたりする力（圧縮力と引張り力）です。また、曲げようとする力もあります。そして、ずらそうとする力（せん断力）があります。構造力学では、主にこれらの力について考えます。
ここでは、曲げようとする力である曲げモーメントと、ずらそうとする力のせん断力について、求め方を学習します。

学習のポイント！

☑ 梁などの部材に外力が生じると、曲げようとする力が生じる。
⇒ 曲げモーメント
☑ また、ずらそうとする力が生じる。⇒ せん断力
☑ 曲げモーメントとせん断力は、機械的に求める。深く考えないこと

✱ 曲げモーメントの求め方

曲げモーメントとは、部材を曲げようとする力、あるいは、湾曲させようとする力です。その点におけるモーメントを合計すれば、曲げモーメントを求めることができます。

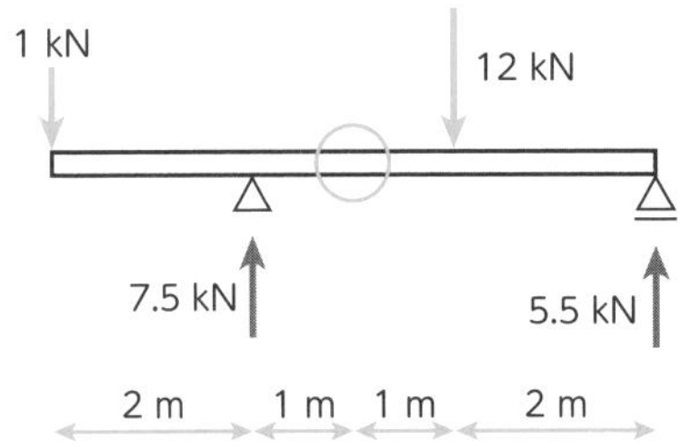

青丸が付いている位置の曲げモーメントを求める。

Step 1 作用している外力に対して、反力を求める。
反力の求め方は、前項を参照してください。

Step 2 青丸位置におけるモーメントを合計する。
左右それぞれについて、モーメントを求めます。

左側 **−1 kN×3 m+7.5 kN×1 m = 4.5 kN·m**
右側 **12 k×1 m − 5.5 k×3 m = − 4.5 kN·m**
符号は違いますが、同じ値になりました。この4.5 kN·m が曲げモーメントです。

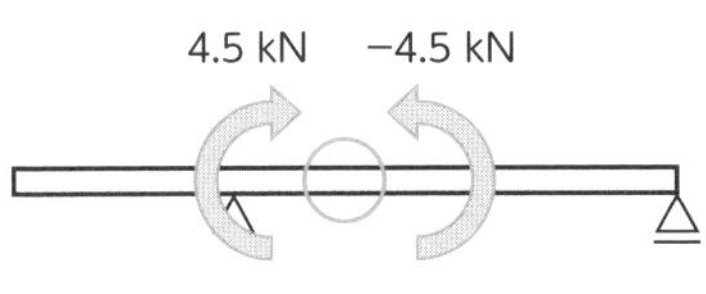

左右のモーメントの合計が同じ値になったのは偶然ではありません。どの位置で計算しても、左右の値は同じになります。
問題を解く場合は、左側の符号で解答します。
この場合は、4.5 kN·m が解答になります。

✱ せん断力の求め方

今度はせん断力です。この梁にはどのくらいのせん断力が生じているのでしょうか。実際に求めてみましょう。

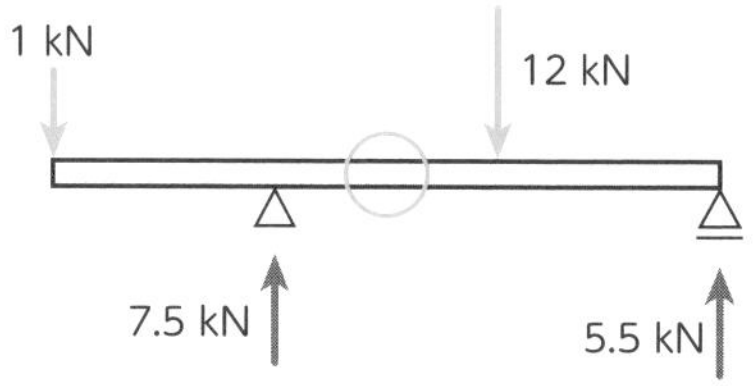

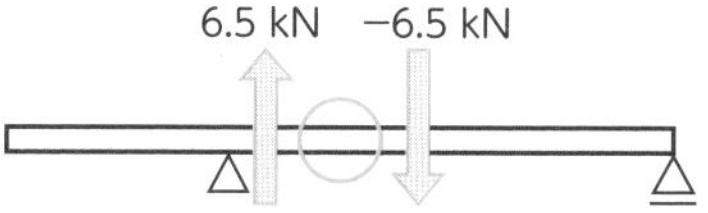

青丸位置でのせん断力を求める。

Step 1　作用している外力に対して、反力を求める。

反力を求めるのは、曲げモーメントの時と同じです。まずは、その梁に作用している力を全て確認する必要があります。

Step 2　梁に及んでいる力を合計する。

モーメントではなく、単純に力だけを合計します。

上向きをプラスとしてください。

曲げモーメントと同じく、せん断力も左右それぞれ分けて求めます。

左側　−**1 kN + 7.5 kN = 6.5 kN**

右側　−**12 kN + 5.5 kN = −6.5 kN**

今回も、符号が違って数値は同じとなりました。これも偶然ではありません。どの位置で求めても、左右は同じ数値になります。問題を解く場合は、左側の 6.5 kN を解答とします。

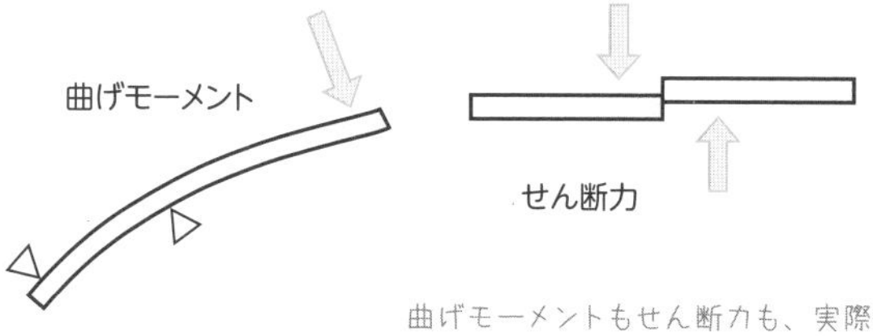
曲げモーメント
せん断力

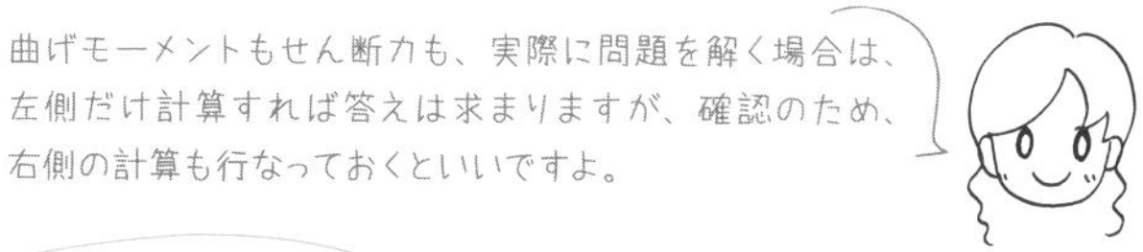
曲げモーメントもせん断力も、実際に問題を解く場合は、
左側だけ計算すれば答えは求まりますが、確認のため、
右側の計算も行なっておくといいですよ。

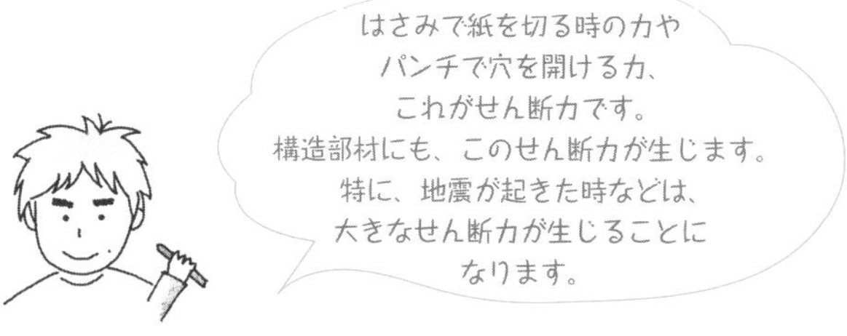
はさみで紙を切る時の力や
パンチで穴を開ける力、
これがせん断力です。
構造部材にも、このせん断力が生じます。
特に、地震が起きた時などは、
大きなせん断力が生じることに
なります。

問題１［2016－Ⅲ－問 3］

図のような荷重を受ける単純梁において、A点の曲げモーメント M_A の大きさと、A－B間のせん断力 Q_{AB} の絶対値との組合せとして、**正しい**ものは、次のうちどれか。

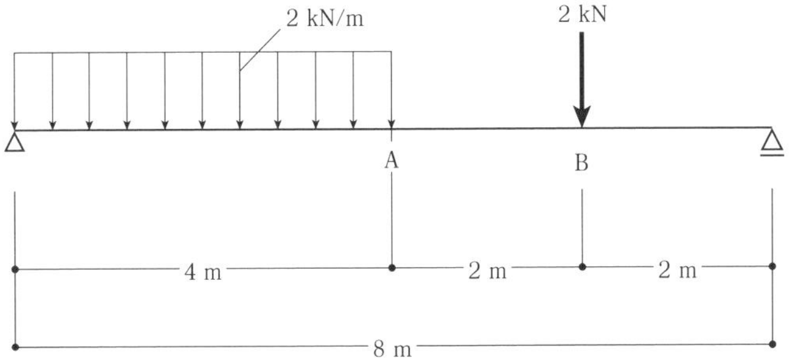

	M_A の大きさ	Q_{AB} の絶対値
1.	8 kN·m	0 kN
2.	8 kN·m	1.5 kN
3.	8 kN·m	4.5 kN
4.	10 kN·m	1.5 kN
5.	10 kN·m	0 kN

解説
動画

まずは反力を求めることから行なってください。
手順通りに解いていけば答えは出てきます。
等分布荷重は集中荷重に置き換えるのでしたね。
反力の求め方を忘れた人は、150 ページを見てくださいね。

問題 2 [2018－Ⅲ－問 3]

図のような荷重を受ける単純梁のA点における曲げモーメントの大きさとして、**正しい**ものは、次のうちどれか。

1. 10 kN･m
2. 12 kN･m
3. 14 kN･m
4. 16 kN･m
5. 18 kN･m

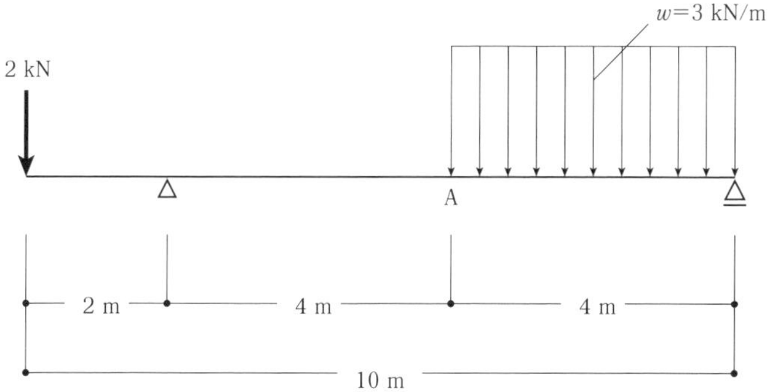

曲げモーメントは左側について計算すれば求まりますが、確認のため右側も計算しておいてください。
同じになればほぼ大丈夫です（符号は反対になります）。

問題 3 ［2017－Ⅲ－問 3］

図のような荷重を受ける単純梁において、A点の曲げモーメント M_A の大きさと、A－B間のせん断力 Q_{AB} の絶対値との組合せとして、**正しい**ものは、次のうちどれか。

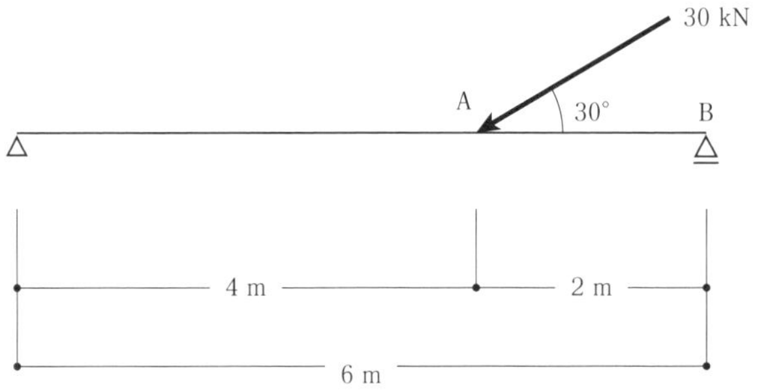

	M_A の大きさ	Q_{AB} の絶対値
1.	10 kN·m	5 kN
2.	20 kN·m	5 kN
3.	20 kN·m	10 kN
4.	40 kN·m	10 kN
5.	40 kN·m	20 kN

斜めに作用している荷重は、縦方向と横方向に分解するのでしたね。
A点に横方向に作用する力については、ピン部分においてもローラー部分においても力の作用線と重なりますので距離は0です。
つまり、モーメントも0になりますよ。

問題 4［2019－Ⅲ－問 3］

図–1 のような荷重を受ける単純梁において、曲げモーメント図が図–2 となる場合、荷重 P の大きさとして、**正しい**ものは、次のうちどれか。

1. 1 kN
2. 2 kN
3. 3 kN
4. 4 kN
5. 5 kN

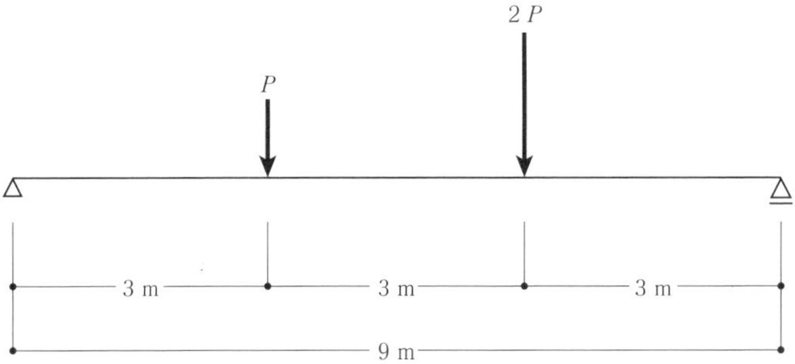

図－1

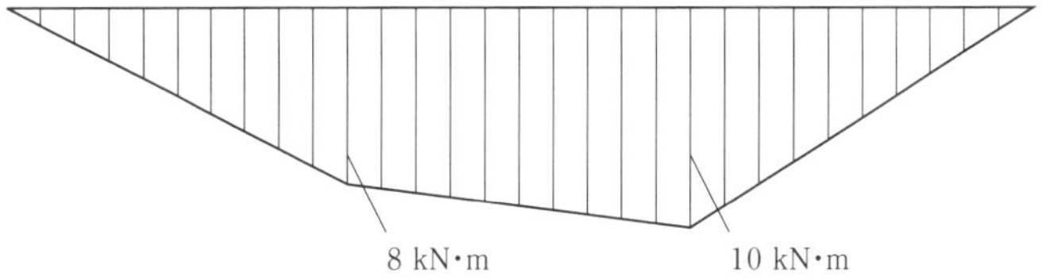

図－2

この問題は、曲げモーメントが与えられていて、その場合の梁にかかっている荷重を求める問題です。
少し応用が必要ですが、よく考えるとわかると思います。

解説 問題 1［2016－III－問 3］ 《正解 4》

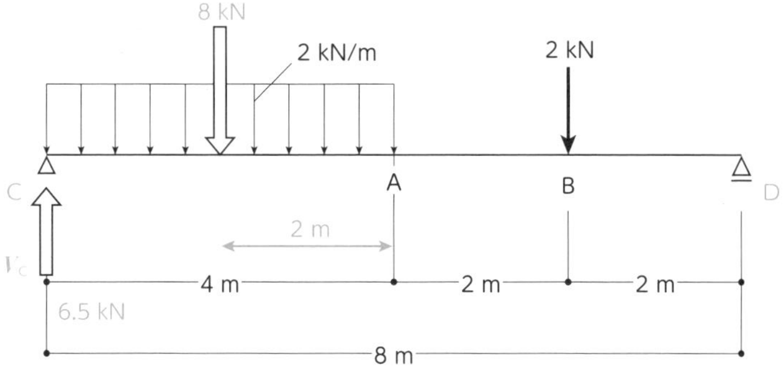

左側のピンの支点を C 点、右側のローラーの支点を D 点とします。また、C 点において発生している反力を V_C とします。この設定は自分で行ないます。

Step 1　反力を求める。

D点を基準に反力を求めます。

等分布荷重は集中荷重に置き換えてください。

8 kN の力が C 点と A 点の中間にかかる集中荷重に置き換えます。

D 点におけるモーメント　$V_C \times 8\,\text{m} - 8\,\text{kN} \times 6\,\text{m} - 2\,\text{kN} \times 2\,\text{m} = 0 \Rightarrow$

$V_C = 6.5\,\text{kN·m}$

Step 2　曲げモーメントを求める。

A 点における曲げモーメントを求めますので、A 点より左側の荷重に対してモーメントを合計します。

$6.5\,\text{kN} \times 4\,\text{m} - 8\,\text{kN} \times 2\,\text{m} = 10\,\text{kN·m}$

上から等分布荷重がかかっていますので忘れないでください。

Step 3　せん断力を求める。

A B間のせん断力は、A B間の左部分の荷重をそのまま合計します。

$+ 6.5\,\text{kN} - 8\,\text{kN} = - 1.5\,\text{kN}$　問題より絶対値なので **1.5 kN**

この場合も、上からの等分布荷重を忘れないでください。

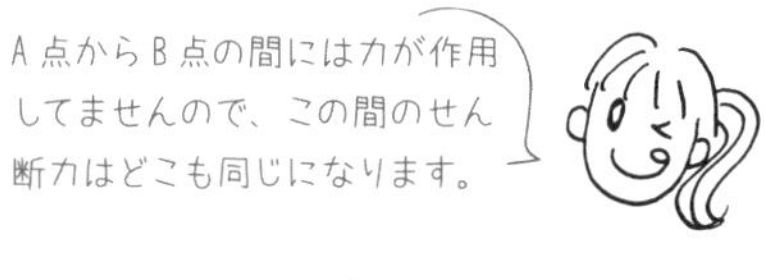

A 点から B 点の間には力が作用してませんので、この間のせん断力はどこも同じになります。

解説 **問題 2** [2018 - Ⅲ - 問 3] **《正解 1》**

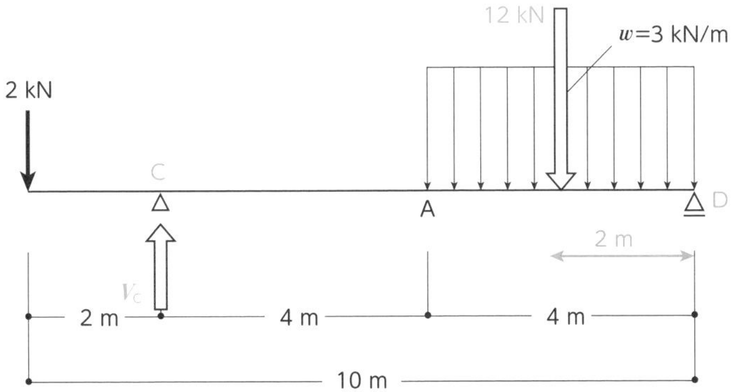

左側のピンの支点を C 点、右側のローラーの支点を D 点とします。また、C 点において発生している反力を V_C とします。

Step 1　反力を求める。

D点を基準に反力を求めます。

等分布荷重は集中荷重に置き換えてください。

12 kN の力が A 点と D 点の中間にかかる集中荷重に置き換えます。

$-2\ kN \times 10\ m + V_C \times 8\ m - 12\ kN \times 2\ m = 0 \Rightarrow V_C = 5.5\ kN\cdot m$

Step 2　曲げモーメントを求める。

A 点における曲げモーメントを求めますので、A 点より左側の荷重に対してモーメントを合計します。

$-2\ kN \times 6\ m + 5.5\ kN \times 4\ m = 10kN\cdot m$　正解は 1 です。

Step 3　せん断力を求める。

この問題ではせん断力は求められていませんが、AC 間のせん断力を求めてみます。

A C間の左部分の荷重をそのまま合計します。

$-2\ kN + 5.5\ kN = 3.5\ kN$

※右側について求めてみる

力のつり合い方程式 $\Sigma Y = 0$ より、D 点における反力（V_D）は

$5.5\ kN + V_D - 2\ kN - 12\ kN = 0 \Rightarrow V_D = 8.5\ kN$

A 点の右側のモーメント　**$12\ kN \times 2\ m - 8.5\ kN \times 4\ m = \underline{-10\ kN\cdot m}$**

A C間の右側の荷重　**$-12\ kN + 8.5\ kN = \underline{-3.5\ kN}$**

符号は違いますが、数値は同じになりました。

解説 **問題3** [2017－Ⅲ－問3]　　　　**《正解3》**

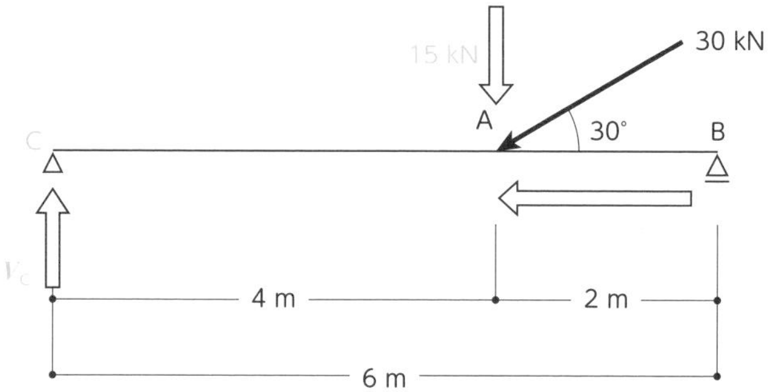

左側のピンの支点をC点とします。

Step 1　反力を求める。

B点を基準に反力を求めます。

斜めの荷重は鉛直成分と水平成分に分解します。30°なので、1：2：$\sqrt{3}$の比率で分解します。水平成分は距離が0mになりますので、モーメントはありません。

B点におけるモーメント　$V_C \times 6\ \text{m} - 15\ \text{kN} \times 2\ \text{m} = 0 \Rightarrow V_C = 5\ \text{kN·m}$

Step 2　曲げモーメントを求める。

A点より左側の荷重に対してモーメントを合計します。

5 kN × 4 m = 20 kN·m

Step 3　せん断力を求める。

AB間のせん断力は、AB間の左部分の荷重をそのまま合計します。

5 kN － 15 kN ＝－10 kN　問題より絶対値なので **10 kN**

梁にかかる外力は様々ですが、解き方は同じです。
機械的に解くようにしてください。

解説 **問題４**［2019－Ⅲ－問３］　　　　　　　　　　　　　　　　**《正解２》**

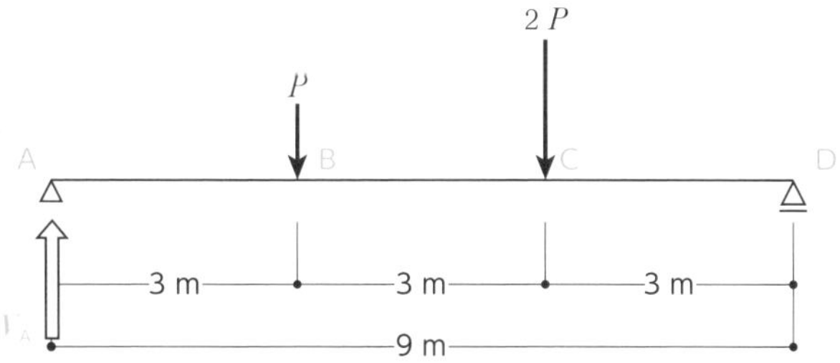

図−1

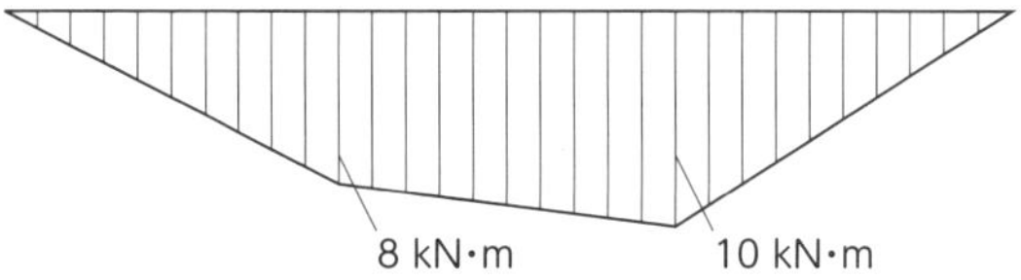

これまでは、かかっている荷重に対して反力を求め、曲げモーメントまで求めることを行なってきましたが、この問題は、曲げモーメントが先に与えられていて、かかっている荷重の値を求めなさいという問題です。

曲げモーメント図とは、曲げモーメントの値を図にしたものです。図−２を見ると、B点の曲げモーメントは８ kN·m、C点の曲げモーメントは 10 kN·m であることがわかります。

D点を基準に反力（V_A）を求めます。P は P としてそのまま計算します。

$$V_A \times 9\text{ m} - P \times 6\text{ m} - 2P \times 3\text{ m} = 0 \;\Rightarrow\; V_A = \frac{4}{3}P$$

B点の曲げモーメントを求める場合は、B点より左側の荷重についてのモーメントを合計します。$\frac{4}{3}P \times 3\text{ m}$ です。これが曲げモーメント図により８ kN·m となります。

$$\frac{4}{3}P \times 3\text{ m} = 8\text{ kN·m} \;\Rightarrow\; P = 2\text{ kN}$$

別解

B点における曲げモーメントが８ kN·m なので、**$V_A \times 3$ m = 8kN·m** より、V_A は、**8/3 kN** となります。同じく、C点における曲げモーメントが 10 kN なので、**$- V_D \times 3$ m =− 10 kN·m**

V_D は、**10/3 kN** です。$\Sigma Y = 0$ より、**8/3 + 10/3 − P − 2P = 0** となりますので、P は、**2 kN** と求めることができます。

静定ラーメン …… 基本は静定梁と同じ

ラーメン構造とは、柱と梁などの部材の接合が剛接合（一体化）された構造形式のことを言います。木構造の柱と梁は、剛接合にはできませんので、ラーメン構造とは言えません。この項目では、静定梁と同じように、反力や曲げモーメント、せん断力などを求めていきます。梁に加え柱が出てきますので、構造は多少複雑になりますが、基本的な考え方は静定梁と同じです。これまでの項目で学んできたことは、しっかりと頭の中に入れておいてください。

学習のポイント！

- ☑ ラーメン構造も全ての力はつり合う。つり合い方程式が成り立つ。
- ☑ モーメントは、力 × 距離で求める。
- ☑ 曲げモーメントは、その点から片側のモーメントを合計する。
- ☑ せん断力は、その点から片側の力を合計する。

✱ **静定ラーメン**（単純梁形式）

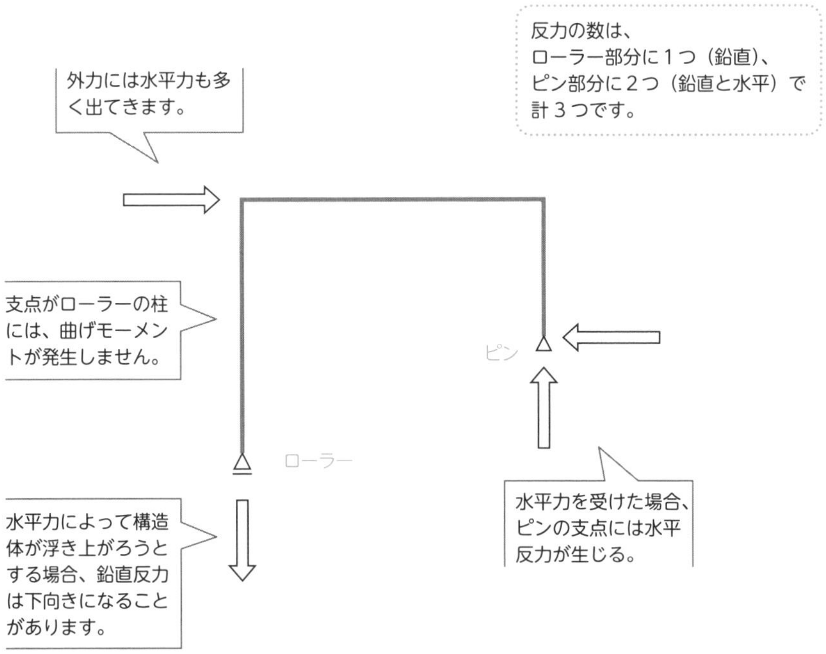

反力の数は、ローラー部分に１つ（鉛直）、ピン部分に２つ（鉛直と水平）で計３つです。
外力には水平力も多く出てきます。
支点がローラーの柱には、曲げモーメントが発生しません。
ピン
ローラー
水平力によって構造体が浮き上がろうとする場合、鉛直反力は下向きになることがあります。
水平力を受けた場合、ピンの支点には水平反力が生じる。

＊ 静定ラーメン（3ヒンジラーメン）

骨組みの中にヒンジ（ピン節点）があるものを3ヒンジラーメンと言います。ピンの部分においては、曲げモーメントは発生しません。

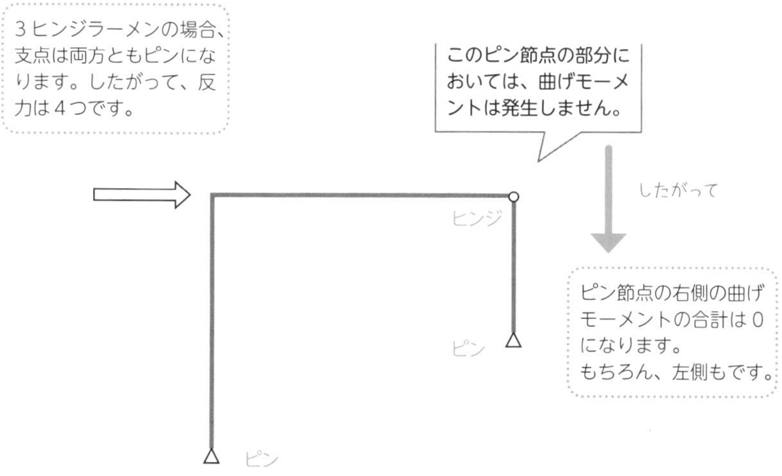

3ヒンジラーメンの場合、支点は両方ともピンになります。したがって、反力は4つです。
このピン節点の部分においては、曲げモーメントは発生しません。
したがって
ヒンジ
ピン節点の右側の曲げモーメントの合計は0になります。
もちろん、左側もです。
ピン
ピン

＊ 静定ラーメン（片持梁形式）

反力を求めなくても、応力（曲げモーメントやせん断力）を求めることができるのが片持ち梁形式の特徴です。

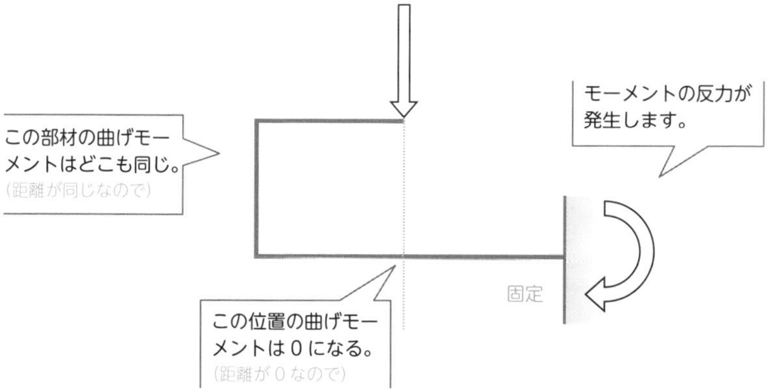

問題 1 [2015 - Ⅲ - 問 4]

図のような外力を受ける静定ラーメンにおいて、支点 A、B に生じる鉛直反力 R_A、R_B の値と、C 点に生じる曲げモーメント M_C の絶対値との組合せとして、**正しい**ものは、次のうちどれか。ただし、鉛直反力の方向は、上向きを「+」、下向きを「−」とする。

	R_A	R_B	M_C の絶対値
1.	0 kN	+ 4 kN	0 kN·m
2.	0 kN	+ 4 kN	8 kN·m
3.	− 4 kN	+ 8 kN	8 kN·m
4.	− 4 kN	+ 8 kN	24 kN·m
5.	− 6 kN	+ 10 kN	24 kN·m

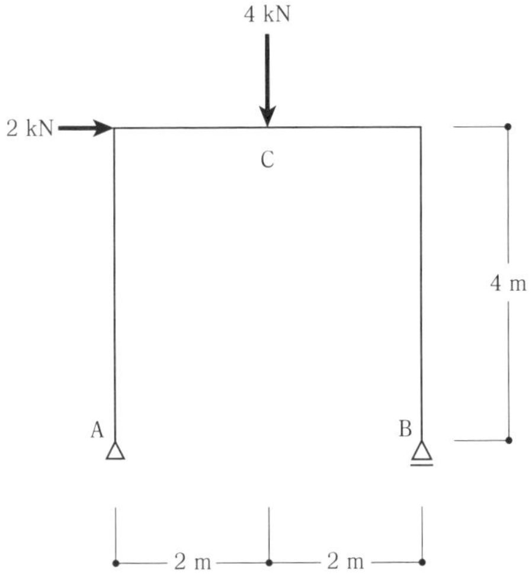

解説動画

問題 2 [2013 - Ⅲ - 問 3]

図のような外力を受ける3ヒンジラーメンにおいて、支点A、Bに生じる水平反力 H_A、H_B 及び鉛直反力 V_B の値の組合せとして、**正しい**ものは、次のうちどれか。ただし、水平反力の方向は、左向きを「＋」とし、鉛直反力の方向は、上向きを「＋」、下向きを「－」とする。

	H_A	H_B	V_B
1.	0 kN	＋4 kN	＋4 kN
2.	＋2 kN	＋2 kN	＋4 kN
3.	＋2 kN	＋2 kN	－3 kN
4.	＋2 kN	＋2 kN	＋3 kN
5.	＋4 kN	0 kN	＋4 kN

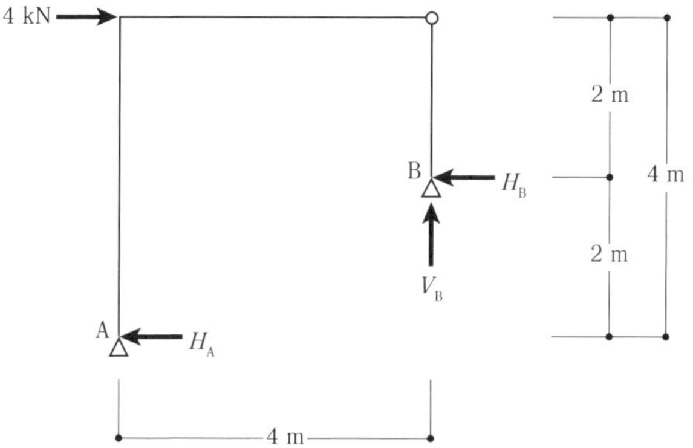

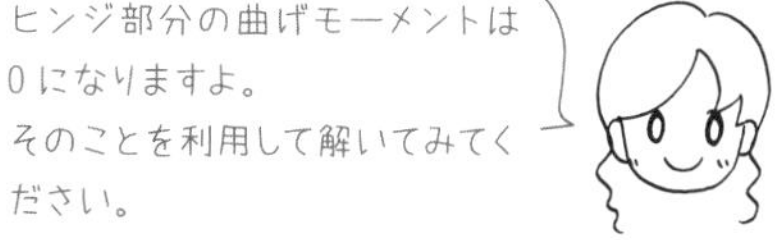

ヒンジ部分の曲げモーメントは
0になりますよ。
そのことを利用して解いてみてください。

問題 3 ［2016 - Ⅲ - 問 4］

図のような外力を受ける静定ラーメンにおいて、支点 A、B に生じる鉛直反力 R_A、R_B の値と、C 点に生じるせん断力 Q_C の絶対値との組合せとして、**正しい**ものは、次のうちどれか。ただし、鉛直反力の方向は、上向きを「＋」、下向きを「－」とする。

	R_A	R_B	Q_C の絶対値
1.	－ 4 kN	＋ 4 kN	4 kN
2.	－ 4 kN	＋ 4 kN	8 kN
3.	＋ 4 kN	－ 4 kN	4 kN
4.	＋ 4 kN	－ 4 kN	8 kN
5.	＋ 4 kN	＋ 4 kN	8 kN

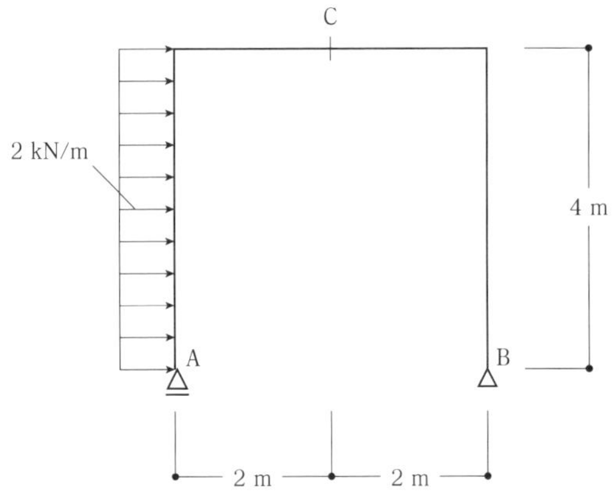

問題４［2017－Ⅲ－問4］

図のような外力を受ける３ヒンジラーメンにおいて、支点A、Bに生じる水平反力H_A、H_Bの値と、C－D間のせん断力Q_{CD}の絶対値との組合せとして、**正しい**ものは、次のうちどれか。ただし、水平反力の方向は、左向きを「十」とする。

	H_A	H_B	Q_{CD}の絶対値
1.	＋3kN	＋9kN	6kN
2.	＋3kN	＋9kN	8kN
3.	＋4kN	＋8kN	8kN
4.	＋4kN	＋8kN	12kN
5.	＋6kN	＋6kN	12kN

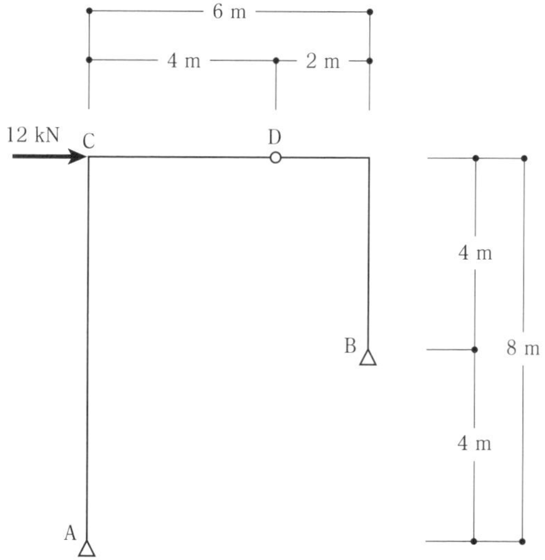

解説 問題１［2015－Ⅲ－問４］ 《正解２》

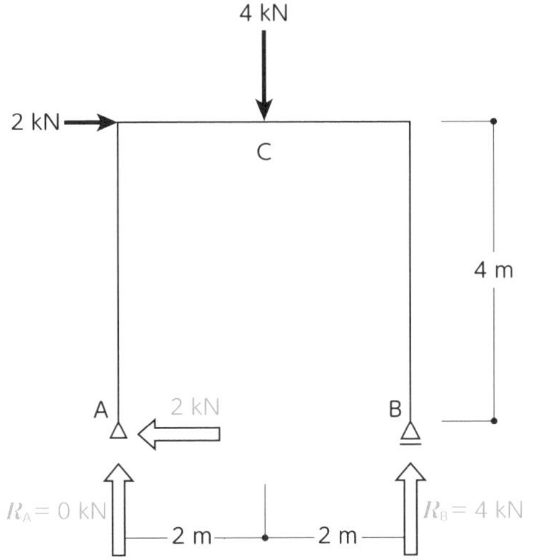

Ｂ点を基準にＡ点の反力（R_A）を求めます。

$R_A \times 4\ \mathrm{m} + 2\ \mathrm{kN} \times 4\ \mathrm{m} - 4\ \mathrm{kN} \times 2\ \mathrm{m} = 0 \Rightarrow R_A = 0\ \mathrm{kN}$

0なので反力はありません。

つり合い方程式 $\Sigma Y = 0$ より、**$0\ \mathrm{kN} + R_B - 4 = 0 \quad R_B = 4\ \mathrm{kN}$** ＋なので上向きです。

Ｃ点における曲げモーメントを求める。

曲げモーメントの求め方は、Ｃ点を基準に左側又は右側の力についてモーメントを合計します。

左側で求める場合は、Ａ点に水平反力がありますので忘れないようにして下さい。

左側で求める場合

$2\ \mathrm{kN} \times 4\ \mathrm{m} = 8\ \mathrm{kN}$ 鉛直反力 R_A は0なので無視します。

右側で求める場合

$-4\ \mathrm{kN} \times 2\ \mathrm{m} = -8\ \mathrm{kN}$ 符号は違いますが、同じ値になりました。

解説 問題 2 [2013－Ⅲ－問 3] 《正解 5》

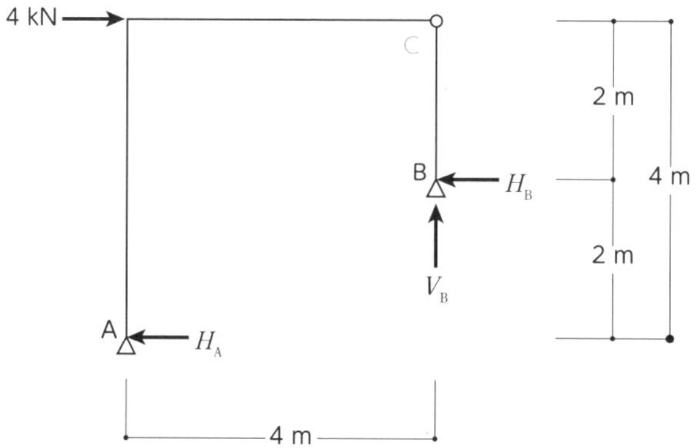

H_B を求める

C 点はヒンジなので曲げモーメントはありません。それを利用して解いていきます。

C 点の右側（下部分）における曲げモーメントは

H_B × 2 m = 0 ⇒ H_B = 0 kN V_B は距離が 0 なので無視します。

H_A を求める

力のつり合い方程式 $\Sigma X = 0$ より

H_A + H_B − 4 kN = 0 H_B は 0 kN なので **⇒ H_A = 4 kN**

V_B を求める

力のつり合い方程式 $\Sigma M = 0$ より、A 点を基準にモーメントを考えます。

4 kN × 4 m − V_B × 4 m ⇒ V_B = 4 kN

H_B を計算に入れることを忘れないでください。ただし、今回は 0 kN なのでモーメントも 0 です。

図にはありませんが、A 点にも鉛直反力が生じています。
V_B が＋ 4 kN なので、V_A は −4 kN、つまり、下向きに反力が生じていることになりますね。

解説 問題 3 [2016 - Ⅲ - 問 4] 《正解 1 》

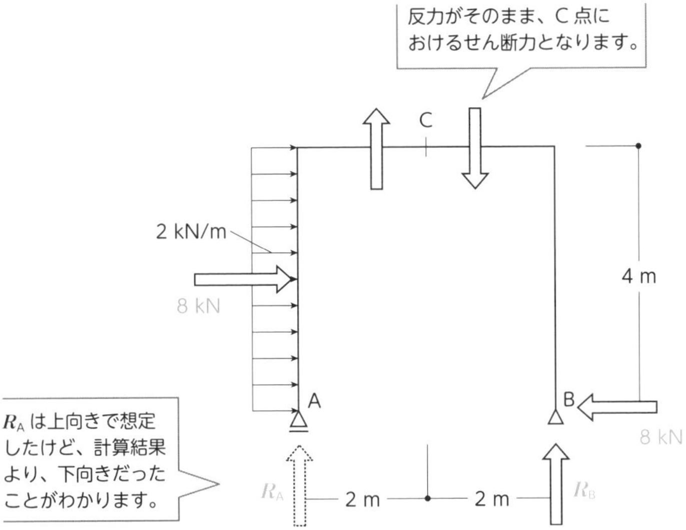

一見、ややこしそうですね、ですが、このような問題ほど、基本を忘れないようにしてください。
反力から見てみますが、左側はローラーなので鉛直反力、右側はピンなので、鉛直反力と水平反力が生じます。
水平反力は左からかかっている等分布荷重と等しくなることがわかりますよね。
反力を求める前に、等分布荷重を集中荷重に置き換えましょう。
2 kN/m の力が 4 m にわたって及んでいますので、集中荷重に置き換えると 8 kN です。

反力を求める。

B 点を基準にして R_A を求めます。
$R_A \times 4\ \mathrm{m} + 8\ \mathrm{kN} \times 2\ \mathrm{m} = 0 \Rightarrow R_A = -4\ \mathrm{kN}$ －になりましたので下向きになります。
力のつり合い方程式 $\Sigma Y = 0$ より、$-4\ \mathrm{kN} + R_B = 0 \Rightarrow R_B = 4\ \mathrm{kN}$
R_B は、上向きに 4 kN です。

C 点のせん断力を求める。

C 点より左側の力を合計します。R_A の 1 つしかありませんので、R_A と同じになります。
横からかかっている等分布荷重は、せん断力（梁をずらす力）にはなりませんので、加味しません。

解説 問題4 [2017 - Ⅲ - 問 4] 《正解 5 》

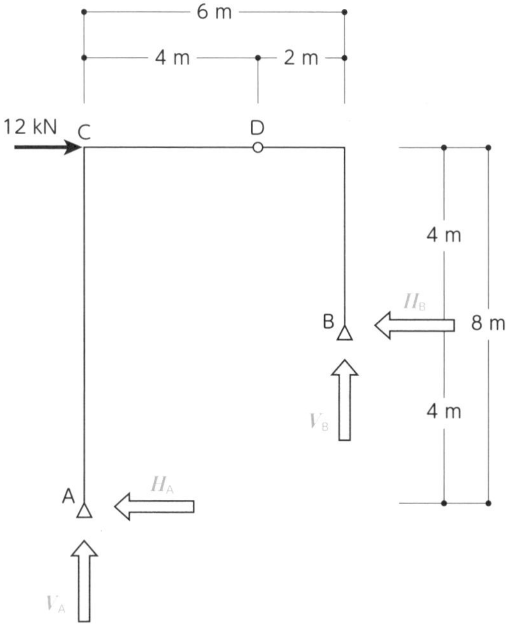

問題 2 と同じ要領で解いていきましょう。まずは反力を確認します。

A 点と B 点はともにピンなので、鉛直と水平の両方に反力が生じます。

B 点を基準にモーメントを考えます。

$12\ \mathrm{kN} \times 4\ \mathrm{m} + V_A \times 6\ \mathrm{m} + H_A \times 4\ \mathrm{m} = 0$ ……①

次に、D 点の曲げモーメントが 0 であることを利用し、D 点のモーメントを求めます。

D 点の左側で考えます。

$V_A \times 4\ \mathrm{m} + H_A \times 8\ \mathrm{m} = 0 \Rightarrow V_A = -2H_A$

これをはじめの式①に代入します。

$12\ \mathrm{kN} \times 4\ \mathrm{m} - 2H_A \times 6\ \mathrm{m} + H_A \times 4\ \mathrm{m} = 0 \Rightarrow H_A = 6\ \mathrm{kN}$

答えが＋なので図の通り左向きです。－の場合は図と反対の向きになります。

つり合い方程式$\Sigma X = 0$より、**$H_A + H_B - 12\ \mathrm{kN} = 0$** したがって、$H_B$ は 6 kN です。

$H_A = 6$ を①の式に代入すると、V_A は、－ 12 kN

CD 間のせん断力は、左側の荷重に対して合計しますので、V_A の 12 kN となります。

もちろん、右側でも OK です。

トラス ……結局は力のつり合いです

部材の接合（節点）をピン接合とし、三角形に部材を組んでいく構造形式をトラスと言います。この単元ではトラスの部材にかかる力を求めていきますが、ここでも、これまでの基本的な考え方が元になってきますよ。

学習のポイント！

- ☑ トラスは、部材の両端をピン接合とする。
- ☑ 外力（荷重や反力）は節点に作用する。
- ☑ 部材に生じる力は圧縮力か引張力のみ。
- ☑ 節点に作用する力（外力と部材の応力）は常につり合う。

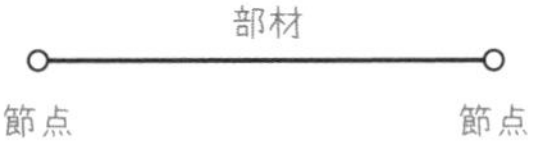
部材
節点
節点

＊ トラスの決まりごと

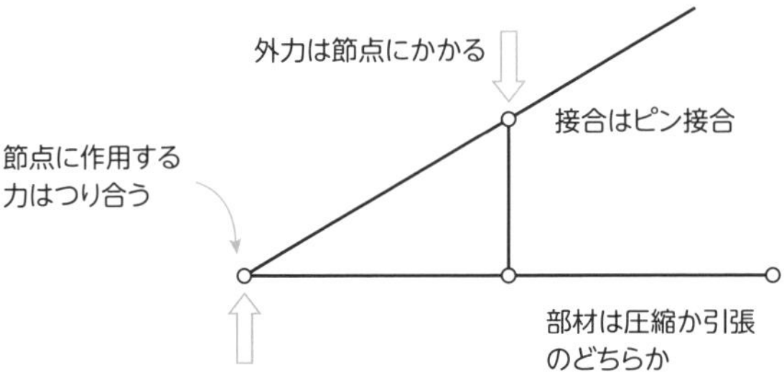
外力は節点にかかる
接合はピン接合
節点に作用する力はつり合う
部材は圧縮か引張のどちらか

＊ 圧縮材と引張り材

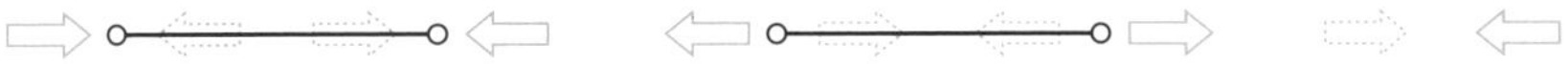

圧縮材
外から押される材。
内部から反発する。

引張材
外から引っ張られる材。
内部で反発。

この２つの力の大きさは同じ。

矢印が節点に向かうのが圧縮材、節点から離れるのが引張り材と覚えてください。

✱ 節点法　部材の応力を求める方法その１

節点では、外力を含め、各接合部材の力がつり合うようになっています。これを利用して解く方法です。

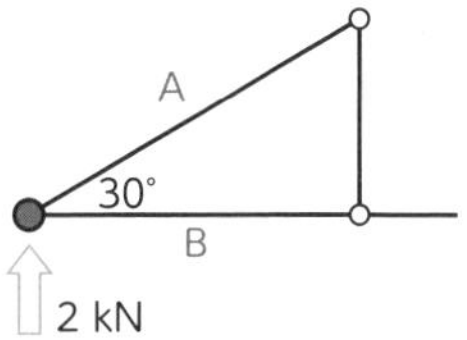

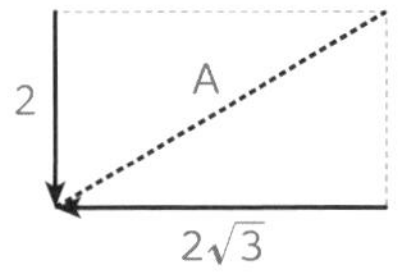

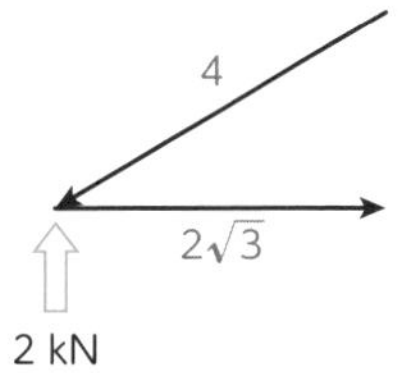

例えば、青丸の節点部分に上向きの力（外力）が **2 kN** 作用しているとします。この節点において力をつり合わせるためには、下向きに、同じ力である **2 kN** が必要となります。

部材Ｂは横向きにしか働きませんので、部材Ａで、下向き２ kN の力を考えます。斜めの力は、縦と横に分解することができました。30°なので、1：2：$\sqrt{3}$。

部材Ａの縦の力を **2 kN** にすれば、上下の力がつり合います。三角形の辺の長さの比から、横向きの力は **$2\sqrt{3}$ kN** になります。
部材Ａそのものの力は、4kN になります。また、節点に向かっていますので、圧縮材です。

まだ左右の問題が残っています。
部材Ａは右から左に **$2\sqrt{3}$ kN** の力で押していますので、部材Ｂで、同じ力の **$2\sqrt{3}$ kN** を右向きに作用させてあげます。
これで、左右の力もつり合いました。
部材Ｂは、節点から離れる方向なので、引張材です。

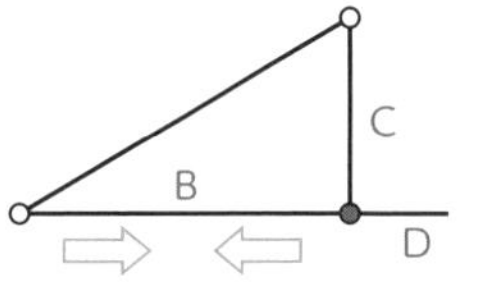

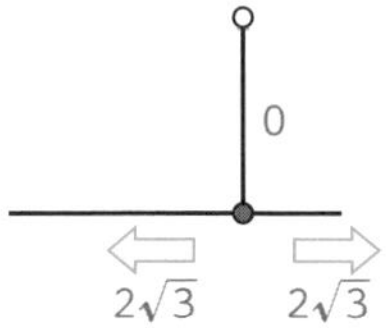

ついでに、部材Ｃと部材Ｄについても求めてみましょう。
青丸部分の節点に作用する力のつり合いを考えます。

今わかっているのは、部材Ｂが **$2\sqrt{3}$ kN** で引張材ということです。節点から離れる向き。

Ｄに関しては、Ｂと同じように節点から離れる向き（右向き）にすればつり合います。同じ力 **$2\sqrt{3}$ kN** です。

部材Ｃですが、この節点に作用する縦方向の力はＣのみですので、部材Ｃの力は **0 kN** になります。

✱ 切断法　部材の応力を求める方法その 2

トラスを 2 つに分けると、その一方に作用する外力と切断された部材の応力がつり合います。それを利用して求める方法です。

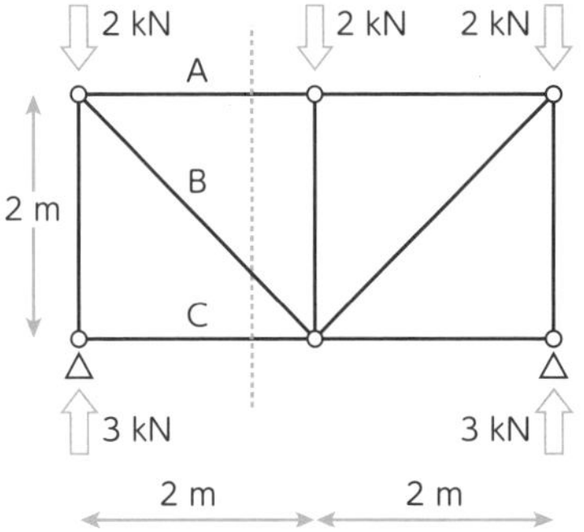

上から **2 kN** の荷重が 3 ヶ所の節点に作用しているトラスがあります。反力は、合計の半分で **3 kN** ずつになります。

このトラスにおいて、点線で切断した場合、この点線から左側の外力（2 kN と 3 kN）と切断された部材 A、B、C、この 5 つの応力がつり合います。これを利用して解いていきます。
右側でも可能です。

縦方向のつり合い（$\Sigma Y = 0$）
上からの 2 kN と反力の 3 kN、そして B の縦成分の合計が 0 です。
つり合い方程式より、B の縦成分は **1 kN**（下向き）になります。
45°なので、横成分も同じ **1 kN**（右向き）です。

横方向のつり合い（$\Sigma X = 0$）
A と C、そして B の横成分の合計が 0 kN になります。

モーメントのつり合い（$\Sigma M = 0$）
任意の点、例えば青丸を基準としたモーメントを計算すると 0 になります。

$$-2\,\mathrm{kN} \times 2\,\mathrm{m} + 3\,\mathrm{kN} \times 2\mathrm{m} + A \times 2\,\mathrm{m} = 0$$

B と C は距離が 0 なのでモーメントも 0
従って、A は **−1 kN** と求まります。
−なので、想定した向きとは反対の左向き

B の横成分が右向きに **1 kN**、A が左向きに **1 kN** なので、C の応力を **0 kN** にすると、横方向の力はつり合うことになります。

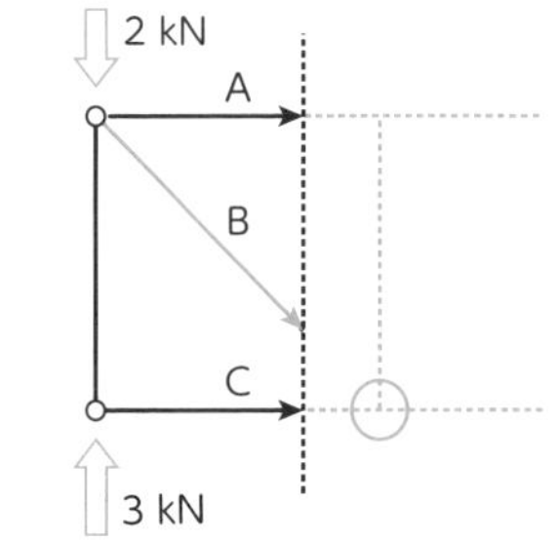

縦方向をつり合わせるために、B の縦成分は下向きに 1 kN の力が必要です。

節点法で解くか切断法で解くかは、問題を見て判断します。いくつか練習問題を行なえば、どちらがいいか判断できるようになると思います。

＊ トラスに関する諸性質

接点に接合する部材が２本で、この接点に外力が作用しない場合、部材の応力は０になります。

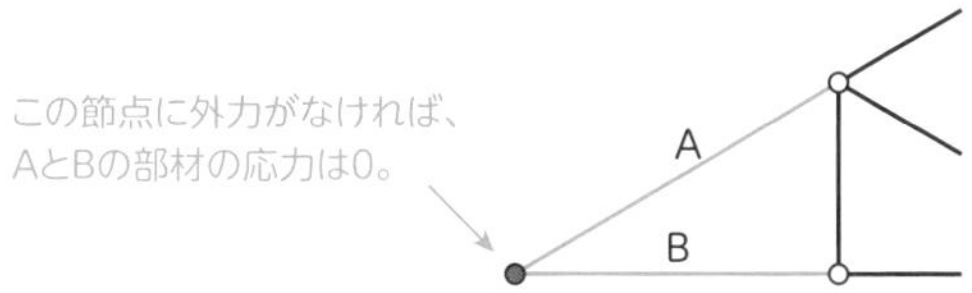
この節点に外力がなければ、
AとBの部材の応力は0。
A
B

接点に接合する部材が３本の場合で、そのうちの２本が直線をなし、なおかつ、外力が作用しない場合、直線上の２本の部材は応力が等しく、残りの部材の応力は０になる。

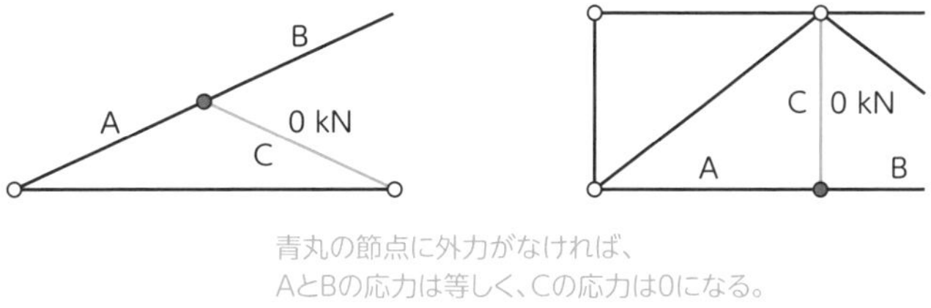

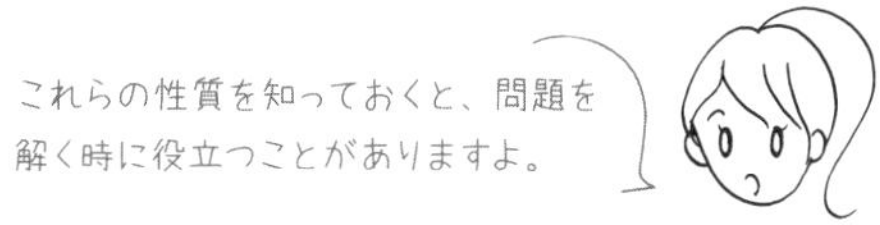
これらの性質を知っておくと、問題を
解く時に役立つことがありますよ。

MEMO

問題１［2016－Ⅲ－問5］

図のような外力を受ける静定トラスにおいて、部材Ａに生じる軸方向力の値として、**正しい**ものは、次のうちどれか。ただし、軸方向力は引張力を「＋」、圧縮力を「－」とする。

1. ＋ $4\sqrt{2}$ kN
2. ＋ $2\sqrt{2}$ kN
3. －$\sqrt{2}$ kN
4. － $2\sqrt{2}$ kN
5. － $4\sqrt{2}$ kN

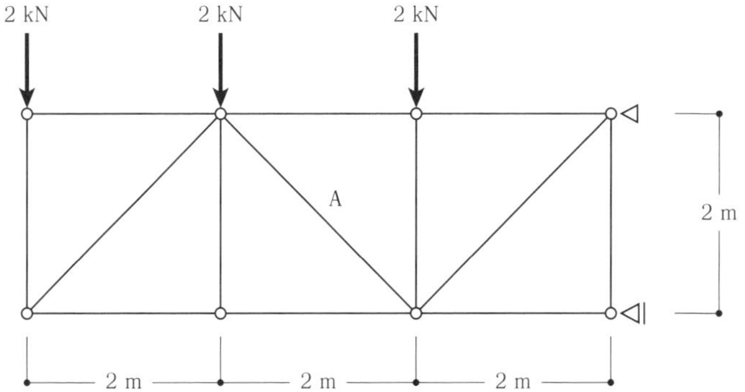

解説
動画

この問題は切断法で解いてみてください。
部材Ａを通るところで切断し、どちらか片側の外力と切断された部材の応力がつり合いますよ。
問題の中の軸方向力とは、圧縮力か引張力のことです。

問題 2［2020 - Ⅲ - 問 5］

図のような外力を受ける静定トラスにおいて、部材 A に生じる軸方向力の値として、**正しい**ものは、次のうちどれか。ただし、軸方向力は、引張力を「＋」、圧縮力を「－」とする。

1. $-3\sqrt{2}$ kN
2. $-\sqrt{2}$ kN
3. 0 kN
4. $+\sqrt{2}$ kN
5. $+3\sqrt{2}$ kN

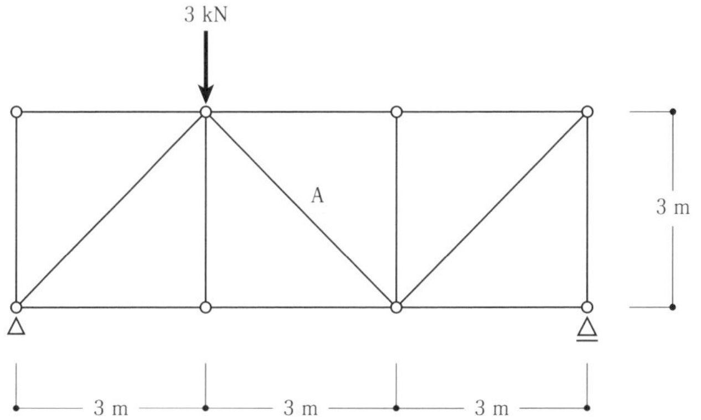

反力の簡単な求め方です。
上からかかっている荷重が梁の 1/3 のところ、つまり、1:2 で分けたところにかか っていますので、反力も 3 k N を 1:2 で分けた値となります。1 kN と 2 kN です。ただし、荷重がかかっている位置から近い反力（この問題の場合は、左側のピンの反力）が、2 kN になりますので、反対にならないよう注意してください。

問題３［2017－Ⅲ－問５］

図のような外力を受ける静定トラスにおいて、部材A、B、Cに生じる軸方向力の組合せとして、**正しい**ものは、次のうちどれか。ただし、軸方向力は、引張力を「＋」、圧縮力を「－」とする。

	A	B	C
1.	-4 kN	$+3\sqrt{2}$ kN	$+1$ kN
2.	$+4$ kN	$+3\sqrt{2}$ kN	-1 kN
3.	$+4$ kN	$-3\sqrt{2}$ kN	-1 kN
4.	$+8$ kN	$-3\sqrt{2}$ kN	-1 kN
5.	$+8$ kN	$+3\sqrt{2}$ kN	-2 kN

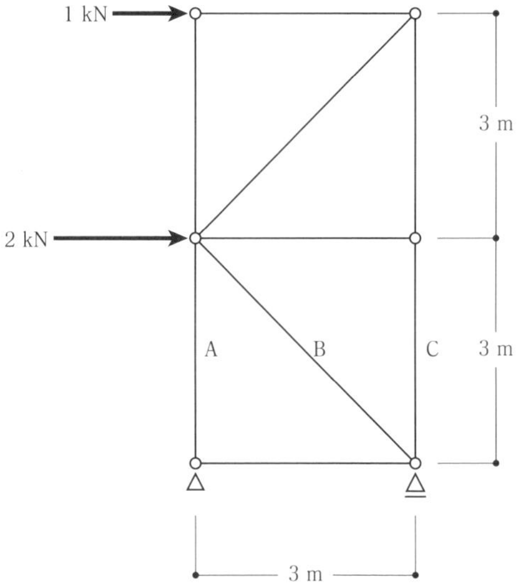

この問題は、節点法か切断法か迷いますよね。
そんな場合は、両方で試してみるといいです。
午後の、構造と施工の時間は、比較的時間
に余裕があると思いますよ。

問題4［2018－Ⅲ－問5］

図のような外力を受ける静定トラスにおいて、部材A、B、Cに生じる軸方向力の組合せとして、**正しい**ものは、次のうちどれか。ただし、軸方向力は、引張力を「＋」、圧縮力を「－」とする。

	A	B	C
1.	＋12 kN	＋$6\sqrt{3}$ kN	0 kN
2.	＋12 kN	－$6\sqrt{3}$ kN	0 kN
3.	－12 kN	＋$6\sqrt{3}$ kN	＋6 kN
4.	＋6 kN	－$3\sqrt{3}$ kN	0 kN
5.	－6 kN	＋$3\sqrt{3}$ kN	－6 kN

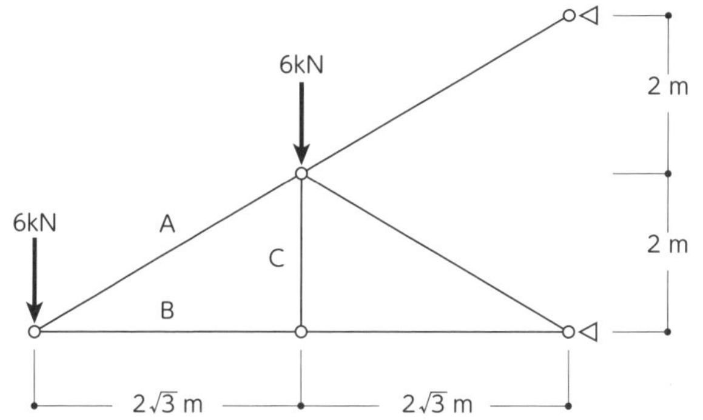

解説動画

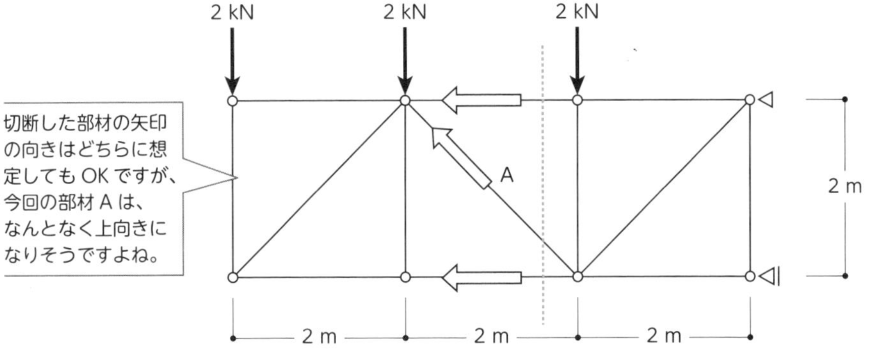

切断法で解いていきます。求めたいAを含む位置で切断してください。
切断した位置から左側の外力（2 kN が 2 つ）と切断された 3 つの部材がつり合います。
切断位置より左には、反力が生じている点（ピン又はローラー）がありませんので、反力計算は必要ありません。
縦方向の力は、上からの外力 2 kN が 2 つと、部材 A の縦成分、この 3 つです。
つり合い方程式 $\Sigma Y = 0$ より

－2－2＋A の縦成分＝0 ⇒ A の縦成分＝4 kN

（答えが＋なので、想定通りの向きになります。節点に向かっていますので圧縮材です。答えが－になった場合は、想定とは反対の向きになりますので引張材です。）

部材 A の縦の成分が 4 kN ということはわかりましたが、求めたいのは部材 A そのものの力です。45 度の三角形の場合は、1：1：$\sqrt{2}$ の比になりますので、部材 A の軸方向力は、**$4\sqrt{2}$ kN** となります。圧縮材なので、設問より符号は「－」となります。したがって答えは、**$-4\sqrt{2}$ kN** です。

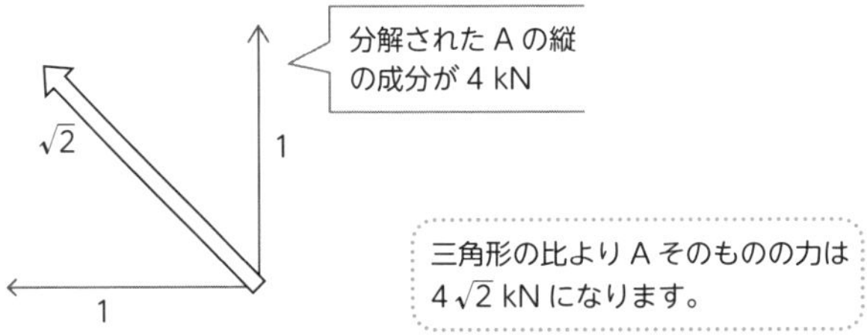

解説 **問題 2** ［2020 - Ⅲ - 問 5］ **《正解 2》**

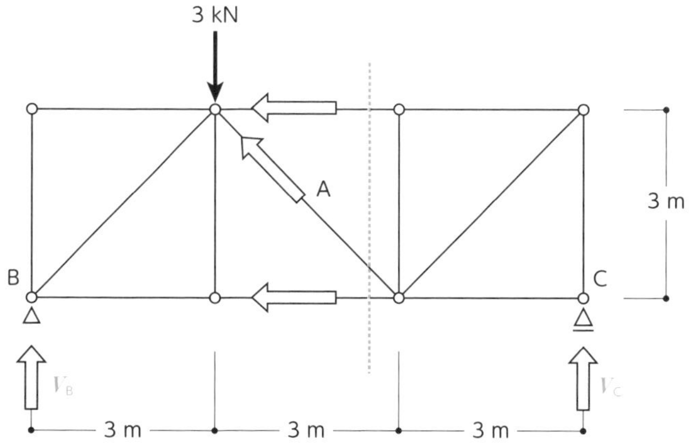

ピン部分を B 点、ローラー部分を C 点とします。

切断法で解きます。部材 A を含む部分で切断してください。

切断された 3 つの部材と左側の外力（上からの 3kN と V_B）がつり合います。

C 点を基準に反力 V_B を求めます。V_B は上向きを想定

V_B × 9 m − 3 kN × 6 m = 0　⇒　V_B = 2 kN　プラスなので、想定通り上向きです。

力のつり合い方程式 $\Sigma Y = 0$ より、

V_B − 3 kN + A の縦成分 = 0　⇒　A の縦成分 = 1 kN

プラスなので、想定通り上向きとなります。また、節点に向かう向きなので圧縮材です。

三角形の辺の比（1：1：$\sqrt{2}$）より、部材 A の軸方向力は、$-\sqrt{2}$ kN（圧縮）となります。

解説 **問題3**［2017－Ⅲ－問5］ 《**正解3**》

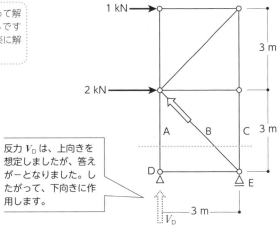

この問題は、節点法を使って解くか切断法か悩むところですが、両方をうまく使うと楽に解くことができます。

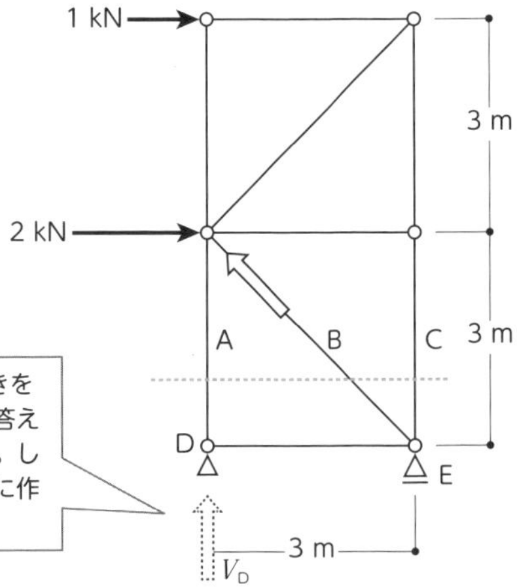

反力 V_D は、上向きを想定しましたが、答えが－となりました。したがって、下向きに作用します。

E 点を基準に、ピン部分の反力 V_D を求めます。

1 kN × 6 m ＋ 2 kN × 3m ＋ V_D × 3 m ＝ 0 ⇒ V_D ＝－ 4 kN

答えが－なので想定とは反対の下向き

節点法により、D点のつり合いを考えると、部材 A は上向きに 4 kN の力が必要です。節点から離れる向きなので、引張材であることがわかります。

外力によって骨組みは右に傾こうとするため、部材Aは伸ばされる力（引張力）が生じます。

図を見て、部材 B が圧縮材（押される部材）であることがわかる人は、この時点で答えが 3 であることが判断できます。

次に切断法です。点線の位置で切断し、上部分の力のつり合いを考えます。

外力である 1 kN と 2 kN、それから、ABC 3 つの部材がつり合います。

力のつり合い方程式 $\Sigma X = 0$ より、横方向のつり合いを考えると、部材 B の横成分は、左向きに **3 kN** になりますね。一応計算してみますと

－ 1 kN － 2 kN ＋ B の横成分＝ 0 ⇒ B の横成分＝ 3 kN

節点に向かう向きなので圧縮材です。

三角形の比より、部材 B そのものの力は、**$3\sqrt{2}$ kN** です。

力のつり合い方程式 $\Sigma Y = 0$ より、縦方向の力を考えると、

部材A＋Bの縦成分＋部材C＝0 ⇒ － 4 kN ＋ 3 kN ＋部材C＝0 ⇒ 部材C＝1 kN

答えが＋なので、上向きです。節点に向かう向きなので圧縮材です。

解説 問題 4［2018－III－問 5］ 《正解 2》

この問題は、節点法で解いてみましょう。
下図における節点のつり合いから考えます。下向きに 6 kN の力が作用していますので、A の縦成分でつり合いを考えます。つり合わせるため、部材 A は上向きですね。

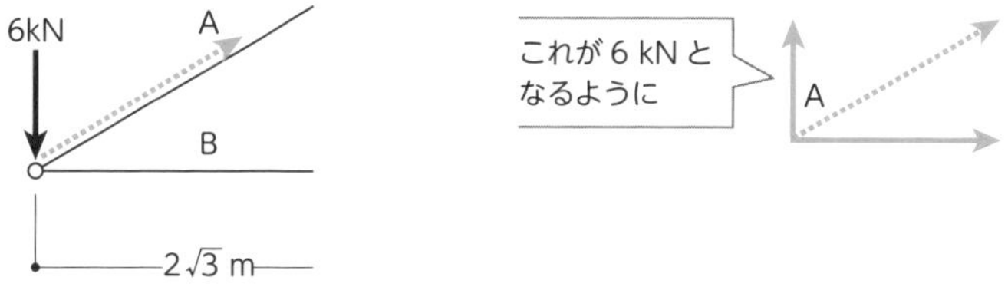

部材の長さより、A の角度は 30° です。部材 A の縦成分を 6 kN としたいので、三角形の比（1：2：$\sqrt{3}$）より、A の力は **12 kN** となります。A の横成分は 6$\sqrt{3}$ kN ですね。
部材 A は外力の 6 kN とつり合わせるために上向き、節点からは離れる向きとなりますので、引張材です。

次に部材 B を考えます。
A の横成分は **6$\sqrt{3}$ kN**（節点から離れる向き）なので、横方向のつり合いを考えると、
部材 B は、節点に向かう向き（圧縮）となります。
値は A の横成分と同じで **6$\sqrt{3}$ kN** です。

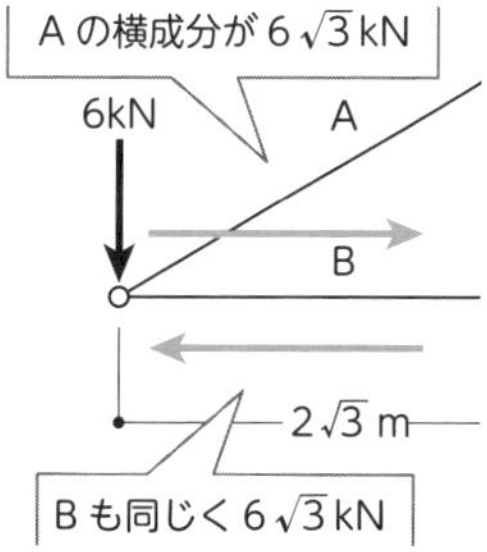

この段階で答えは 2 と判断できますが、一応、部材 C も考えてみます。
下図部分の節点では、縦方向の力が C しかありません。したがって、部材 C は 0 kN です。

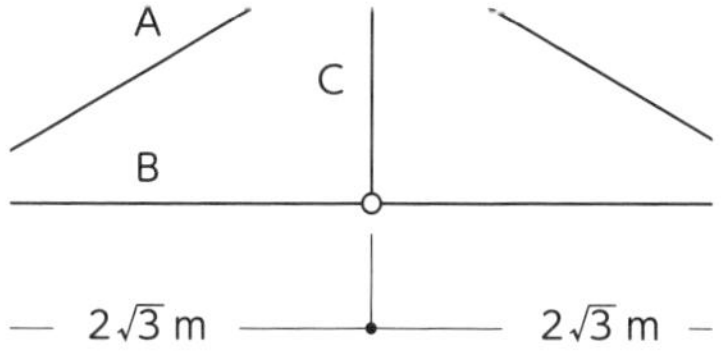

断面の性質 ……理解しなくても大丈夫

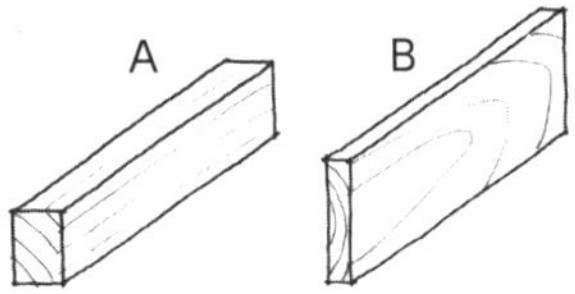

この２つの部材、どちらか手で割って下さいと言われたら、AとBどちらの部材を選びますか。そして、どの方向に力を入れて折りますか？
もちろん、Bの部材を選びますよね。そして薄い方に割ります。
では、AとBを比べると、どちらがどれだけ弱いのでしょうか。また、Bの部材は、方向によって、どれだけの違いがあるのでしょうか。それを実際に確認するのがこの単元の内容になります。

学習のポイント！

- ☑ 公式を覚えておけば、ほとんどの問題は解くことができる。
- ☑ 計算は確実に行なう。

＊ 断面二次モーメント

断面二次モーメントは、簡単に言うと「その部材の変形のしにくさ」だと考えて下さい。大きいほど、変形しにくいことになります。

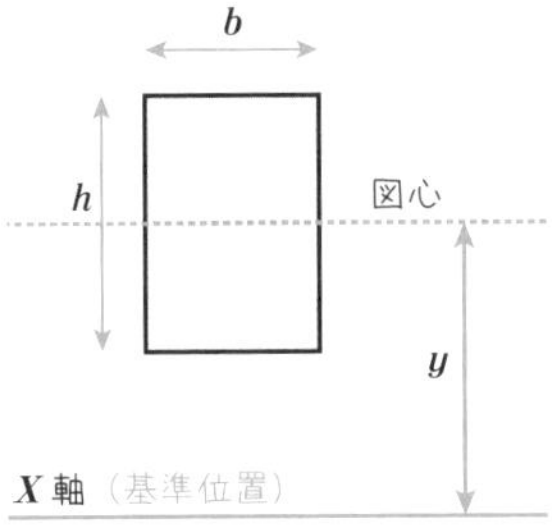

横幅を b、高さを h とした部材断面において X 軸を基準とした断面二次モーメントは、

$$I = \frac{bh^3}{12} + bhy^2$$

で求めることができます。

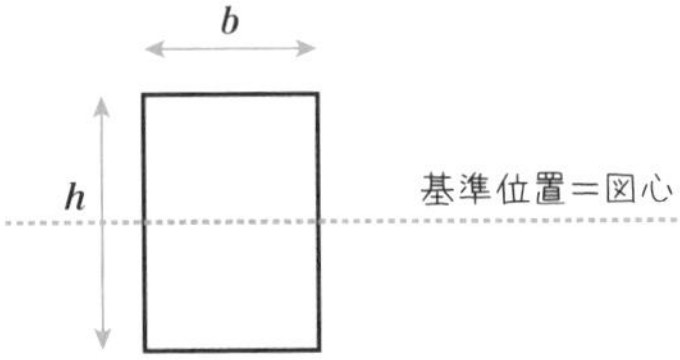

図心を基準位置とすると、y が０になりますので、

$$I = \frac{bh^3}{12}$$ これだけになります。

この公式をしっかり覚えてください。

✱ 断面一次モーメント

断面一次モーメントは、ある図形の図心（重心の位置）を求める時に利用します。
断面一次モーメントの求め方は、図形の面積×基準になる位置から図心までの距離になりますが、ここでは簡単に、面積×距離と覚えて下さい。

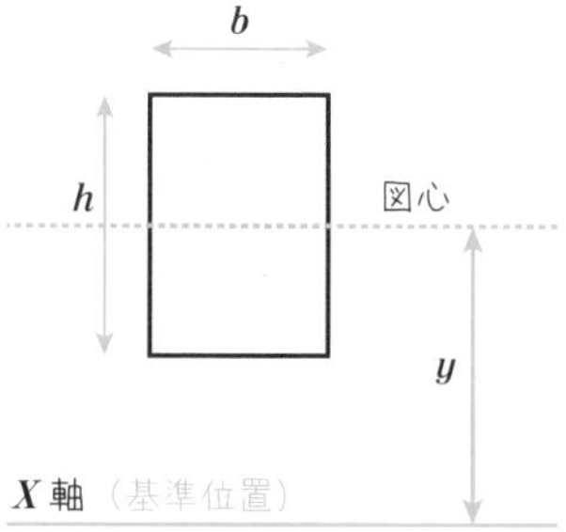

左図の場合
X 軸を基準とした断面一次モーメントは、

$bh \times y$　となります。

長方形の場合、図心はちょうど真ん中です。

図形が長方形でない場合は、長方形に分けて考えることができます。
これを利用すれば、長方形でない図形の図心を求めることができます。

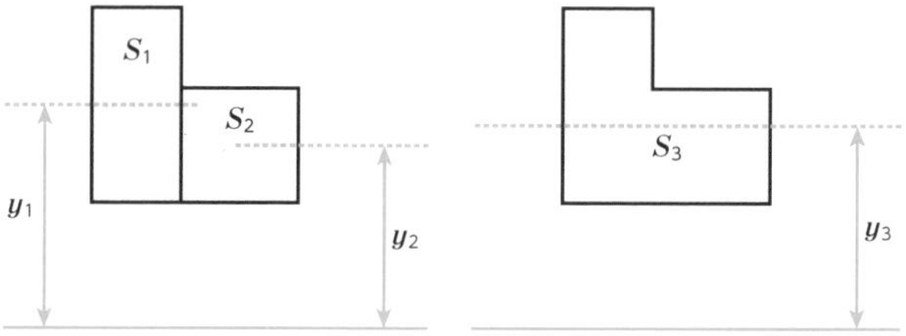

$$S_1 \times y_1 + S_2 \times y_2 = S_3 \times y_3$$

（S は面積）

y3 以外の数値は求めることができますので、y3（図心の位置）を求めることが可能です。

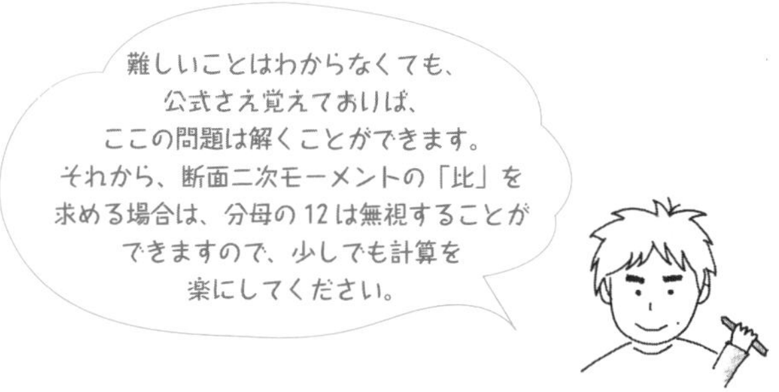

難しいことはわからなくても、
公式さえ覚えておけば、
ここの問題は解くことができます。
それから、断面二次モーメントの「比」を
求める場合は、分母の 12 は無視することが
できますので、少しでも計算を
楽にしてください。

問題1 ［2016－Ⅲ－問1］

図のような断面における X 軸に関する断面二次モーメントの値として、**正しい**ものは、次のうちどれか。

1. 1,136 cm^4
2. 2,144 cm^4
3. 2,208 cm^4
4. 2,272 cm^4
5. 4,228 cm^4

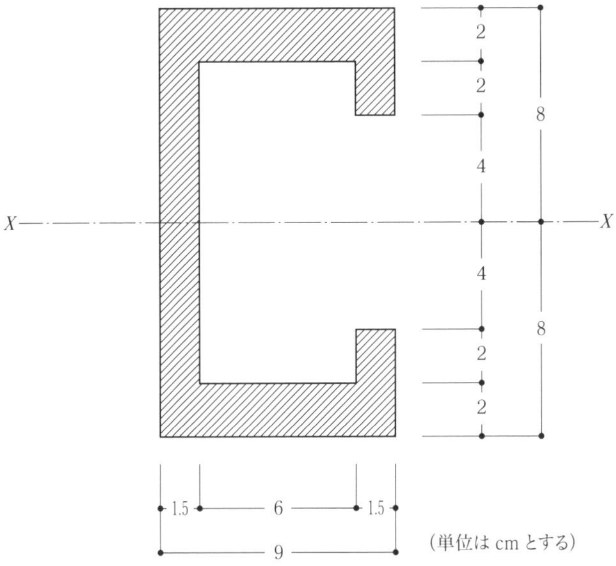

（単位は cm とする）

解説
動画

断面二次モーメントの問題では、まず公式をどこかに書いちゃってください。
この断面は四角ではないので、一度には求まらないですが、大きな四角から中の四角を引けば求まりますよ。

問題 2 ［2017－Ⅲ－問 1］

図のような断面において、図心の座標 (x_0, y_0) の値として、**正しい**ものは、次のうちどれか。ただし、$x_0 = \dfrac{S_y}{A}$、$y_0 = \dfrac{S_x}{A}$ であり、S_x、S_y はそれぞれ X 軸、Y 軸まわりの断面一次モーメント、A は全断面積を示すものとする。

	x_0 (mm)	y_0 (mm)
1.	15	20
2.	20	20
3.	20	30
4.	25	30
5.	25	35

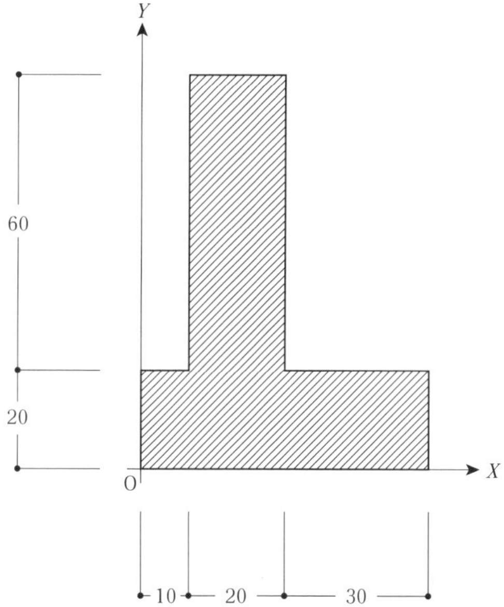

解説動画

（単位は mm とする）

この断面の場合は、長方形になるよう上下に分けて、それぞれ断面一次モーメントを考えるといいです。
この問題も、手順がわかっていれば、機械的に解くことができますよ。

問題３［2018－Ⅲ－問１］

図のような断面におけるX軸に関する断面二次モーメントの値として、**正しい**ものは、次のうちどれか。

1. 251.5 cm^4
2. 433.0 cm^4
3. 540.0 cm^4
4. 796.0 cm^4
5. 978.0 cm^4

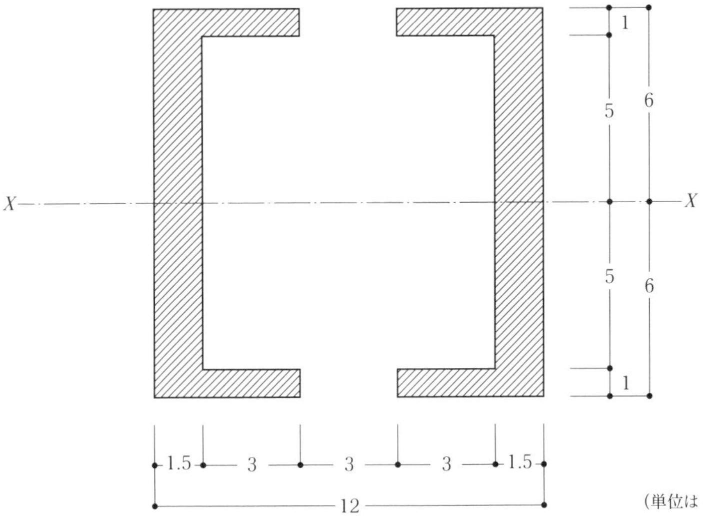

（単位は cm とする）

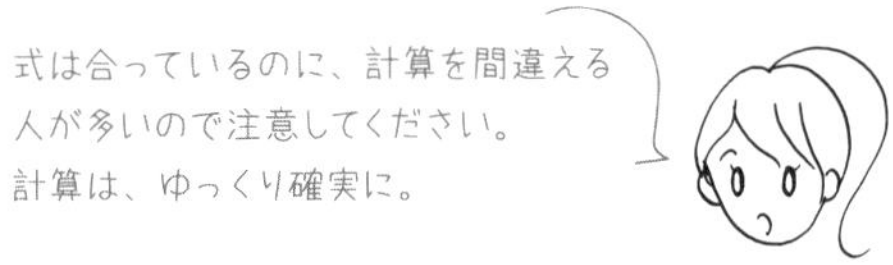

式は合っているのに、計算を間違える
人が多いので注意してください。
計算は、ゆっくり確実に。

問題 4［2019 - Ⅲ - 問 1］

図のような断面において、図心の座標（x_0, y_0）の値として、**正しい**ものは、次のうちどれか。ただし、$x_0 = \dfrac{S_y}{A}$、$y_0 = \dfrac{S_x}{A}$であり、S_x、S_y はそれぞれ X 軸、Y 軸まわりの断面一次モーメント、A は全断面積を示すものとする。

	x_0（mm）	y_0（mm）
1.	15	20
2.	15	35
3.	15	40
4.	20	35
5.	20	40

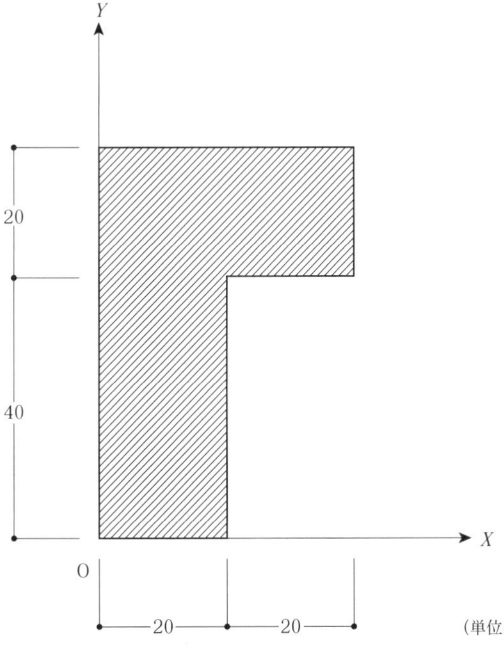

（単位は mm とする。）

この断面の場合は、上下に分けてもいいですし、左右に分けてもいいです。結果はもちろん同じになりますよ。

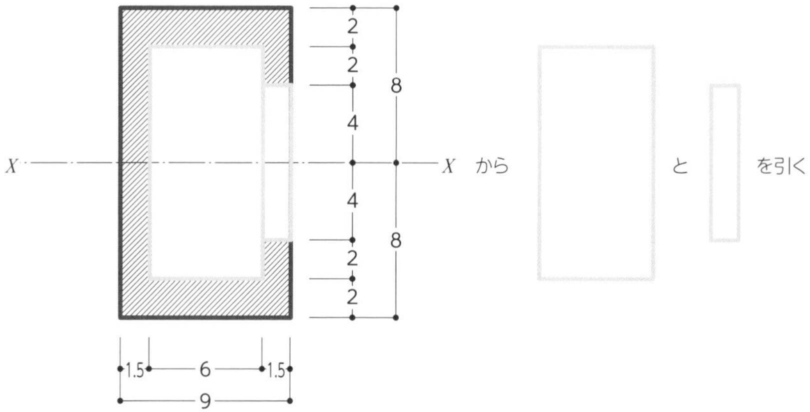

長方形断面の断面二次モーメントを求める公式は、$I = \dfrac{bh^3}{12} + bhy^2$ です。

この問題の場合は、基準の位置と図心が一致しています。つまり、y が 0 になりますので、公式は、$I = \dfrac{bh^3}{12}$ だけになります。

斜線部分の形状は複雑ですが、全体から空洞になっている部分を引けば、斜線部分の断面二次モーメントを求めることができます。

$$\frac{9 \times 16^3}{12} - \frac{6 \times 12^3}{12} - \frac{1.5 \times 8^3}{12} = 2{,}144$$

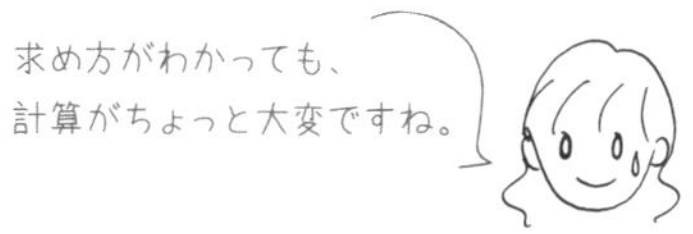

求め方がわかっても、
計算がちょっと大変ですね。

解説 **問題 2** [2017 - III - 問 1] **《正解 4》**

この問題は、断面一次モーメントの公式を利用します。

断面一次モーメント＝面積×図心までの距離

図形全体に対する図心の位置は、一度には求まりませんので、この図形を 2 つの長方形に分けてください。

まずは、X 軸に対して断面一次モーメントを求めます。

上の長方形　60 × 20 × 50 = 60,000

下の長方形　20 × 60 × 10 = 12,000

２つの長方形を合わせて考えてみると、

2,400 × y_0（図心までの距離）＝ 72,000　⇒　y_0 は、30　となります。

次に、Y 軸に対して断面一次モーメントを求めます。

上の長方形　60 × 20 × 20 = 24,000

下の長方形　20 × 60 × 30 = 36,000

２つの長方形を合わせて考えてみると、

2,400 × x_0（図心までの距離）＝ 60,000　⇒　x_0 は、25　となります。

2,400 は、
図形全体の
面積ですよ。

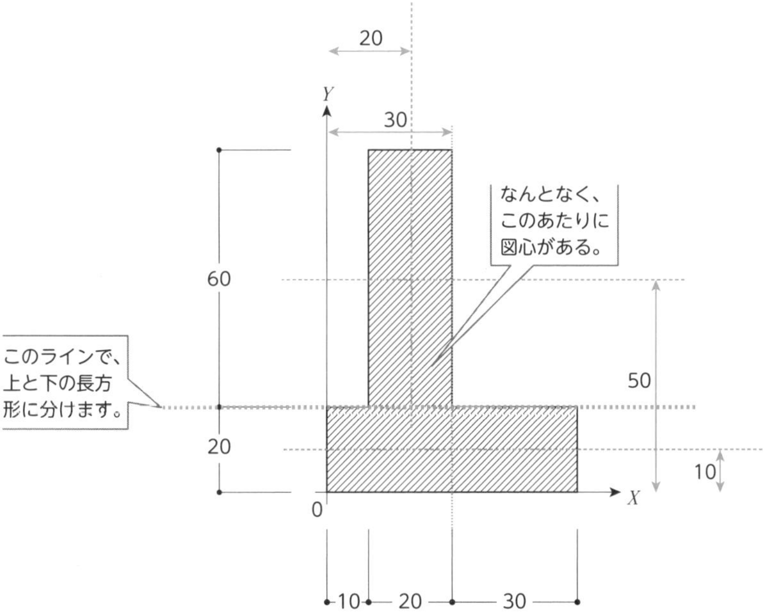
20
Y
30
60
なんとなく、
このあたりに
図心がある。
50
このラインで、
上と下の長方
形に分けます。
20
10
0
X
10
20
30

解説 **問題 3**［2018 - Ⅲ - 問 1］　　《正解 4》

断面二次モーメントを求める公式は、$I = \frac{bh^3}{12} + bhy^2$

基準の位置と図心が一致していますので、$I = \frac{bh^3}{12}$ ですね。

問題 1 と同じく、斜線部分の形状が複雑なので、全体から空洞部分を引くようにします。

全体から真ん中の この部分と  この部分を 2 つ分引けば求まります。

$$\frac{12 \times 12^3}{12} - \frac{3 \times 12^3}{12} - \frac{2 \times 3 \times 10^3}{12} = 796\text{cm}^4$$

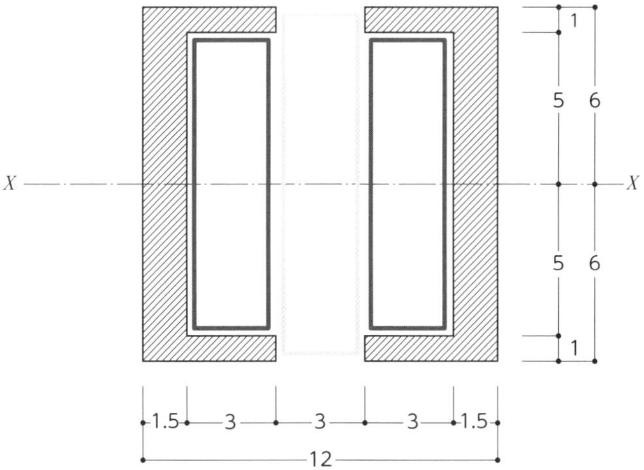

解説 **問題 4**［2019－Ⅲ－問 1］［2019-301］　　**《正解 2》**

この問題は、断面一次モーメントの公式を利用して解きます。

断面一次モーメント＝面積×図心までの距離

公式より、図心までの距離＝断面一次モーメント / 面積　となりますが、断面一次モーメントは長方形断面でないと求めることができませんので、2 つの長方形に分けて考え、合わせるようにします。

この解説では上と下の長方形に分けて解説していますが、左右に分けても構いません。

まずは、X 軸に対して断面一次モーメントを求めます。

上の長方形　40 × 20 × 50 = 40,000

下の長方形　20 × 40 × 20 = 16,000

2 つの長方形を合わせて考えてみると、

1,600 × y_0（図心までの距離）= 56,000　⇒　y_0 は、35　となります。

次に、Y 軸に対して断面一次モーメントを求めます。

上の長方形　40 × 20 × 20 = 16,000

下の長方形　20 × 40 × 10 = 8,000

2 つの長方形を合わせて考えてみると、

1,600 × x_0（図心までの距離）= 24,000　⇒　x_0 は、15　となります。

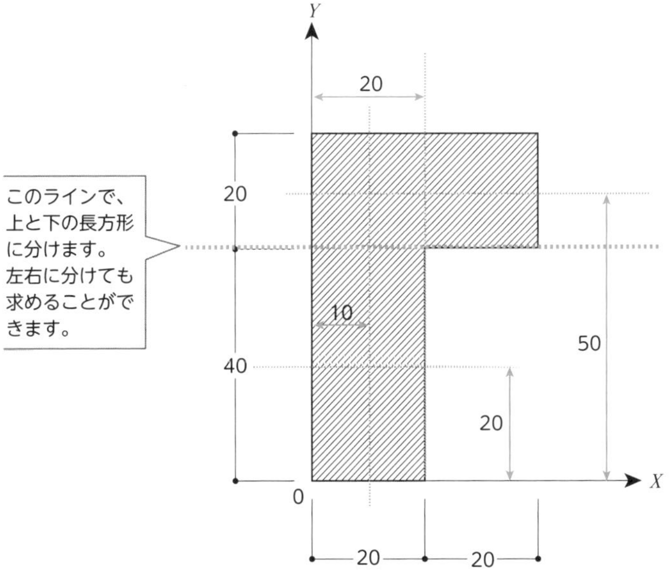

Y
20
このラインで、
上と下の長方形
に分けます。
左右に分けても
求めることができます。
20
10
40
50
20
0
X
20
20

応力度……「図」だけ見れば、問題は解ける

部材に応力が生じた場合の単位面積当たりの力の大きさを**応力度**と言います。
コンクリートと木材は、一見コンクリートの方が強そうですが、同じ断面積で比較するとどうでしょうか。引張りや曲げに対しては、もしかしたら木材の方が強いかもしれませんね。

学習のポイント!

- ☑ 応力度には、垂直応力度（圧縮と引張り）、せん断応力度、曲げ応力度がある
- ☑ 試験問題に出てくるのは、ほとんどが曲げ応力度
- ☑ 他の問題と同じく、機械的に解くようにする

＊ 垂直応力度

垂直応力度とは、部材が軸方向力（圧縮力又は引張力）を受けた場合、その時の単位面積当たりの力の大きさを言います。

$$\text{垂直応力度} = \frac{\text{軸方向力}}{\text{断面積}}$$

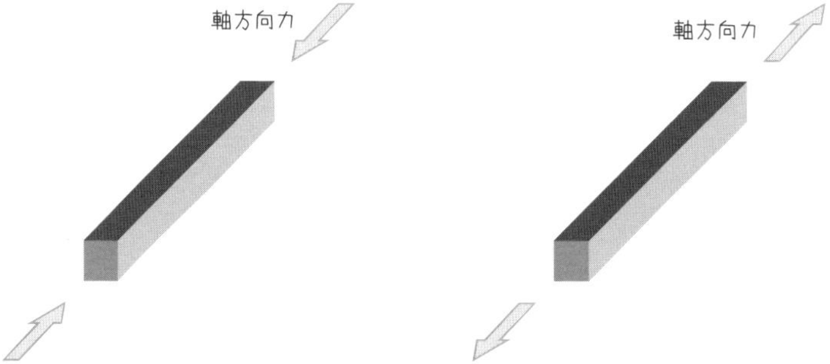

圧縮力の場合　　引張力の場合

例えば、断面積が 2500 mm^2 の材に 10,000 N の圧縮力が生じている場合の垂直応力度は、**10,000 N ／ 2,500 mm^2 = 4 N ／ mm^2**　になります。
つまり、1 mm^2 に対して、4 N の力が作用しているということです。

＊ せん断応力度

せん断応力度とは、単位面積当たりの力（せん断力）の大きさを言います。

$$\text{せん断応力度} = 1.5 \times \frac{\text{最大せん断力}}{\text{断面積}}$$

（長方形断面の場合）

この公式はほとんど使いません。

＊ 曲げ応力度

曲げ応力度とは、曲げ材の上下縁に生じる垂直応力度の大きさを言います。

$$\text{最大曲げ応力度} = \frac{\text{最大曲げモーメント}}{\text{断面係数}}$$

最大曲げモーメントとは、その部材において曲げモーメントが最大となるところです。

もしくは、最大曲げモーメント ＝　最大曲げ応力度×断面係数　という形になります。

＊ 断面係数

断面係数とは、その材料の曲げに対する強さです。

$$\text{断面係数} = \frac{bh^2}{6}$$

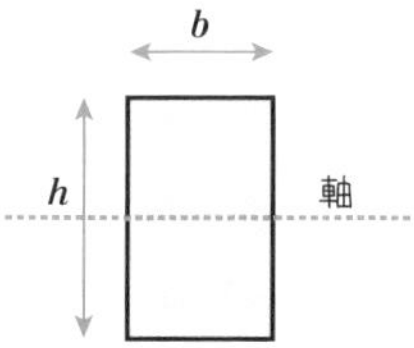

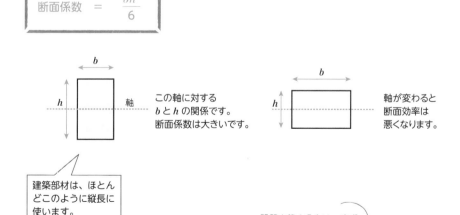

この軸に対する
b と h の関係です。
断面係数は大きいです。

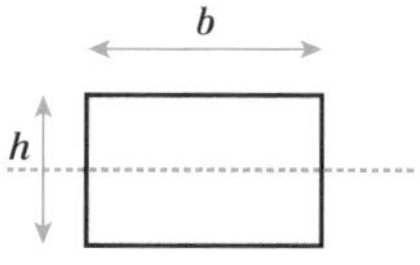

軸が変わると
断面効率は
悪くなります。

建築部材は、ほとんどこのように縦長に使います。

問題を解く場合は、まず
最大曲げモーメントを
求める必要がありますよ。

問題 1 ［2019 - Ⅲ - 問 2］

図のような荷重を受ける単純梁に断面 100 mm × 200 mm の部材を用いた場合、その部材に生じる最大曲げ応力度として、**正しい**ものは、次のうちどれか。ただし、部材の自重は無視するものとする。

1. 30 N/mm^2
2. 45 N/mm^2
3. 60 N/mm^2
4. 75 N/mm^2
5. 90 N/mm^2

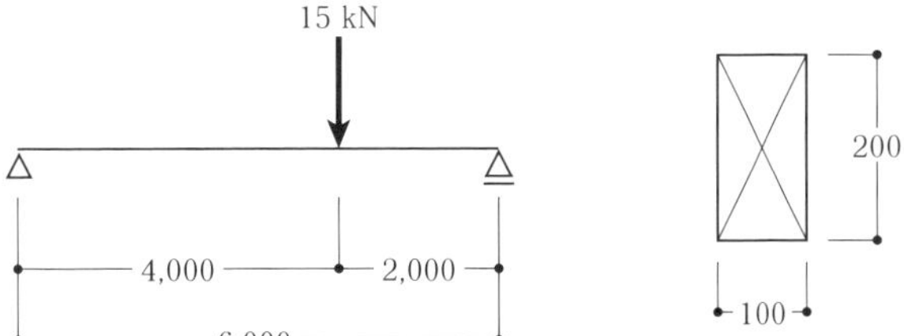

部材断面

（寸法の単位は mm とする）

解説
動画

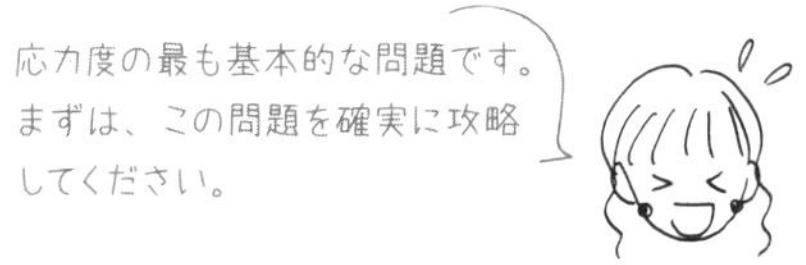

応力度の最も基本的な問題です。
まずは、この問題を確実に攻略
してください。

問題 2 ［2017 - Ⅲ - 問 2］

図のような等分布荷重を受ける単純梁に断面 100 mm × 200 mm の部材を用いた場合、A 点に生じる最大曲げ応力度として、**正しい**ものは、次のうちどれか。ただし、部材の断面は一様とし、自重は無視するものとする。

1. 6 N/mm^2
2. 9 N/mm^2
3. 12 N/mm^2
4. 18 N/mm^2
5. 36 N/mm^2

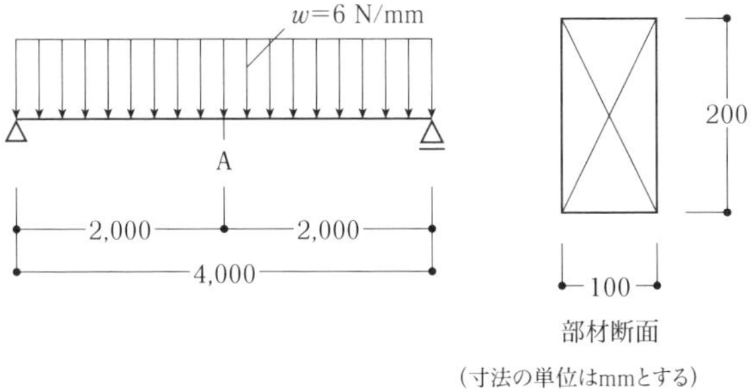

部材断面

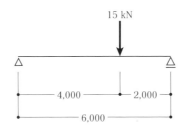

（寸法の単位はmmとする）

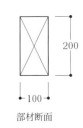

問題 3［2020－Ⅲ－問 2］

図のような等分布荷重 w を受ける長さ l の片持ち梁に断面 $b \times h$ の部材を用いたとき、その部材に生じる最大曲げ応力度として、**正しい**ものは、次のうちどれか。ただし、部材の自重は無視するものとする。

1. $\dfrac{3wl^2}{bh^2}$
2. $\dfrac{3wl^2}{b^2h}$
3. $\dfrac{6wl^2}{bh^2}$
4. $\dfrac{6wl^2}{b^2h}$
5. $\dfrac{6wl^2}{b^3h}$

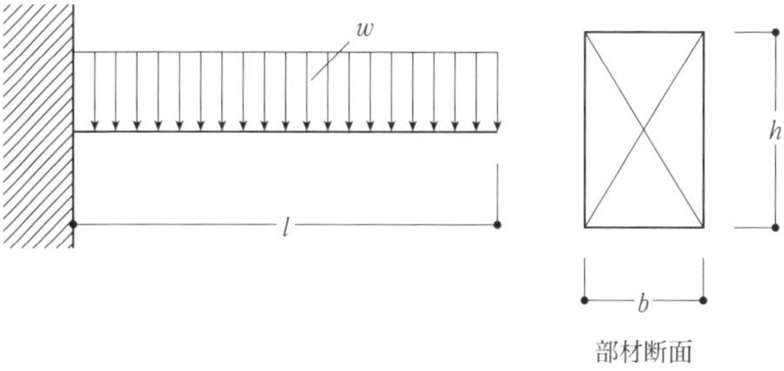

問題 4［2018－Ⅲ－問 2］

図のような荷重を受ける単純梁に、断面 90 mm × 200 mm の部材を用いた場合、その部材が許容曲げモーメントに達するときの荷重 P の値として、**正しい**ものは、次のうちどれか。ただし、部材の許容曲げ応力度は 20 N/mm^2 とし、自重は無視するものとする。

1. 2 kN
2. 4 kN
3. 6 kN
4. 8 kN
5. 12 kN

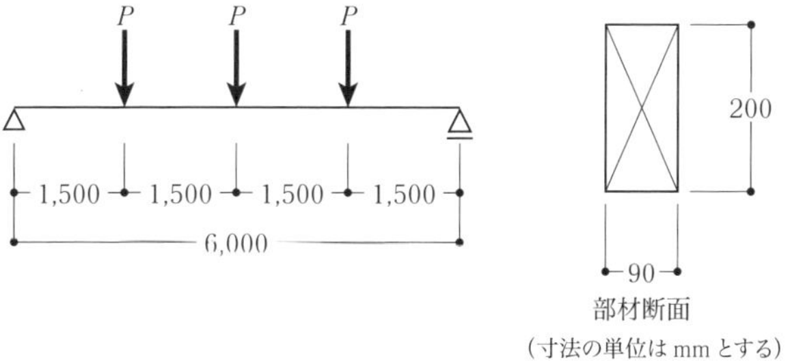

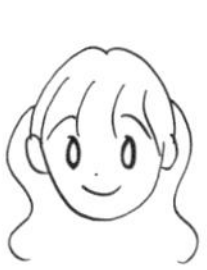

この問題は、曲げ応力度がはじめ
からわかっていて、
荷重の値を求める問題です。
でも、使う公式は同じですよ。

解説 問題 1 ［2019－Ⅲ－問 2］ 《正解 1》

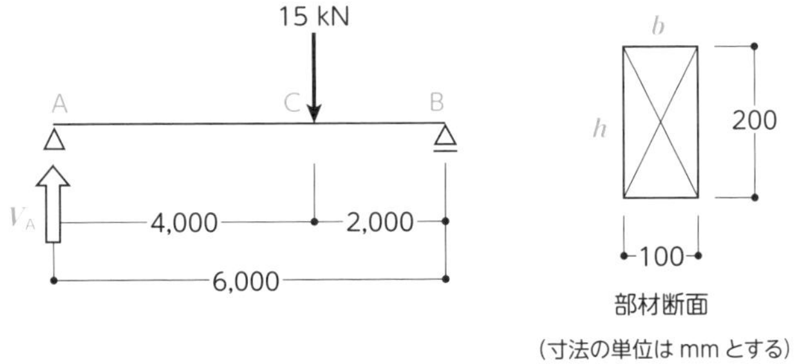

（寸法の単位は mm とする）

Step 1　反力を求める。

B 点を基準に反力を求めます。

$V_A \times 6{,}000\ \text{mm} - 15\ \text{kN} \times 2{,}000\ \text{mm} = 0 \quad \Rightarrow \quad V_A = 5\ \text{kN}$

Step 2　最大曲げモーメントを求める。

曲げモーメントが一番大きいところは、15 kN の力がかかっている C 点になります。したがって、C 点における曲げモーメントを求めます。

C 点から左側の荷重についてモーメントを合計します。

$5\ \text{kN} \times 4{,}000\ \text{mm} = 20{,}000\ \text{kN·mm}$

Step 3　断面係数を求める。

断面係数の求め方は、$\dfrac{bh^2}{6}$

$$\frac{100 \times 200^2}{6} = \frac{4{,}000{,}000}{6}\ \text{mm}^3$$

Step 4　曲げ応力度を求める。

曲げ応力度を求める公式は、曲げ応力度＝$\dfrac{\text{最大曲げモーメント}}{\text{断面係数}}$

$$\text{曲げ応力度} = \frac{20{,}000\ \text{kN·mm}}{\dfrac{4{,}000{,}000}{6}\ \text{mm}^3} = 0.03\ \text{kN/mm}^2 \Rightarrow 30\ \text{N/mm}^2$$

となります。

解説 **問題2**［2017－Ⅲ－問2］ **《正解4》**

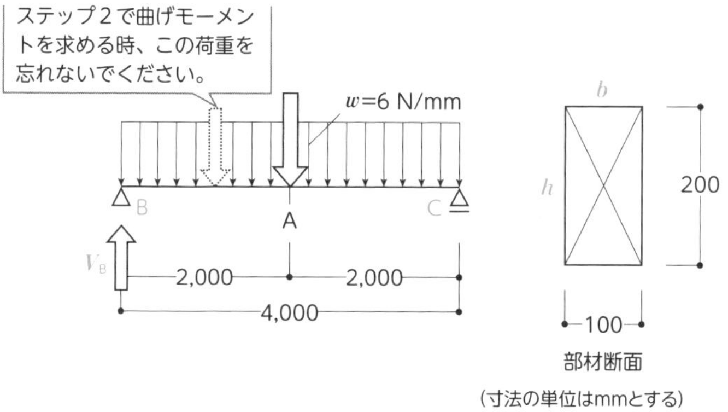

荷重の状態が違いますが、問題1と同じように解いていきます。

Step 1 反力を求める。

C点を基準に反力を求めます。

等分布荷重は、集中荷重に置き換えると24,000 Nです。

$V_B \times 4{,}000\ \mathrm{mm} - 24{,}000\ \mathrm{N} \times 2{,}000\ \mathrm{mm} = 0 \quad \Rightarrow \quad V_B = 12{,}000\ \mathrm{N}$

上からかかっている等分布荷重を半分にしても求まります。

Step 2 最大曲げモーメントを求める。

曲げモーメントが一番大きいところは梁の中央のA点になりますが、この問題では、既にA点に生じる曲げ応力度を求める問題になっています。

$12{,}000\ \mathrm{N} \times 2{,}000\ \mathrm{mm} - \underline{12{,}000\ \mathrm{N} \times 1{,}000\ \mathrm{mm}} = 12{,}000{,}000\ \mathrm{N \cdot mm}$

（上からかかる等分布荷重の分です。）

Step 3 断面係数を求める。

断面係数の求め方は、$\dfrac{bh^2}{6}$

$$\frac{100 \times 200^2}{6} = \frac{4{,}000{,}000}{6}\ \mathrm{mm^3}$$

Step 4 曲げ応力度を求める。

曲げ応力度を求める公式は、 $\text{曲げ応力度} = \dfrac{\text{最大曲げモーメント}}{\text{断面係数}}$

$$\text{曲げ応力度} = \frac{12{,}000{,}000\ \mathrm{N \cdot mm}}{\dfrac{4{,}000{,}000}{6}\ \mathrm{mm^3}} = 18\ \mathrm{N/mm^2}$$ となります。

解説 問題３［2020－Ⅲ－問２］《正解１》

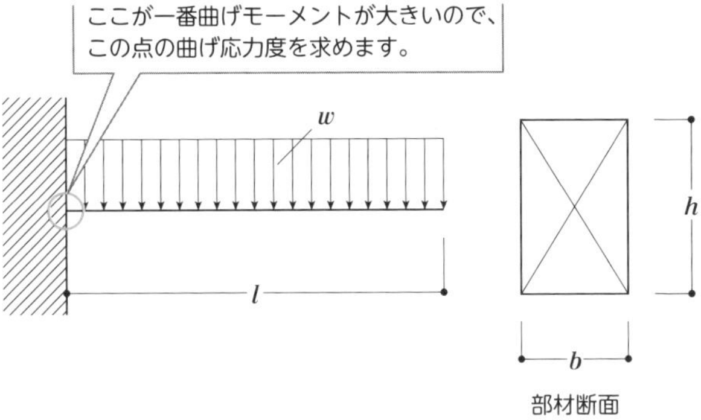

片持ち梁形式で、荷重は等分布荷重です。それから、値が記号になっています。一見ややこしそうですが、考え方と解き方は同じです。少し違う点は、反力を求めなくても最大曲げモーメントを求めることができますので、反力計算は必要ありません。
梁の付け根部分が一番曲げモーメントが大きくなりますので、付け根部分の曲げモーメントを計算します。等分布荷重は集中荷重に置き換えてください。

最大曲げモーメント $= wl \times \dfrac{l}{2} = \dfrac{wl^2}{2}$

断面係数 $= \dfrac{bh^2}{6}$ 公式のままですね。

最大曲げ応力度 $= \dfrac{\text{最大曲げモーメント}}{\text{断面係数}} = \dfrac{\frac{wl^2}{2}}{\frac{bh^2}{6}} = \dfrac{3wl^2}{bh^2}$

解説 問題４［2018－Ⅲ－問２］　《正解２》

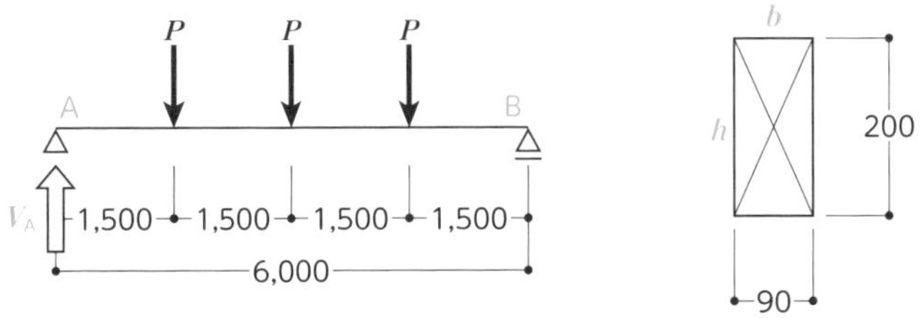

部材断面
（寸法の単位は mm とする）

この問題は、応力度を求める問題ではなく、上からかかっている P の値を求める問題です。少し応用力が必要となってきますが、同じように Step 1 から行なっていきます。

Step 1　反力を求める。

B 点を基準に反力 V_A を求めます。

$$V_A \times 6{,}000\,\text{mm} - P \times 4{,}500\,\text{mm} - P \times 3{,}000\,\text{mm} - P \times 1{,}500\,\text{mm} = 0$$

$$\Rightarrow \quad V_A = 1.5P$$

上からかかっている荷重を半分にしても求まります。その方が早いですね。

Step 2　最大曲げモーメントを求める。梁の中央部分が一番大きくなります。

$$1.5\,P\text{N} \times 3{,}000\,\text{mm} - P\text{N} \times 1{,}500\,\text{mm} = 3{,}000\,P\text{N·mm}$$

上からの P を忘れないでください。

Step 3　断面係数を求める。　求め方は、$\frac{bh^2}{6}$

$$90 \times \frac{200^2}{6} = 600{,}000\,\text{mm}^3$$

Step 4　曲げ応力度を求める。

$$\text{曲げ応力度} = \frac{3{,}000\,P\text{N·mm}}{600{,}000\,\text{mm}^3} = 0.005\,P\text{N·mm}^2$$　となります。

曲げ応力度が求まりました。この 0.005 PN/mm^2 が設問の曲げ応力度 20 N/mm^2 になる時の P の値が答えになります。

0.005 PN/mm^2 = 20 N/mm^2　⇒　P = 4,000 N　単位を kN にすると、4 kN となります。

座屈……座屈しやすい部材と、座屈しにくい部材

部材に力を加えていくと、あるところで部材が湾曲します。この現象を座屈と言います。
また、その座屈する時の力の強さ、これを座屈荷重と言います。
曲げる力を加えて湾曲させるのとは違いますので、注意して下さい。

学習のポイント！

- ☑ 座屈荷重とは、部材が座屈する時の荷重である。
- ☑ 座屈荷重を求める公式を覚える
  何が分母（反比例）で、何が分子（比例）かが重要
- ☑ 材端の条件によって、座屈長さは変わる　座屈のしやすさが違う
- ☑ 解き方のパターンをつかむ

✱ 座屈とは

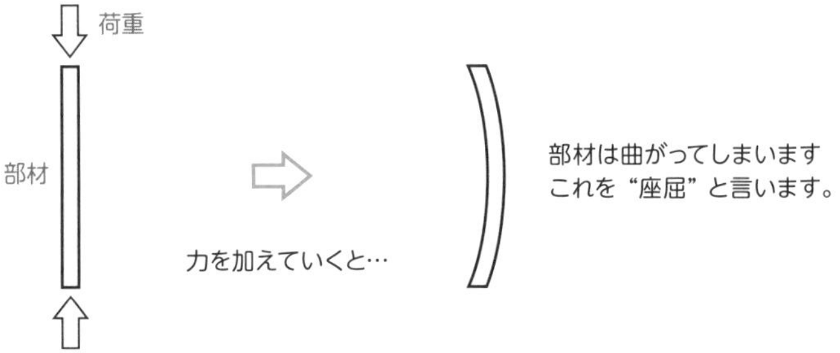

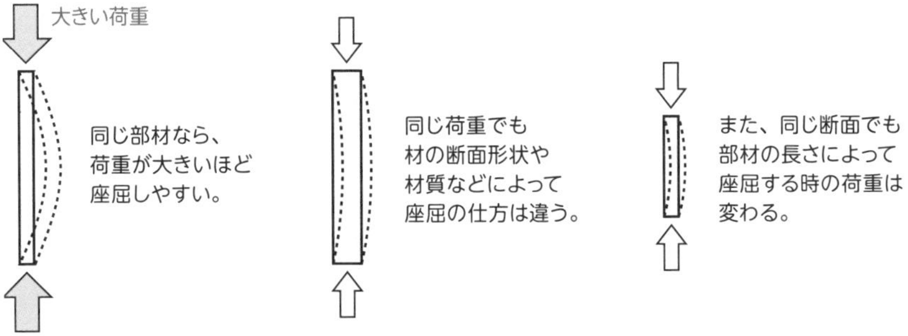

このように、部材の座屈のしやすさは、部材の断面、材質（強度）、それから長さなどによって違ってきます。では問題です。部材の断面が大きいほど座屈は？　また、部材の長さが短いほど座屈は？　答えは、両方ともしにくい。ですね。

✱ 座屈長さ（l_k）とは

座屈荷重は、部材の両端を支持する条件によって変わります。その条件を考慮した時の部材の長さを座屈長さと言いますが、支持条件によって考慮する値が決まっています。

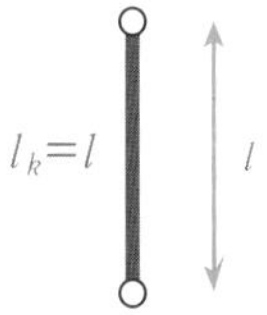

両端がピンで支持されている状態。これを基準とします。座屈長さ l_k は、部材の長さと同じ。

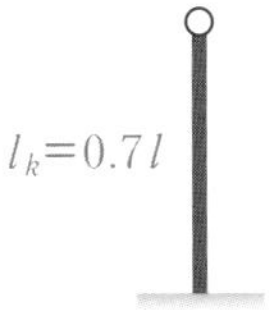

片側がピンで、もう一方が固定されている状態。少し座屈しにくい。座屈長さは、部材の長さの 0.7 倍。

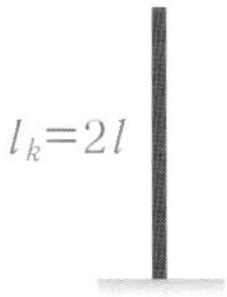

片側は固定で、もう一方は自由端の場合。最も座屈しやすい。座屈長さは、部材の長さの 2 倍。

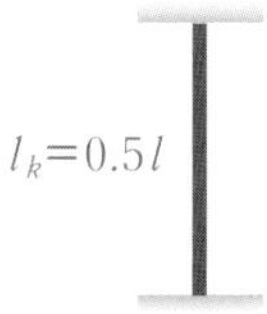

両方がきちんと固定されている場合。最も座屈しにくい。座屈長さは半分になります。

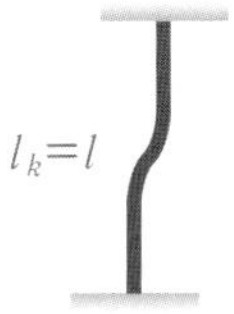

両端が固定されていて、移動が自由な場合。この場合の座屈長さは、部材の長さと同じになります。

✱ 座屈荷重の公式

$$\text{座屈荷重}\ (P_k) = \frac{\pi^2 EI}{{l_k}^2}$$

分子の E と I に比例、分母の l_k の 2 乗に反比例するというところがポイントです。

P_k ： 座屈荷重（座屈する時の荷重）

l_k ： 座屈長さ（支持条件を考慮した部材の長さ）

E ： ヤング係数（応力度とひずみ度との関係。値が大きいほどひずみにくい。）

I ： 断面2次モーメント（部材の変形のしにくさ。値が大きいほど強い部材と言える。）

π ： 円周率

※ EI を曲げ剛性と言います。座屈荷重は曲げ剛性に比例します。

問題 1 ［2018－Ⅲ－問 6］

図のような材の長さ及び材端の支持条件が異なる柱A、B、Cの弾性座屈荷重をそれぞれ P_A、P_B、P_C としたとき、それらの大小関係として、**正しい**ものは、次のうちどれか。ただし、全ての柱の材質及び断面形状は同じものとする。

1. $P_A > P_B > P_C$
2. $P_A = P_C > P_B$
3. $P_B > P_A = P_C$
4. $P_C > P_A > P_B$
5. $P_C > P_B > P_A$

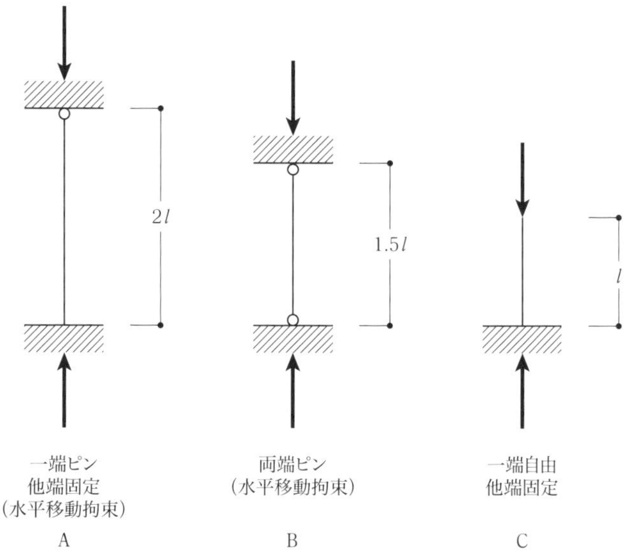

問題 2 ［2013－Ⅲ－問 6］

長柱の弾性座屈荷重に関する次の記述のうち、**最も不適当**なものはどれか。

1. 弾性座屈荷重は、材料のヤング係数に比例する。
2. 弾性座屈荷重は、柱の断面二次モーメントに比例する。
3. 弾性座屈荷重は、柱の曲げ剛性に反比例する。
4. 弾性座屈荷重は、柱の座屈長さの２乗に反比例する。
5. 弾性座屈荷重は、柱の両端の支持条件がピンの場合より固定の場合のほうが大きい。

問題 3 ［2019－Ⅲ－問 6］

図のような材の長さ、材端又は材の中央の支持条件が異なる柱A、B、Cの座屈長さを、それぞれ l_A、l_B、l_C としたとき、それらの大小関係として、**正しい**ものは、次のうちどれか。

1. $l_A > l_B > l_C$
2. $l_A = l_B > l_C$
3. $l_B > l_A > l_C$
4. $l_B > l_C > l_A$
5. $l_B = l_C > l_A$

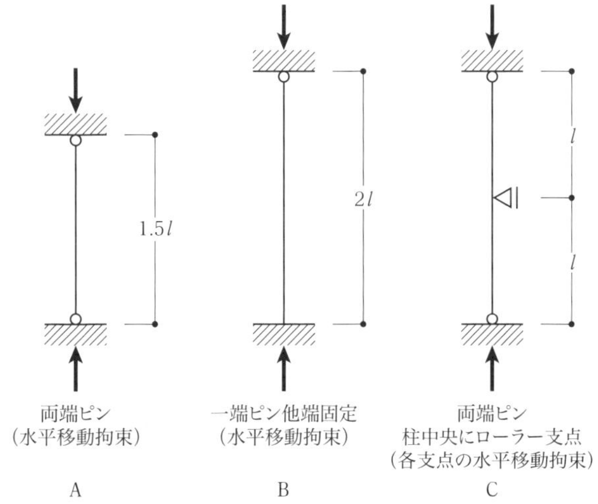

問題 4 ［2014－Ⅲ－問 6］

図のような断面を有する長柱A、B、Cの弾性座屈荷重をそれぞれ P_A、P_B、P_C としたとき、それらの大小関係として、**正しい**ものは、次のうちどれか。ただし、全ての柱の材質は同じで、座屈長さは等しいものとする。

解説動画

1. $P_A > P_B > P_C$
2. $P_B > P_A > P_C$
3. $P_B > P_C > P_A$
4. $P_C > P_A > P_B$
5. $P_C > P_B > P_A$

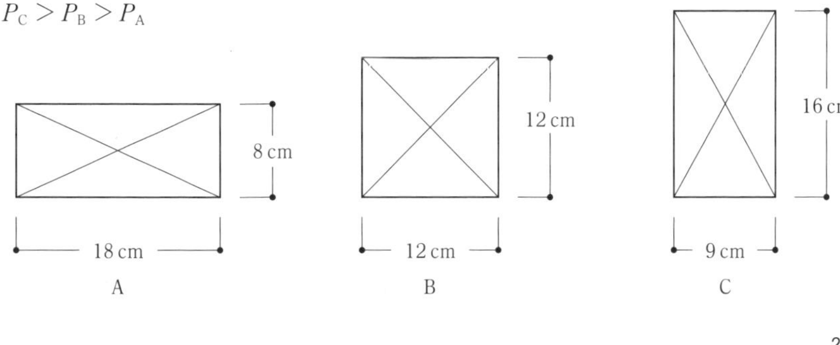

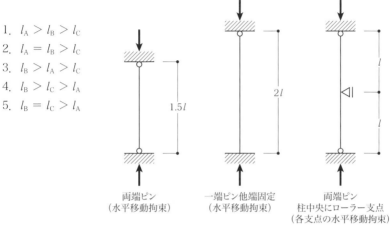

解説 問題 1 [2018－Ⅲ－問 6] 《正解 1》

この問題を解く場合、いくつかのポイントがあります。

Point 1　座屈荷重を求める公式は、座屈荷重 $(P_k) = \dfrac{\pi^2 EI}{l_k^2}$

Point 2　座屈荷重の大小関係を比較する問題です。つまり座屈しやすい順番

Point 3　3 つとも、材質が同じなのでヤング係数 (E) は無視できる。
断面形状も同じなので、断面二次モーメント (I) も無視できる。
π も同じなので無視します。

Point 4　結局のところ、座屈長さ (l_k) を比較すれば、大小関係は判断できる。

Point 5　ただし、l_k は分母にあるので、小さいほど座屈荷重は大きくなる。
ここを間違えないように注意してください。

ということで、座屈長さを考えていきます。座屈長さは、材端の条件を考慮した場合の長さです。条件によって掛ける数値が違いますので、それぞれ求めていきます。

A の座屈長さ
一端ピン・他端固定の場合の座屈長さは、$l_k = 0.7l \Rightarrow 0.7 \times 2l = \mathbf{1.4}\,l$
B の座屈長さ
両端がピンの場合は、$l_k = 1l \Rightarrow 1 \times 1.5\,l = \mathbf{1.5}\,l$
C の座屈長さ
一端自由・他端固定の場合は、$l_k = 2l \Rightarrow 2 \times l = \mathbf{2}\,l$
座屈荷重は座屈長さが小さい方が大きいので、大小関係は、$P_A > P_B > P_C$ となります。

解説 問題 2 [2013－Ⅲ－問 6] 《正解 3》

座屈荷重を求める公式は、座屈荷重 $(P_k) = \dfrac{\pi^2 EI}{l_k^2}$

曲げ剛性 EI は反比例ではなく、比例ですね。

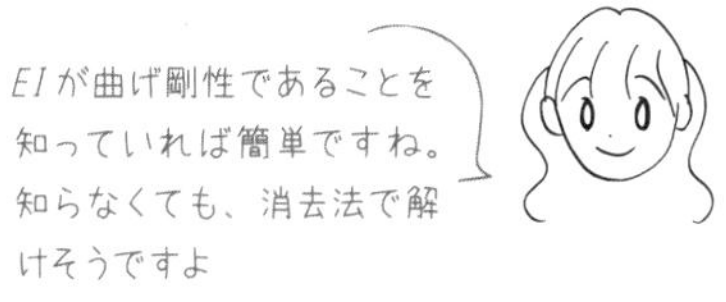

EIが曲げ剛性であることを
知っていれば簡単ですね。
知らなくても、消去法で解
けそうですよ

解説 **問題 3** [2019 - Ⅲ - 問 6]　　**《正解 1》**

この問題は、座屈長さを比較する問題なので注意してください。問題 1 のように、座屈荷重を比較する問題ではありません。

A の座屈長さ
両端がピンの場合は、$l_k = l$　⇒　$1 \times 1.5\,l = \mathbf{1.5\,l}$
B の座屈長さ
一端がピン、他端固定の場合は、$l_k = 0.7\,l$　⇒　$0.7 \times 2\,l = \mathbf{1.4\,l}$
C の座屈長さ
両端がピンですが、中央で移動が拘束されています。この場合、材の長さは半分の l で考えます。指示条件は、一端がピン、他端（中央のローラー部分）もピンで考えてください。$l_k = l$　⇒　$1 \times l = \mathbf{1.0\,l}$
座屈長さの大小関係は、$l_A > l_B > l_C$ となります。単純に長さの順番です。

解説 **問題 4** [2014 - Ⅲ - 問 6]　　**《正解 3》**

座屈荷重の大小関係を判断する問題ですが、問題 1 と違うところは、座屈長さではなく、部材の断面に違いがあることです。それ以外の条件は全て同じです。

座屈荷重を求める公式は、座屈荷重（P_k）$= \dfrac{\pi^2 EI}{l_k^2}$

この公式で断面に関係するのは、断面二次モーメント（I）です。したがって、この I を比較すれば、座屈荷重の大小関係を判断することができます。ただし、軸の取り方に注意してください。座屈しやすい向きに軸を設定する必要があります。

A : $\dfrac{18 \times 8^3}{12} = 768$　　B : $\dfrac{12 \times 12^3}{12} = 1{,}728$　　C : $\dfrac{16 \times 9^3}{12} = 972$

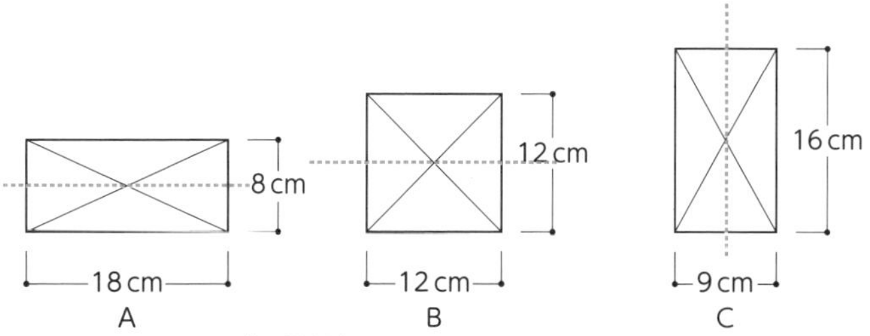

軸の取り方（強い方ではなく座屈しやすい向き）

計算結果より、弾性座屈荷重の大小関係は、$P_B > P_C > P_A$ となります。
分母の 12 は無視しても大小の比較はできます。
この 3 つ、断面積が同じなので、正方形に近い方が座屈しにくいと言えます。

「耐震等級が 0 の家」

現代の住宅は、鉄筋コンクリートの基礎にアンカーボルトやホールダウン金物でしっかりと土台が緊結されていますが、昔の家は、柱や土台は石の上に乗せるだけという造りでした。耐震等級どころか建築基準法すら守られていません。
でも、そんな建物が幾度もの地震を経験しながらも倒壊せず、何百年も残っていたりします。これは今の地震に対する考え方（地震に抵抗する）ではなく、地震に逆らわないという考え方のおかげだと言えます。今の考え方だと免震構造に近いでしょうか。昔の人の知恵ですね。
他にも、土の上に乗せられた瓦は、地震による揺れによって落下するようになっていたそうです。外に人がいると危険ではありますが、建物が軽くなることによって、建物は倒壊から免れます。建物の重さによって、耐震壁の基準が違いましたよね。 軽いほど必要な耐震壁は少なくなります。
技術が進んだおかげで、短い工期や少ない手間で出来上がる現代の住宅ですが、何百年も倒れない家をつくるのは、昔の人の方が優れているのかもしれませんね。

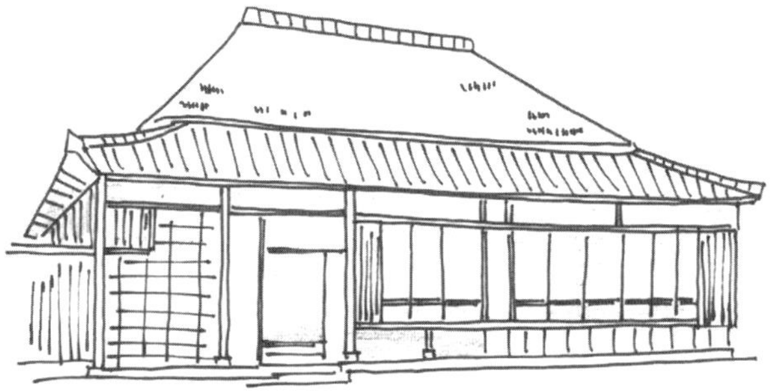

第四章

学科Ⅳ（施工）のつまずきポイント

建築主の気持ちを設計者が図面にし、今度はそれを形にしていく、決められた品質のものを期限内に完成させなければならない施工者は、とても大きな使命を担っています。また、それだけやりがいも大きいと言えます。
学科Ⅳ施工の学習は、実際の工事の流れや注意点、工事に関連する用語など、覚えることが中心になりますが、その中でも、なぜそのように工事を行なうのか、なぜそのような決まりがあるのか、このあたりを理解するようにしてみてください。例えば、「根太の継手はそろえるようにした。」「足場の作業床の手すり高さは 75 cm とした。」この２つの記述は、両方とも誤った選択肢ですが、継手はそろえるとその部分の強度が弱くなってしまうので、そろえるのではなく分散させた方がいいです。また、足場の手すりの高さは 75cm だと、人の重心より低くなってしまい、転落のおそれがある。など、理由を理解したり考えたりすることによって、頭に定着しやすくなりますし、問題を解く時に判断しやすくなります。
施工の範囲においては、理解をするのが特に難しいという部分はほとんどありませんが、受講生から比較的多く質問をいただく部分においてテーマを取り上げ解説をしています。

施工計画 …… ネットワーク工程表の読み方

学習のポイント！

- ☑ 工程表には主にネットワーク工程表とバーチャート工程表がある。
- ☑ ネットワーク工程表の読み方と２つの工程表の特徴を理解する。

＊ ネットワーク工程表

工事を行なう時には、誰が見てもわかるような、共通したルールでつくられたスケジュール表（工程表と言います）があります。例えば次のような工程表です。この工事例では、A から E の５つの作業を行なっています。実際はもっと作業が多く、日数もかかります。

A　構造材加工作業（工場にてプレカット）……………５日
B　根切り・基礎工事（配筋、コンクリート打設）………３日
C　造作家具つくり（工場にて行なう）…………………６日
D　木工事（土台敷きから建て方、下地まで）…………５日
E　内装工事（造作家具設置、クロス張りなど）…………４日

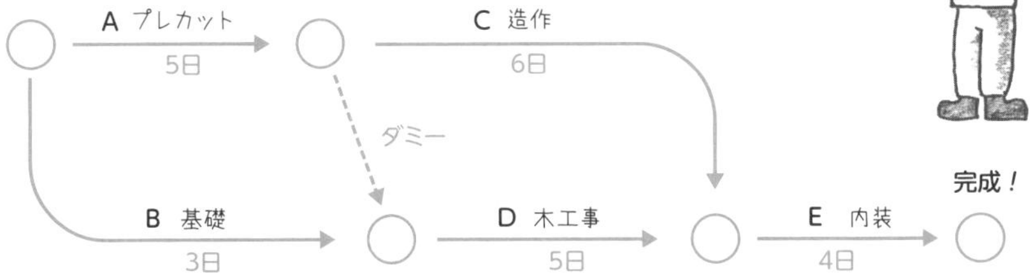

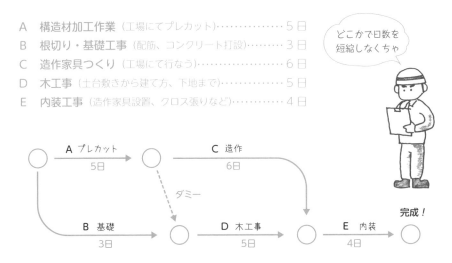

この表において、A から E は各作業を表しています。矢印はその作業の順番（流れ）です。また、その作業にかかる日数も表しています。点線の矢印は、日数はかからないのですが、作業の前後関係を表しています。これをダミーと言います。A の作業が終了しないと D の作業を開始することができません。

ここでちょっと考えていただきたいのですが、この工事を最短で終了させるには、何日必要でしょうか。

そうですね、15 日です。その経路は、**A → C → E** となります。

では、C の造作家具つくりを６日ではなく、４日で行なったら完成までの日数はどうなるでしょうか？　２日縮まるので 13 日。いいえ違いますよね。

今度は最も長い経路が **A → D → E** に変わり、日数は 14 日かかることになります。

このような表をネットワーク工程表と言います。そして、A→C→EやB→D→Eなどの経路をパスと言い、そのパスの中で一番長いパスをクリティカルパスと言います(上の表では先ほど考えていただいた **A→C→E**)。工事を予定通りに進めるには、このクリティカルパスの管理が最も重要と言えます。
例えば、クリティカルパスに関係のないBの作業は1日2日余計にかかっても、完成する日数は同じですが、CやEの作業が延びると、延びた分だけ完成は遅くなってしまいます。
ではここでもう一つ問題です。Bの作業には何日の余裕があるでしょうか？
「**2日！**」そうですね、Bの作業は5日かかったとしても、Aの作業が5日かかりますので、Dの作業を開始できる時間は同じです。でも、ちょっと見方を変えてみて下さい。Aの作業の次には6日かかるCの作業があります。Dの作業は5日で行なうことができますので、実はBの作業は6日かかっても、完成までの時間は15日と変わらないのです。つまり、工期全体でみるとBの作業には**3日**の余裕があることになります。この場合、次の作業であるDの開始時間に影響を与えない余裕時間（2日）をフリーフロートと言い、全体の工期に影響を与えない余裕時間（3日）をトータルフロートと言います。

✱ バーチャート工程表

縦軸に工事種別、横軸に所要日数を示した表をバーチャート工程表と言います。

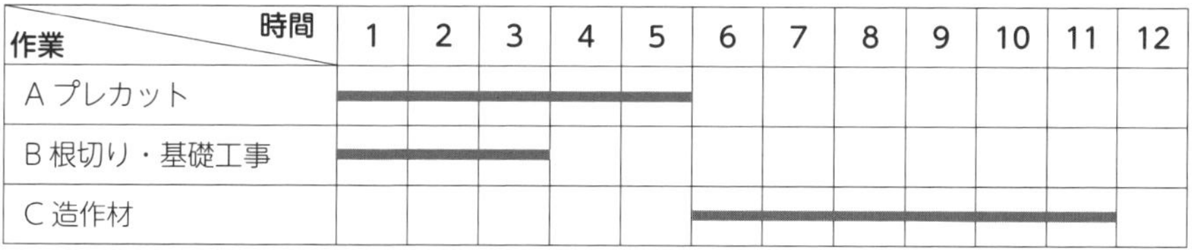

時間
作業
1 2 3 4 5 6 7 8 9 10 11 12
Aプレカット
B根切り・基礎工事
C造作材

工程表のまとめ

	ネットワーク工程表	バーチャート工程表
作成の難易度	難しい・要経験	比較的容易 ○
開始時間と終了時間	わかりにくい	わかりやすい ○
作業の余裕時間	掌握しやすい ○	掌握しにくい
各工事の相互関係	わかりやすい ○	わからない

工程管理のポイントです。
・土工事・地業工事は余裕を見る
・躯体工事で工期の短縮を図る
・仕上工事の工期短縮は難しい

問題1［2017－Ⅳ－問1］　　※著者の判断により問題の一部を修正しています。

下に示すネットワーク工程表に関する次の記述のうち、**最も不適当な**ものはどれか。

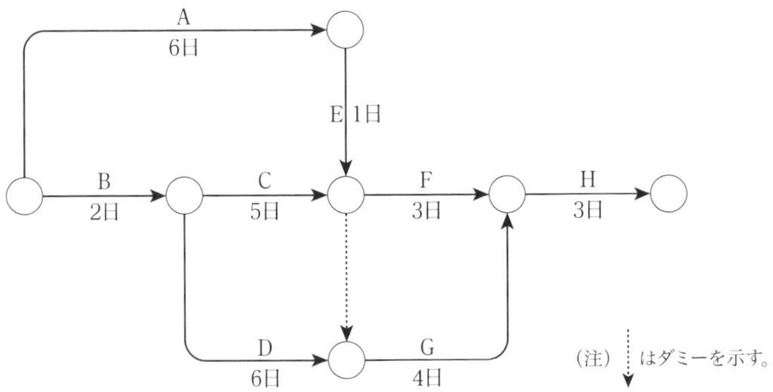

1. この工事全体は、最短15日で終了する。
2. A作業の所要日数を1日短縮しても、この工事全体の作業日数は変わらない。
3. D作業の所要日数を3日短縮すると、この工事全体の作業日数は、1日の短縮となる。
4. E作業が終了しなければ、G作業は開始できない。
5. F作業のフリーフロート（後続作業に影響せず、その作業で自由に使える余裕時間）は、1日である。

解説
動画

問題 2［2020 - Ⅳ - 問 1］

下に示すネットワーク工程表に関する次の記述のうち、**最も不適当な**ものはどれか。

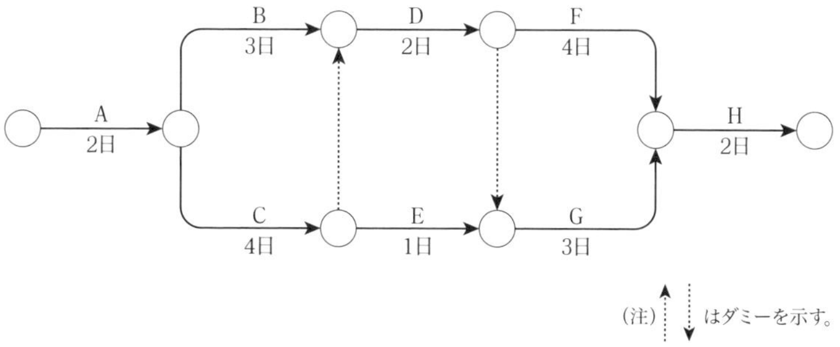

1. この工事全体は、最短 14 日で終了する。
2. C 作業の所要日数を 2 日短縮すると、この工事全体の作業日数は、1 日の短縮となる。
3. E 作業の所要日数を 1 日延長すると、この工事全体の作業日数は、1 日の延長となる。
4. F 作業の所要日数を 1 日短縮すると、この工事全体の作業日数は、1 日の短縮となる。
5. G 作業の所要日数を 1 日延長しても、この工事全体の作業日数は、変わらない。

仕上げ工事はもう少し時間に
余裕をみてほしいよな。

解説 **問題 1** [2017 - Ⅳ - 問 1] 《正解 5》

この問題は、全てのパス（経路）を考え、日数を合計する必要があります。最も日数が多いパスがクリティカルパスとなります。この工事の工期です。

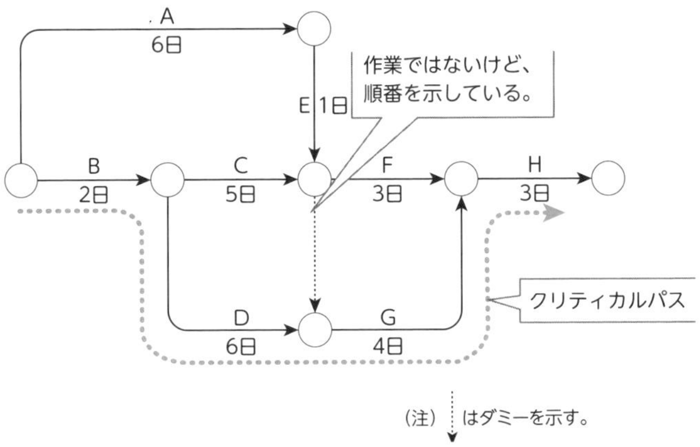

1. 全てのパスの中でクリティカルパスは、B→D→G→Hとなります。日数を合計すると 15 日です。つまり、この工事は最短 15 日で終了します。
2. A作業はクリティカルパスに影響していませんので、短縮しても全体の作業日数は変わりません。
3. D作業の所要日数を 3 日短縮すると、クリティカルパスはA→E→G→H　又は B→C→G→Hに変わり、日数を合計すると 14 日となります。したがって、1 日短縮されることになります。
4. ダミー（作業の前後関係を示したもの）がありますので、E 作業が終了しないと G の作業は開始することができません。ちなみに、C の作業も終了してからでないと、G の作業は開始できません。
5. F の次の作業であるH が最も早く開始できるのは 12 日、それに対し F 作業は、工事開始から 10 日で終了することができます（A→E→F　又は　B→C→F）。従って、2 日の余裕があることになります。1 日という記述は誤りです。

解説 問題2［2020－Ⅳ－問1］ 《正解3》

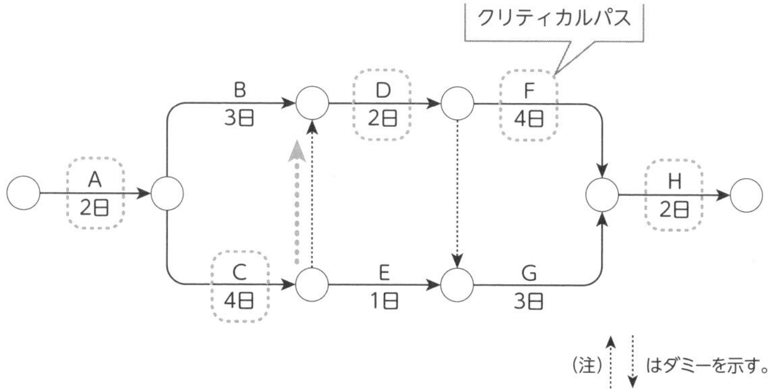

1. この工事のパスは、次の5つあります。
   A→B→D→F→Hは、 13日
   A→B→D→G→Hは、 12日
   A→C→D→F→Hは、 14日 ← これがクリティカルパス
   A→C→D→G→Hは、 13日
   A→C→E→G→Hは、 12日
   この工事は、最短で14日必要ということになります。
   クリティカルパスに関係する何かの作業を短縮すると、14日より短くすることができます。
2. C作業の所要日数が2日短縮すると、クリティカルパスは、**A→B→D→F→H** となり、合計の日数は13日となります。したがって、1日短縮されます。
3. E作業の所要日数を1日延長して2日にしても、クリティカルパスは変わりません。**A→C→D→F→H**（14日）のままです。したがって、全体の作業日数は変わりません。
4. F作業の所要日数が1日短縮すると、クリティカルパスは、1日減って13日になります。
   ただし、クリティカルパスは、**A→C→D→F→H**と**A→C→D→G→H**の2つになります。いずれも13日です。
5. G作業の所要日数を1日延長すると、クリティカルパスは、**A→C→D→F→H**（14日）と**A→C→D→G→H**（14日）の2つとなります。作業日数は変わりません。

水準測量と平板測量 ……標高の求め方と誤差調整

測量で測定する主なものには、位置、距離、角度、高さなどがあります。測定の方法はいろいろあり、昔のアナログ的な方法から今はデジタルになってきています。でも、昔測定した結果は、今もそれほど変わっていないんですよね。例えば富士山の高さ、もう何十年も前から 3,776 m です。

学習のポイント!

☑ 過去問題に取り組んでパターンをつかむ

＊ 水準測量

水準測量とは、レベルや標尺を用いて、地盤の高低差を測定する測量を言います。

レベル：望遠鏡により、水平線を視準することができる。
標尺（箱尺）：目盛が付いた大きな定規

A 点を基準にした B 点の高さは、
後視－前視 で求めます。
例えば、後視が 1.5 m で前視が
0.9 の場合、1.5－0.9＝0.6
つまり、0.6m 高いことになります。

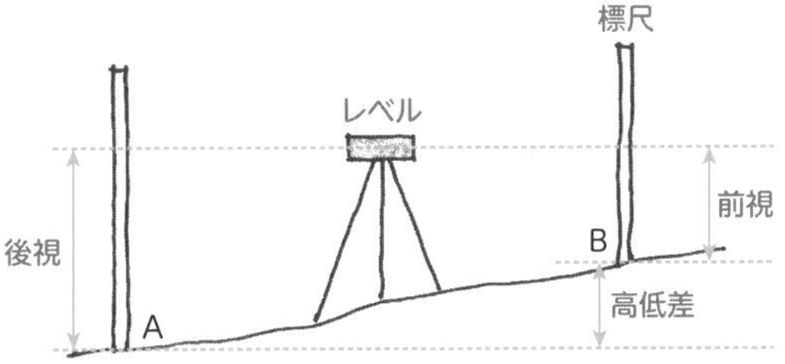

水準測量は、距離が近いところであれば１回で高低差を求めることができますが、距離が離れている場合は、数回に分けて行ないます。例えば、標高が７ m であるＡ点から遠く離れたＤ点の標高を求める場合は、以下のように分けて行ないます。

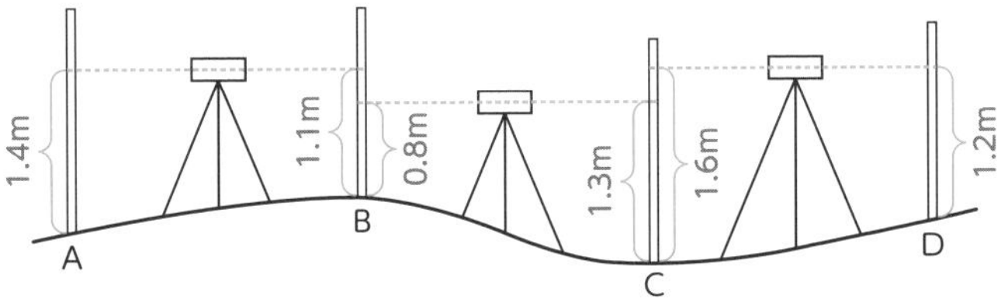

Ｂの標高＝ **7 ＋（1.4 － 1.1）＝ 7.3**　Ｃの標高＝ **7.3 ＋（0.8 － 1.3）＝ 6.8**
Ｄの標高＝ **6.8 ＋（1.6 － 1.2）＝ 7.2**
別の求め方　Ａ点の標高＋（後視の合計ー前視の合計）
　　　　7 ＋ {(1.4 ＋ 0.8 ＋ 1.6) ―（1.1 ＋ 1.3 ＋ 1.2)} ＝ 7.2

✱ 平板測量

アリダードや巻尺等を用いて測点の方向や距離を測定し、現場で地形を作図する測量。放射法や進測法があります。

長所：測量しながら作図ができる。
短所：見通しの悪い敷地には不向き

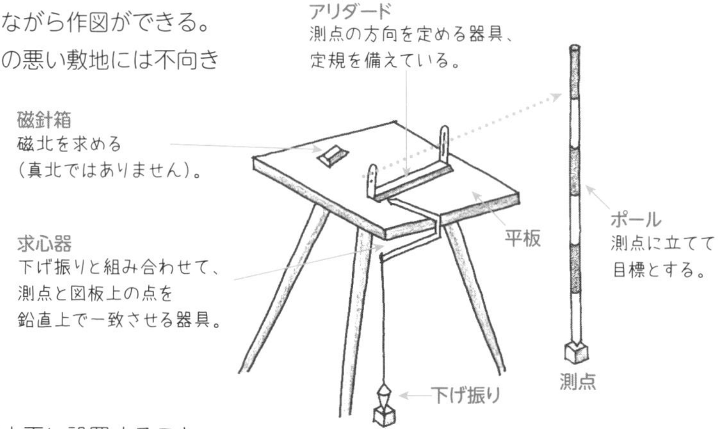

アリダード
測点の方向を定める器具、定規を備えている。
磁針箱
磁北を求める（真北ではありません）。
求心器
下げ振りと組み合わせて、測点と図板上の点を鉛直上で一致させる器具。
平板
ポール
測点に立てて目標とする。
下げ振り
測点

整準：図板を水平に設置すること。
求心：測点と図板上の点を鉛直上で一致させること。

放射法

各測点が見通せる位置に平板を据え付け、放射状に測定する方法。測点（A ～ E）が確認できる位置に据え付ける必要がありますので、見通しが悪い敷地では適用できません。また、誤差が確認できないことと、そのために精度もわからないのがデメリットです。

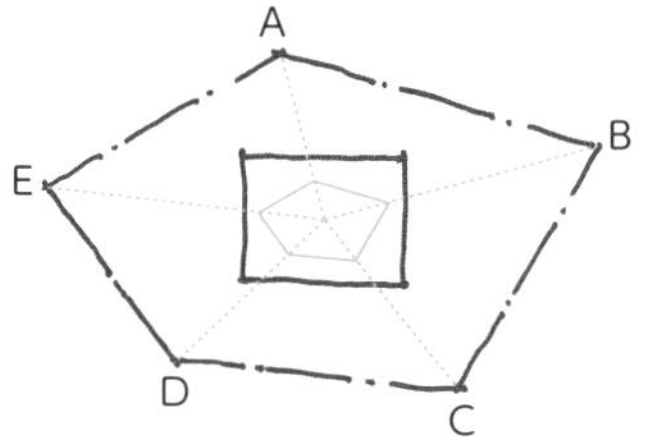

進測法

各測点を順番に求めていく方法。精度の確認と誤差修正ができる。

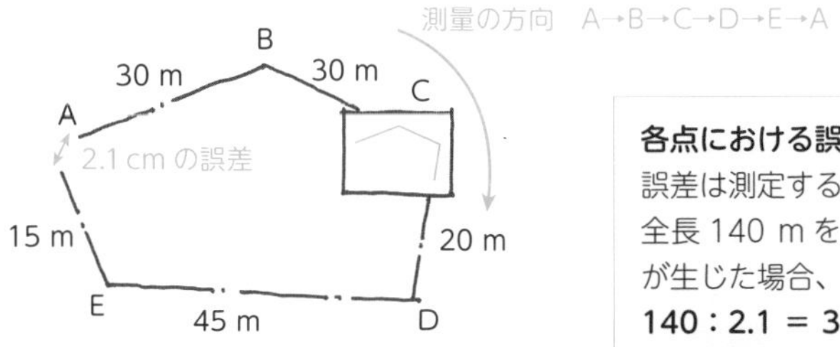

各点における誤差の求め方
誤差は測定する距離に比例すると考えます。全長 140 m を測定して、2.1 cm の誤差が生じた場合、B点における誤差は、
140：2.1 ＝ 30：x　x ＝ 0.45 cm
ということになります。

問題1 ［2012－Ⅳ－問23］

平板による骨組測量を進測法によりＡＢＣＤＥＦＡ′ の順に測量し、作図したところ、Ａ点とＡ′ 点との閉合誤差が 1.5 cm であった。この誤差を調整した場合、Ｃ点の図面上の移動量として、**正しい**ものは、次のうちどれか。ただし、閉合比（精度）＝ 閉合誤差／全側線長 ＜ 標準精度 とする。

1. 0.2 cm
2. 0.4 cm
3. 0.6 cm
4. 0.8 cm
5. 1.0 cm

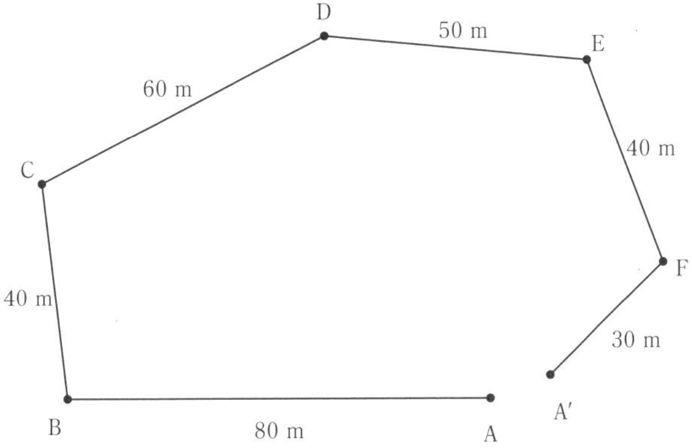

解説動画

問題 2［2018－Ⅳ－問 23］

図に示す高低測量において、A 点の標高が 2.0 m であった場合、D 点の標高として、**正しい**ものは、次のうちどれか。

1. 3.2 m
2. 3.4 m
3. 3.6 m
4. 3.8 m
5. 4.0 m

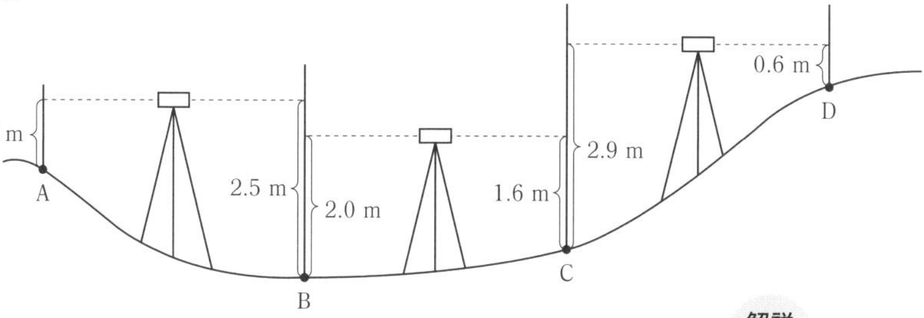

解説動画

問題 3［2020－Ⅳ－問 23］

閉合トラバースの内角を測定した結果、図に示す実測値を得た。測角誤差の値として、**正しい**ものは、次のうちどれか。

1. 6″
2. 16″
3. 26″
4. 36″
5. 46″

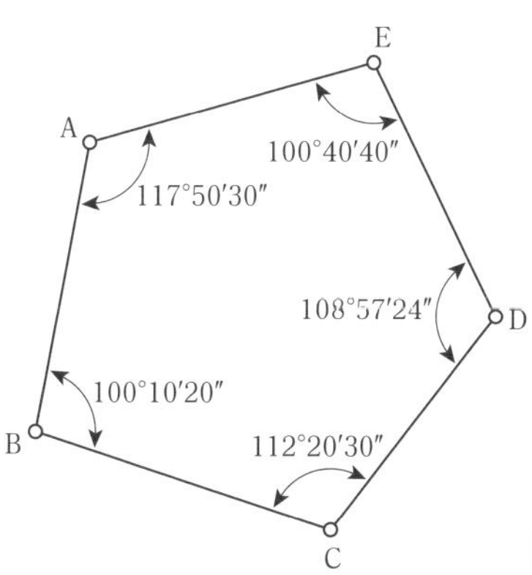

解説動画

解説 **問題 1**［2012 - Ⅳ - 問 23］ **《正解 3 》**

全体の測定距離 300 m、それに対して、誤差が 1.5 cm です。
これと同じ割合で、A 点から C 点までの距離 120 m に対しての誤差を求めます。

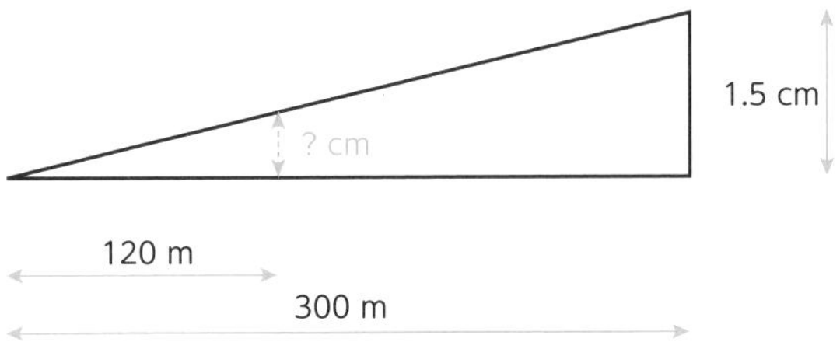

300 m：1.5 cm = 120 m：？　⇒　？= 0.6 cm
もしくは、**300 m：120 m = 1.5 cm：？**　でもＯＫです。

解説 **問題 2**［2018 - Ⅳ - 問 23］ **《正解 1 》**

D 点の標高は、A 点の標高 ＋｛(後視の合計）－（前視の合計)｝で求めます。
後視（レベルの左側の値）の合計 ＝ **1.0 m + 2.0 m + 2.9 m = 5.9 m**
前視（レベルの右側の値）の合計 ＝ **2.5 m + 1.6 m + 0.6 m = 4.7 m**
D点の標高は、**2 m ＋（5.9 m － 4.7 m）= 3.2 m**

別解

1 つ先の点の標高を順番に求めていく方法。1 つずつ高低差を出して、順番に高さを求めていきます。例：B 点の標高＝ A 点の標高＋後視－前視
B 点の標高＝ **2.0 + 1.0 － 2.5 = 0.5**
C 点の標高＝ **0.5 + 2.0 － 1.6 = 0.9**
D 点の標高＝ **0.9 + 2.9 － 0.6 = 3.2**

解説 **問題 3** ［2020－Ⅳ－問 23］　　　　**《正解 4 》**

五角形の内角の和は、540°です。実際に測定した角度の合計が、540°と何度差があるのか、それを計算すれば、誤差が求まります。
角度の単位が、度（°）、分（′）、秒（″）になっていることに注意が必要です。1度は60分であり、1分は60秒になります。

内角の和は、
117° 50′ 30″＋100° 10′ 20″＋112° 20′ 30″＋108° 57′ 24″＋100° 40′ 40″
＝539° 59′ 24″
したがって、誤差は **540°－539° 59′ 24″＝36″** となります。

角度の計算がわかりにくい場合は、時間を考えてみてください。
1時間は60分であり、1分は60秒ですよね。
100秒＝1分40秒は、時間も角度も同じです。

多角形の内角の合計を求める方法

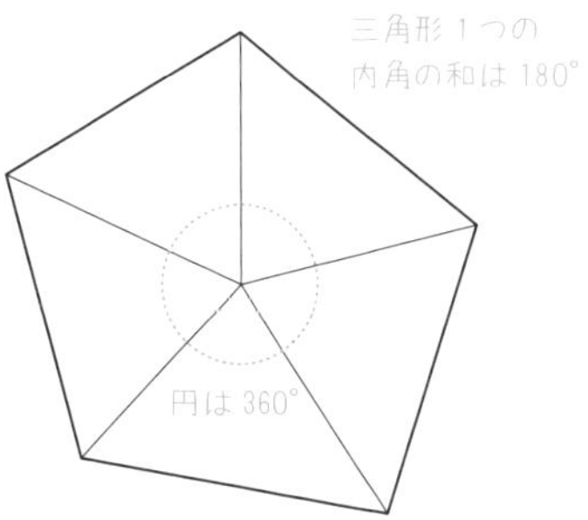

五角形の内角の和がわからない場合は、次のように考えます。
三角形の内角の和は 180°です。
それが５つ集まりますので、図の三角形の内角の和の合計は、180°×５つで 900°
そこから、円の部分の角度を引きます。
900°－360°＝540°となります。
この方法を用いれば、五角形以外の多角形の内角の和を求めることができます。

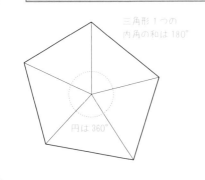

おわりに

この建築士学科試験の問題において、その１点を獲得するためには、問題の内容を把握し、全ての選択肢において、正しい記述なのか、それとも誤った記述なのか、それを判断する必要がありますが、その判断をするためには次の３つの方法があります。

1．内容を暗記している
2．その場で考え正誤を判断する
3．解法のプロセスより正解を導き出す

例えば、重量が大きい建物は風圧力に対して強い。よくテキストに書かれてある内容ですが、私たちはこれまでの経験から、軽いものは風に飛ばされやすく、重たいものは飛ばされにくいことを知っていますので、この内容はすぐに理解することができます。そして、仮にこの内容を忘れたとしても、試験では少し考えれば正誤を判断することができます。

では、部材のヤング係数は大きいほど座屈しにくい。これはどうでしょうか、ヤング係数が何であるかわからない人には答えられません。覚えてしまえばそれまでと言えますが、ヤング係数が何であるかをきちんと理解すれば、これも、暗記ではなく、考えることによって正誤を判断することができます。

このように、試験勉強は理解を深めれば深めるほど、考えたり、判断できる力が強くなっていきます。そして、理解できる範囲がより広がっていきます。暗記に頼る部分が少なくなっていくのです。

今勉強されている方やこれから勉強される方は、テキストに書かれてあることをその通りに覚えるだけではなく、その意味や本質をできるだけ理解するように、学習を進めてください。そうすれば、より効率よく学習を行なうことができ、試験での正解率を上げることができると思います。

このテキストが、学習の理解を深めるために、そして効率よく学習を進めるために、少しでもお役に立つことができれば、幸いに思います。

最端製図.com　**神無　修二**

最端製図 .com のアイテム紹介

■最端製図　学科クラブ（二級）

学科試験の合格を目指す人を応援するサイト（合格までの費用は 2.7 万円）

わかりやすい講義ノートと 20 年分以上の過去問題と解説を閲覧することができます。

メンバー専用の掲示板やメールで 24 時間いつでも質問を行なうことが可能です。

■最端製図　学科クラブ（一級）

二級と同じく学科試験の合格を目指す人を応援するサイトです。（費用は 3.5 万円）

講義ノートと 13 年分の過去問題と解説を閲覧することができます。

メンバー専用の掲示板やメールで 24 時間いつでも質問を行なうことが可能です。

■最端製図 .com　通信添削講座

通信添削で学ぶ、二級建築士設計製図試験対策講座です。

■最端製図 .com 製図学習アイテム

・オリジナルテンプレート定規（1/100 と 1/200 スケール）

・作図手法 DVD

学芸出版社より全国の主要書店で販売中

■二級建築士 はじめの一歩

これから建築士試験を志す人のためのテキスト

いろんなテキストを見る前に、まずはこの 1 冊

■二級建築士設計製図試験 最端エスキース・コード

設計製図試験の基本テキスト

資格学校で習うこと以上の情報が満載！

著者紹介

神無　修二（かんな しゅうじ／本名：小笠原修二）

1969年大阪生まれ。日本建築専門学校卒業。
2006年に最端製図 .com を設立。
2014年に最端製図株式会社として法人化。
製図講座では、毎年1,000枚以上の図面に赤ペンを入れる。
一級建築士。
著書『二級建築士 はじめの一歩』
『二級建築士設計製図試験 最端エスキース・コード』

執筆協力

西嶋　夕紀（にしじま ゆき／ハンドルネーム：ゆこ）
夫婦岩　真友（めおといわ まゆ／ハンドルネーム：meo）

動画で学ぶ二級建築士　学科編

2022年2月1日　第1版第1刷発行

著　　者　神無修二＋最端製図 .com

発 行 者　井口夏実
発 行 所　株式会社 学芸出版社
京都市下京区木津屋橋通西洞院東入
電話 075-343-0811　〒600-8216
http://www.gakugei-pub.jp/
info@gakugei-pub.jp
編集担当　中木保代・山口智子
営業担当　中川亮平

D　T　P　KOTO DESIGN Inc.　萩野克美
装　　丁　KOTO DESIGN Inc.　山本剛史
印　　刷　創栄図書印刷
製　　本　新生製本

ISBN 978-4-7615-2803-4